"十三五"国家重点出版物出版规划项目
高等教育网络空间安全规划教材

电力物联网通信与信息安全技术

周振宇 伍 军 廖海君 编著

机械工业出版社

本书面向智能电网国家重大战略需求，把范围锁定在电力物联网，详细介绍电力物联网通信与信息安全技术及实践应用。全书共6章，包括电力物联网概述、电力物联网关键通信技术、电力物联网可靠性保障与安全监测、5G赋能电力物联网——通信技术应用与解决方案、电力物联网安全访问技术、电力物联网工程应用实例。

本书可作为高等院校电气工程、智能电网、信息通信、计算机等专业本科生或研究生的教材，也可以作为智能电网通信与安全技术研究人员的参考用书。

本书配套授课电子课件，需要的教师可登录www.cmpedu.com免费注册，审核通过后下载，或联系编辑索取（微信：15910938545，电话：010-88379739）。

图书在版编目（CIP）数据

电力物联网通信与信息安全技术/周振宇，伍军，廖海君编著．—北京：机械工业出版社，2021.1

"十三五"国家重点出版物出版规划项目　高等教育网络空间安全规划教材

ISBN 978-7-111-67174-9

Ⅰ.①电… Ⅱ.①周… ②伍… ③廖… Ⅲ.①电力工业-物联网-信息安全-高等学校-教材　Ⅳ.①F407.61

中国版本图书馆CIP数据核字（2020）第259801号

机械工业出版社（北京市百万庄大街22号　邮政编码　100037）
策划编辑：汤　枫　　责任编辑：汤　枫　陈崇昱
责任校对：张艳霞　　责任印制：常天培
北京虎彩文化传播有限公司印刷
2020年12月第1版·第1次印刷
184mm×260mm·12.25印张·300千字
0001—1000册
标准书号：ISBN 978-7-111-67174-9
定价：59.00元

电话服务　　　　　　　　　网络服务
客服电话：010-88361066　　机　工　官　网：www.cmpbook.com
　　　　　010-88379833　　机　工　官　博：weibo.com/cmp1952
　　　　　010-68326294　　金　书　网：www.golden-book.com
封底无防伪标均为盗版　　　机工教育服务网：www.cmpedu.com

高等教育网络空间安全规划教材
编委会成员名单

名誉主任 沈昌祥　中国工程院院士
主　任 李建华　上海交通大学
副 主 任（以姓氏拼音为序）
　　　　　　崔　勇　清华大学
　　　　　　王　军　中国信息安全测评中心
　　　　　　吴礼发　解放军陆军工程大学
　　　　　　郑崇辉　国家保密教育培训基地
　　　　　　朱建明　中央财经大学
委　　员（以姓氏拼音为序）
　　　　　　陈　波　南京师范大学
　　　　　　贾铁军　上海电机学院
　　　　　　李　剑　北京邮电大学
　　　　　　梁亚声　31003 部队
　　　　　　刘海波　哈尔滨工程大学
　　　　　　牛少彰　北京邮电大学
　　　　　　潘柱廷　永信至诚科技股份有限公司
　　　　　　彭　澎　教育部教育管理信息中心
　　　　　　沈苏彬　南京邮电大学
　　　　　　王相林　杭州电子科技大学
　　　　　　王孝忠　公安部国家专业技术人员继续教育基地
　　　　　　王秀利　中央财经大学
　　　　　　伍　军　上海交通大学
　　　　　　杨　珉　复旦大学
　　　　　　俞承杭　浙江传媒学院
　　　　　　张　蕾　北京建筑大学
秘 书 长 胡毓坚　机械工业出版社

前　　言

电力物联网是应用于电网的工业级物联网，通过建设电力物联网，可以快速提升电网的感知、互动与调节能力，从而保障电力系统"发、输、变、配、用"五大环节的安全、稳定、高效、持续运行，同时充分利用"大、云、物、移、智"等现代信息技术和先进通信技术，可以提高电力系统的智能化水平，推动能源互联网建设，真正实现电力行业的可持续发展。

我国物联网技术经过数十年的探索与实践，在智能电网中的应用从理论到实践都已经比较成熟。近几年来，国家电网有限公司（以下简称国家电网）"三朵云"、230 MHz 电力无线专网的建设以及"三型两网、世界一流"战略目标的提出，展现出电力物联网巨大的应用潜力。随着配电自动化和智能电表覆盖率的大幅提升，我国将初步建成安全可靠、开放兼容、双向互动、高效经济、清洁环保的智能电网体系。同时，国家电网已接入智能电表等各类终端 5.4 亿余台，采集数据日增量超过 60TB，并大力推进配网自动化和设备精益管理系统的部署，实现主配网设备动态感知和智能处理。

目前，国家电网和中国南方电网有限责任公司（以下简称中国南方电网）已相继提出数字化转型战略，通过电力网络与通信网络的深度耦合，构建万物互联、人机交互的电力物联网，实现电力系统运行状态全面感知和数据信息的高速传递，保障电网的安全稳定运行，建立标准化、智能化、规范化的电力系统，为电力企业创造新的经济增长点。无线通信技术以及信息安全技术的发展是高效、可靠实现电力物联网海量终端接入，大带宽、高速率数据传输，以及高可靠、低时延控制数据传输的前提，也是电力物联网的支柱部分。可以预见，未来我国电力物联网将进入快速发展阶段，电力物联网体系日益庞大、终端数量大幅提高、业务类型多样化、通信需求爆发式增长，其对时延、传输可靠性和数据处理能力等指标也会提出更高的要求。

本书试图深入、全面地介绍电力物联网通信与信息安全技术。全书共分为 6 章，包括电力物联网概述、电力物联网关键通信技术、电力物联网可靠性保障与安全监测、5G 赋能电力物联网——通信技术应用与解决方案、电力物联网安全访问技术、电力物联网工程应用实例。第 1 章介绍电力物联网的发展背景、建设电力物联网的意义、典型业务场景分析、面临的新形势与新挑战，以及 5G 与电力物联网的融合。第 2 章介绍电力物联网关键通信技术，包括网络功能虚拟化、软件定义网络、网络切片等，并阐述了这些通信技术在电力物联网中的具体应用。第 3 章介绍电力物联网中存在的安全隐患，并介绍如何从提升协议可靠性与安全监测两方面增强电网的可靠性。第 4 章介绍 5G 通信技术在电力物联网的应用与解决方案，包括大规模天线、智慧能源管理网络切片、高可靠低时延通信、跨层资源分配优化、边缘协同、电力空地信息网络、电动汽车充放电调度等。第 5 章介绍电力物联网安全访问技术，包括国内外研究现状、基于模糊身份加密的安全访问机制和安全服务度量与发现。第 6 章结合电力物联网的建设和研究经验，介绍智能变电站二次设备在线监测技术、智能变电站交换机测试方法及在线监测、基于 5G 的电力物联网信息采集装置的应用实例。

本书是华北电力大学电气与电子工程学院和上海交通大学网络空间安全学院在教学科研工作中对电力物联网领域无线通信技术与信息安全技术的总结。本书的工作分工如下：周振宇负责全书统筹以及第 1 章、第 2 章、第 4 章、第 6 章部分内容撰写工作；伍军负责第 3 章及第 5 章的撰写工作；廖海君承担第 1 章、第 2 章、第 4 章及第 6 章部分内容撰写工作。在撰写过程中，研究生于海军、王塱、陈心怡、潘超、陈亚鹏、杨秀敏、贾泽晗、刘晨、张浩、王雅倩、苏晓宇、田歌星、衣鹏、张翔、蔡骥然、杨林满等协助整理了文字、图表、公式等素材，在此表示衷心的感谢！

近年来我国电力物联网的建设发展迅速，目前其涉及的理论知识与工程技术均不可胜数，由于编者水平有限，更兼时间和精力有限，书中难免存在不妥或疏漏之处，恳请读者批评指正。

编 者

目 录

前言
第1章 电力物联网概述 …… 1
1.1 电力物联网发展背景 …… 1
1.1.1 社会发展的需求 …… 1
1.1.2 电力企业经营的需求 …… 2
1.1.3 技术发展的需求 …… 4
1.2 建设电力物联网的意义 …… 6
1.2.1 对发电部分稳定性运行的作用 …… 6
1.2.2 对输电网部分稳定性运行的作用 …… 7
1.2.3 对配电网部分稳定性运行的作用 …… 7
1.2.4 对变电部分稳定性运行的作用 …… 8
1.2.5 对用电部分稳定性运行的作用 …… 9
1.3 电力物联网典型业务场景分析 …… 9
1.3.1 控制类业务 …… 10
1.3.2 采集类业务 …… 12
1.3.3 移动类业务 …… 14
1.3.4 小结 …… 16
1.4 电力物联网建设面临的新形势与新挑战 …… 16
1.5 电力物联网与5G的融合 …… 18
1.5.1 5G业务场景 …… 18
1.5.2 新基建 …… 21
1.5.3 5G打通电力物联网"最后一公里" …… 23

第2章 电力物联网关键通信技术 …… 24
2.1 网络功能虚拟化 …… 24
2.1.1 网络功能虚拟化概述 …… 24
2.1.2 网络功能虚拟化发展路径 …… 24
2.1.3 网络功能虚拟化国内外发展现状 …… 25
2.1.4 网络功能虚拟化架构 …… 26
2.1.5 网络功能虚拟化应用 …… 27
2.2 软件定义网络 …… 28
2.2.1 软件定义网络概述 …… 28
2.2.2 软件定义网络发展路径 …… 28
2.2.3 软件定义网络国内外发展现状 …… 28
2.2.4 软件定义网络模型 …… 29
2.2.5 软件定义网络应用 …… 30
2.3 网络切片 …… 30
2.3.1 网络切片概述 …… 30
2.3.2 网络切片技术发展路径 …… 31
2.3.3 网络切片技术国内外发展现状 …… 31
2.3.4 网络切片总体架构 …… 33
2.3.5 网络切片应用 …… 34
2.4 多接入边缘计算 …… 34
2.4.1 多接入边缘计算概述 …… 34
2.4.2 多接入边缘技术发展路径 …… 35
2.4.3 多接入边缘计算技术国内外发展现状 …… 35
2.4.4 多接入边缘计算架构 …… 36
2.4.5 多接入边缘计算应用 …… 37
2.5 前传、中传与回传技术 …… 38
2.5.1 前传、中传与回传技术概述 …… 38

2.5.2　前传、中传与回传技术方案 …… 39
　　2.5.3　前传、中传与回传技术标准化
　　　　　进展 …… 41
2.6　云无线接入网 …… 42
　　2.6.1　云无线接入网概述 …… 42
　　2.6.2　云无线接入网发展路径 …… 43
　　2.6.3　云无线接入网国内外发展
　　　　　现状 …… 44
　　2.6.4　云无线接入网架构 …… 45
　　2.6.5　云无线接入网应用 …… 46
2.7　软件定义无线电 …… 48
　　2.7.1　软件定义无线电概述 …… 48
　　2.7.2　软件定义无线电发展路径 …… 48
　　2.7.3　软件定义无线电技术国内外发展
　　　　　现状 …… 49
　　2.7.4　软件定义无线电总体架构 …… 50
　　2.7.5　软件定义无线电技术应用 …… 51
2.8　认知无线电 …… 52
　　2.8.1　认知无线电概述 …… 52
　　2.8.2　认知无线电发展路径 …… 53
　　2.8.3　认知无线电国内外发展现状 …… 54
　　2.8.4　认知无线电网络架构 …… 55
　　2.8.5　认知无线电应用 …… 57
2.9　超密集异构网络 …… 57
　　2.9.1　超密集异构网络概述 …… 57
　　2.9.2　超密集异构网络发展路径 …… 58
　　2.9.3　超密集异构网络国内外发展
　　　　　现状 …… 59
　　2.9.4　超密集异构网络架构 …… 60
　　2.9.5　超密集异构网络应用 …… 61
2.10　终端直通技术 …… 62
　　2.10.1　终端直通技术概述 …… 62
　　2.10.2　终端直通技术发展路径 …… 63
　　2.10.3　终端直通技术国内外发展
　　　　　　现状 …… 63

　　2.10.4　终端直通技术架构 …… 64
　　2.10.5　终端直通技术应用 …… 65
2.11　毫米波技术 …… 66
　　2.11.1　毫米波技术概述 …… 66
　　2.11.2　毫米波技术发展路径 …… 67
　　2.11.3　毫米波技术国内外发展现状 …… 67
　　2.11.4　毫米波商用架构 …… 68
　　2.11.5　毫米波技术应用 …… 69
2.12　大规模天线阵列 …… 70
　　2.12.1　大规模天线阵列概述 …… 70
　　2.12.2　大规模天线阵列发展路径 …… 70
　　2.12.3　大规模天线阵列国内外发展
　　　　　　现状 …… 71
　　2.12.4　大规模天线阵列技术 …… 71
　　2.12.5　大规模天线阵列应用 …… 73
2.13　载波聚合技术 …… 73
　　2.13.1　载波聚合技术概述 …… 73
　　2.13.2　载波聚合技术发展路径 …… 74
　　2.13.3　载波聚合技术国内外发展
　　　　　　现状 …… 74
　　2.13.4　载波聚合实现方案 …… 75
　　2.13.5　载波聚合技术应用 …… 77
2.14　低功耗广域网络 …… 78
　　2.14.1　低功耗广域网络概述 …… 78
　　2.14.2　低功耗广域网络发展路径 …… 78
　　2.14.3　低功耗广域网络国内外发展
　　　　　　现状 …… 80
　　2.14.4　低功耗广域网络应用 …… 82
2.15　空天信息网络 …… 83
　　2.15.1　空天信息网络概述 …… 83
　　2.15.2　空天信息网络发展路径 …… 84
　　2.15.3　空天信息网络国内外发展
　　　　　　现状 …… 85
　　2.15.4　空天信息网络架构 …… 86
　　2.15.5　空天信息网络应用 …… 87

2.16 低功耗、大连接关键技术 …… 88
  2.16.1 低功耗、大连接概述 …… 88
  2.16.2 低功耗技术 …… 88
  2.16.3 大连接技术 …… 90
  2.16.4 电力物联网低功耗、大连接技术面临的挑战 …… 93
  2.16.5 低功耗、大连接技术应用 …… 94

第3章 电力物联网可靠性保障与安全监测 …… 96

3.1 电力物联网的安全隐患 …… 96
  3.1.1 安全威胁概述 …… 96
  3.1.2 典型的安全威胁 …… 97

3.2 电力物联网协议可靠性提升 …… 97
  3.2.1 无线协议可靠性提升 …… 97
  3.2.2 有线协议可靠性 …… 99
  3.2.3 小结 …… 100

3.3 电力物联网安全监测 …… 101
  3.3.1 网络流量特征抽取及异常分析 …… 101
  3.3.2 异常流量分析算法 …… 101
  3.3.3 分析算法优化 …… 103
  3.3.4 基于Spark的并行流量聚类分析 …… 104
  3.3.5 基于马氏距离的异常流量分析 …… 105

第4章 5G赋能电力物联网——通信技术应用与解决方案 …… 107

4.1 电力物联网大规模天线系统方案 …… 107
  4.1.1 电力物联网大规模天线系统概述 …… 107
  4.1.2 电力物联网大规模天线系统架构 …… 108
  4.1.3 在线算例分析 …… 110

4.2 电力物联网智慧能源管理网络切片方案 …… 113
  4.2.1 电力物联网智慧能源管理网络切片概述 …… 113
  4.2.2 电力物联网智慧能源管理网络切片架构 …… 114
  4.2.3 电力物联网智慧能源管理网络切片仿真分析 …… 117

4.3 电力物联网高可靠低时延通信方案 …… 119
  4.3.1 电力物联网高可靠低时延通信概述 …… 119
  4.3.2 电力物联网高可靠低时延通信架构 …… 120
  4.3.3 电力物联网高可靠低时延算例分析 …… 122

4.4 电力物联网跨层资源分配优化方案 …… 125
  4.4.1 电力物联网跨层资源分配优化概述 …… 125
  4.4.2 电力物联网跨层资源分配架构 …… 126
  4.4.3 电力物联网跨层资源分配优化方法及性能评估 …… 128

4.5 电力物联网边缘协同方案 …… 131
  4.5.1 电力物联网边缘协同概述 …… 131
  4.5.2 电力物联网边缘协同架构 …… 132
  4.5.3 电力物联网边缘协同架构算例分析 …… 134

4.6 电力空地信息网络 …… 137
  4.6.1 电力空地信息网络概述 …… 137
  4.6.2 电力空地信息网络架构 …… 139
  4.6.3 电力空地信息网络架构的用例分析与性能评估 …… 141

4.7 电力物联网电动汽车充放电调度方案 …… 144

4.7.1 电力物联网电动汽车充放电调度概述 ………………… 144
4.7.2 电力物联网电动汽车充放电调度架构 ………………… 144
4.7.3 电力物联网电动汽车充放电调度的性能评估 ………………… 147

第 5 章 电力物联网安全访问技术 …… 149
5.1 电力物联网安全访问国内外研究现状 ………………… 149
5.1.1 访问控制概述 ………………… 149
5.1.2 纠错与加密技术概述 ………… 150
5.1.3 小结 ………………………… 151
5.2 基于模糊 IBE 加密的电力物联网安全访问机制 …………… 151
5.2.1 整体设计 ……………………… 151
5.2.2 工业设备容错访问控制建模 … 152
5.2.3 采用模糊 IBE 加密技术的细粒度访问控制 ………………… 153
5.2.4 电力设备工作干扰模型及其安全数据纠错技术 ……………… 153
5.3 面向电力物联网访问的安全服务度量与发现 ………………… 154
5.3.1 电力物联网的服务安全性度量模型 …………………………… 154
5.3.2 电力物联网的单个安全服务发现 ………………………… 155

5.3.3 电力物联网的安全服务社团发现 ………………………… 155

第 6 章 电力物联网工程应用实例 …… 157
6.1 智能变电站二次设备在线监测技术 ………………………… 157
6.1.1 智能变电站二次设备状态数据告警分级 ………………… 157
6.1.2 智能变电站二次设备可视化告警监控系统 ……………… 158
6.1.3 智能变电站二次设备信息共享平台 ……………………… 163
6.2 智能变电站交换机测试方法及在线监测 ………………… 164
6.2.1 智能变电站交换机测试方法 … 164
6.2.2 智能变电站交换机在线监测软件 ………………………… 169
6.3 基于 5G 的电力物联网信息采集装置 ……………………… 171
6.3.1 基于 5G 的电力物联网信息采集装置概述 ……………… 171
6.3.2 硬件架构 …………………… 172
6.3.3 软件架构 …………………… 173
6.3.4 5G 通信模组 ………………… 174

参考文献 …………………………………… 182

第 1 章　电力物联网概述

电力物联网是应用于电网的工业级物联网，是物联网技术在电力系统中的具体体现。面对当前电网形态的重大变化及其带来的一系列挑战，电力物联网将成为强有力的解决方案，如何保障电网的安全、稳定、高效和持续运行？如何提高电力系统的智能化水平？如何推动能源互联网建设？电力物联网将成为强有力的解决方案。

1.1　电力物联网发展背景

本节将从社会发展、电力企业经营和技术发展三个方面的需求来阐述电力物联网建设的重要性。

1.1.1　社会发展的需求

我国电力系统发展处于世界前列，电网建设规模已跃居世界首位，在具体技术的研发与应用方面已同步世界先进水平甚至领先，特别是特高压技术为世界电力发展提供了宝贵经验。如图 1-1 所示，截至 2019 年底，全国 35 kV 及以上输电线路长度达到 194 万 km，全社会用电量达到 72486 亿 kW·h，人均用电量达到 5186 kW·h。我国已经在电力装机、电力消费和新能源装机等方面成为世界第一大国。顺应社会发展的需求，建设能源互联网势在必行。能源互联网由坚强智能电网与电力物联网共同构成。目前，智能电网经过十年左右的发

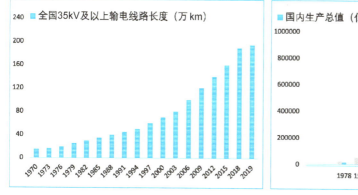
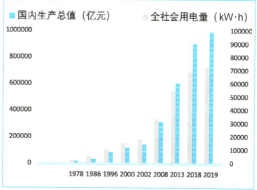

图 1-1　全国 35 kV 及以上输电线路长度（左图）、国内生产总值与全社会用电量（右图）

展已经取得巨大成就，因此加强电力物联网建设是未来发展的主要方向。为提升电网的感知能力和运行效率，电力物联网将通过各种手段突破电力系统各环节的数字化壁垒，支撑各种能源接入和综合利用。

随着电网复杂程度的不断提升，越来越多的设备接入电力系统，系统每天产生的海量数据给电网的监控、调度和管理带来了巨大的挑战。同时，我国电力系统还存在能源分布不均、网架结构不合理、电网调节能力不足等问题。通过结合电力物联网技术，可以快速提升电网的感知、互动和调节能力，促进电力系统各个环节的安全稳定运行，真正实现电力行业的可持续发展。

2019年，国家电网提出"三型两网、世界一流"的新时代战略目标，在推进智能电网建设运营模式的同时，逐步向电力物联网建设运营模式转换。中国南方电网则提出定位"五者"、转型"三商"的发展战略，目标是成为具有全球竞争力的世界一流企业。电力物联网与智能电网相互融合，充分利用"大、云、物、移、智"等现代信息技术和先进通信技术，构建一个万物互联、人机交互的物联网，实现电力系统运行状态全面感知和数据信息的高速传递，提供灵活的多样化服务，保障电力系统故障的快速应急响应以及电力能源的安全、稳定、可持续供给，从而建立标准化、智能化、规范化的电力系统，为电力企业创造新的经济增长点，并进一步推动我国能源革命和世界经济转型。

未来，国家电网将继续构建以特高压为骨干网架、各级电网协调发展的坚强智能电网；同时打造具有全息感知、泛在连接、开放共享、融合创新四个特点的电力物联网，并在现有基础上，大力提升数据自动采集、自动获取、灵活应用的能力，适应社会形态、打造行业生态、培育新兴业态，支撑"三型两网"世界一流能源互联网企业建设。中国南方电网也正在加快推进特高压等新型基础设施项目的建设，进一步攻克特高压技术壁垒，积极推动清洁能源调度，全力打造安全、可靠、绿色、高效的智能电网；同时，在电网上安装小微智能传感器，使电力系统的各个环节可见、可知、可控，形成透明电网。

1.1.2 电力企业经营的需求

随着物联网技术的不断发展和环境问题的日益突出，电力企业也面临着各种挑战。新时代电力系统的组成和所承载的功能已发生显著变化，主要体现在"发、输、配、用"这四个环节。目前，发电侧转变为传统能源与可再生能源发电并存，集中式与分布式发电并存的模式；输电侧转变为以特高压电网为骨干网架的交直流混合输电模式；因用户数量、用电负荷种类增多以及需求多样化等原因，配电侧转变为双向能量互动模式；用电侧则逐渐具备了一定的电能供应和调整能力。四大环节中电源形式、网架结构、负荷种类等变化，导致电力系统备用容量不足、频率和电压稳定性差等问题日益凸显。因此，建设电力物联网，提高电力系统的智能化水平，实时感知当前电网的运行状态，优化调整系统的运行方式等，成为电力企业经营的迫切需求。

建设电力物联网能给电力企业带来多方位的优势，主要体现在以下几个方面。

(1) 建设电力物联网可以全面优化电力系统功能

我国传统的电力系统建设过程中存在着能源分配不均匀、电力调配能力弱等突出问题，在电力运营中存在着极大的浪费现象。电力物联网运用智能化技术增强了传感器对信息的感知能力，并进一步完善了数据的智能化判断与处理功能。电力物联网可利用信息传输和大数据技术，实现电力系统检测与维修的智能化，提升电力系统维护检修的效率与质量。

(2) 建设电力物联网可以提升分布式可再生能源的消纳能力

电力物联网通过将物联网的信息感知技术与人工智能等技术结合，实现对分布式可再生能源的实时监测与预测，通过采取有效的激励机制激发用户主动参与到清洁能源的利用中，既可以减少弃风、弃光等现象，也可以推动可再生能源的大规模开发。同时，采用模拟智能电厂技术，对可再生能源进行调配与存储，打造互通的电力贸易平台，缓解分布式可再生能源的并网冲击，实现可再生能源的有效存储与利用。

(3) 建设电力物联网可以推动综合能源智慧服务平台的搭建

综合能源智慧服务平台以用户为中心，具有综合性、专业化、开放式等特点，可实现对状态信息的分析与处理，从而获得当前电力系统的运行状态等深层次信息，并为电能交易、需求侧响应和智能购售电等高级应用提供支撑。对内支撑综合能源服务业务管理与市场开拓，对外则为能源供应商等生态主体提供服务窗口，助力综合能源产业生态发展。

(4) 建设电力物联网可以促进与用户互动化的智能用电

传统的电网运营管理模式缺乏与用户之间的数据交互，无法为用户提供更优质的服务。电力物联网可采用智能量测和智能控制等手段，实现电网与用户之间能量流、信息流和业务流的高度融合，从而建立用户广泛参与的新型供用电模式。电网可基于用户用电的大数据来引导用户智能用电，提升用户的体验质量；同时，用户也可有偿地为电网提供分布式电源，增加收益。

(5) 建设电力物联网可以有力推进电力市场的开放

电力物联网将推动电力市场由传统的行政审批、计划经济的配置模式转化为与社会主义市场经济体制相适应的电力市场模式，促进电力市场的全面开放。电力物联网可以实现对新能源信息的实时预测，聚合分布式新能源和负荷作为电力交易现货的主体，并通过建立完善的电力现货市场交易机制，进一步发挥市场的作用，提高电力交易的市场化程度。

目前，物联网技术已开始广泛应用于电力系统的"发、输、变、配、用"五大环节，推动电力物联网的整体发展与进步。其中，物联网技术在不同的环节承载着不同的应用。在发电环节，体现在传感器应用及对设备实时状态监测等；在输电环节，体现在对输电线路的监测及检修管控等；在变电环节，体现在变电站电气设备的状态信息监控与诊断等；在配电环节，体现在对配电设备的状态监测和资产管理等；在用电环节，体现在低压抄表、智能充电、智能家居等。

1.1.3 技术发展的需求

随着电网接入设备数量的增长，电力市场的进一步开放，以及社会经济形态向数字化转变，传统电力系统技术已难以满足各类业务的差异化需求，电力物联网的建设需要先进信息通信技术的支持。本节从电力物联网的技术体系架构、关键技术与技术建设难点三个方面进行简要阐述。

1. 电力物联网的技术体系架构

如图 1-2 所示，电力物联网的技术架构分为感知层、网络层、平台层和应用层。感知层的作用是实现各环节数据的深度采集，同时利用边缘计算来提升终端设备的智能性；网络层利用多种现代通信技术，完成感知层与平台层之间的数据传输，实现电力系统各环节的全面覆盖；平台层作为物联网管理中心和全业务统一数据中心，用于提升数据的综合处理能力与计算能力；应用层是数据中心提供用户服务的窗口，通过对数据库中的信息进行筛选和分析，实现数据的合理管控，为保障电网安全稳定运行等对内业务以及推动智慧能源服务平台建设等对外业务提供支撑。

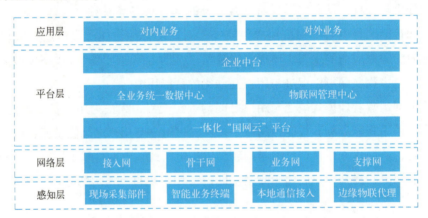

图 1-2 电力物联网的技术架构

2. 电力物联网的关键技术

（1）传感技术

随着电力系统的不断发展，越来越多的计量、保护、变换、控制、监测和用电等设备接入电力系统，并产生了大量数据。目前，多数现场数据采集设备仍然基于传统的工业采集装置，其数据采集可靠性差、精度低。应用传感技术检测电力系统中各设备的运行状态，实现广域、实时、高精度的设备监测。另外，传感技术可以很好地适应环境的变换，对电力系统的数据监管提供持续稳定的支持。

（2）5G 通信技术

5G 从万物互联、精准控制、海量量测等方面加速电力物联网的建设步伐，例如，5G 切片网络通信技术可以解决电力系统中多种场景的感知和连接问题。其中，高可靠低时延通信（Ultra-Reliable and Low Latency Communications，URLLC）切片，适用于电网中智能配电的精确性控制操作等业务；大规模机器通信（massive Machine-Type Communications，mMTC）切片，可解决用电信息或者智能汽车所产生的海量数据采集问题；增强型移动宽带（enhanced Mobile BroadBand，eMBB）切片，可用于涉及高清视频回传的业务，例如输电线路监控、无人机巡检等业务。

（3）一体化数据平台

电力物联网的一体化数据平台可以借助大数据、云计算、人工智能等技术来搭建，将电力系统中的海量数据接入平台中，可以实现对数据的有效挖掘和合理分析。一体化数据平台能实时监测设备的运行状态，精准诊断故障，并具备调度管理功能。常见的一体化平台包括阿里 Link 物联网平台、移动 OneNET 物联网平台等。其中，阿里的物联网小镇已实现交通方式、能源配给、环境监测的智能化。

3. 电力物联网的技术建设难点

目前，电力物联网仍面临一系列建设难点，主要体现在信息安全、业务壁垒、商业模式和数据分析四个方面。

（1）信息安全

海量数据的有效利用是建设电力物联网的重点，这些数据必须传输至物联网平台上进行挖掘、分析和处理。因此，保障物联网平台的安全至关重要。一方面，要保证采集的数据能够可靠、快速、安全地传输到平台；另一方面，要防止数据泄露、抵抗网络攻击。因此，如何设计数据平台保护机制，实现各主体之间数据的安全传输和信息的互联互通是电力物联网建设的难点之一。

（2）业务壁垒

在我国电力企业中，每个部门都有自己独立的系统和业务，如何建立高效的数据分析及信息共享机制，减少冗余信息的传输，打破业务壁垒，实现运营、调度、计量和财务等不同部门间业务的贯通也是电力物联网建设的难点。

（3）商业模式

目前，我国电力系统仍然以电网为主体进行统一的电力服务，这种单一的商业运行模式无法适应快速增长的多样化业务需求，难以保障用户的体验质量。为推动电网企业发展和转型升级，我国出台了电价补偿和税收优惠等政策，在这些法律政策的支持下，基于现有电力服务和传统互联网，电网企业如何实现向多部门、多行业的新兴商业模式的转变，是电力物联网建设的另一个难点。

（4）数据分析

电力系统的数据具有来源广、类型多、时间尺度差异大等特点，而数据分析技术要求数据具有统一性，导致电力系统采集的初始数据无法直接应用于电力物联网中。一方面，由于电力系统建设的阶段性以及数据的时效性，海量实时监测数据、计量数据将会被保存到电力物联网数据平台；另一方面，在准入门槛较低的市场环境下，由于类型、生产厂家、生产批次的不同，用电侧设备在数据格式、逻辑规则等方面也存在较大差异，因此形成了多源异构数据源。如何对海量多源异构数据进行深度挖掘、高效利用，同样也是电力物联网建设的难点。

1.2 建设电力物联网的意义

电力物联网广泛应用大数据、云计算、物联网、移动互联、人工智能、区块链、边缘计算等信息技术和智能技术，实现电力系统各环节物物相连与人机交互，为发、输、变、配、用等环节的稳定性运行提供了信息和数据支撑。图1-3展示了电力物联网对电力系统的作用。

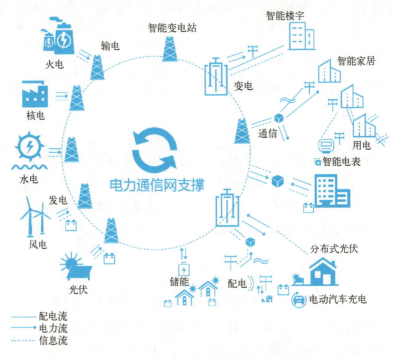

图1-3 电力物联网对电力系统的作用

1.2.1 对发电部分稳定性运行的作用

发电厂作为电能的制造单位，是整个电网的支柱，稳定的发电环节为整个电网的高效运行奠定了基础。随着分布式发电设备接入类型与数量的快速增加，电网复杂程度不断提升，对传统能源与电力供应的质量和稳定性提出了挑战。

传统的集中式单一供电系统以大机组、大电网、高电压为主要特征，大电网中任何一点的故障所产生的扰动都会对整个电网造成较大影响，严重时可能会导致大面积停电甚至是全网崩溃，造成灾难性后果。因此，结合物联网技术建设分布式发电系统是未来的发展趋势。

在新能源发电系统，如风力分布式发电系统中，电力物联网在各风力发电站设置大量的振动、速度、位移和电流电压等传感器以及微处理器、电能计量表等发电监控器，实时监测风力情况，采集各发电站的发电功率并发送到远端监控中心。在监控中心，厂级系统根据采集信息对一些变化进行自动化调整，操作人员通过人机交互界面能够调出历史记录，查看系统运行和调节情况。对于通过自我调节无法解决的问题，系统进行故障报警和故障点定位，方便电站维护人员及时排查，保证发电系统稳定持续运行。

此外，电力物联网可实现对风电场、光电站、火电厂、水电厂和大型用户的调度连接，把可控负荷和分散发电有效控制起来，通过"大、云、移"等物联网技术，实时获取风力、光伏、水力、负荷功率等信息，将区域分布式新能源和负荷聚合成一个实体，形成虚拟电厂，例如，在风力、水力和光照良好的情况下优先使用新能源，减少火电厂的产能任务，以多能互补的形式优化新能源的利用和入网，提高电网可调控容量占比，建立繁荣的电力市场。

1.2.2 对输电网部分稳定性运行的作用

输电网在电力系统中承担着输送电能的重要任务，具有电压等级高、输送容量大、输送距离远等特点。输电线路是我国电力系统的核心部分，其故障将给电力的正常供应造成很大的负面影响，保证输电线路运行的稳定性是供电系统安全稳定运行的基础。

输电线路故障是输电网不稳定因素的主要来源。在实际的输电过程中，输电线路最长可达数百千米，跨越不同的气候区域，运行环境极其复杂。极端的气候条件，如飓风、山火、冰害、雷电等都会对输电线路造成损害，影响电力系统的正常运行。传统的线路故障检修方式主要是事后检修、定期检修，无法实现对输电线路故障的预防以及实时排查，难以满足当前电网建设的需求。

在输电网中，利用电力物联网技术可以有效提高对输电线路运行状况的感知能力。首先，通过电力物联网的智能传感设备对输电线路进行在线监测，实时跟踪判断线路的运行状态，可以实现对线路故障的及时预警和排查，提高输电网的稳定性。这些智能传感器被装备在杆塔及输电线上，分别采集线路上的设备信息及周围环境中的微气象信息，并将这些信息通过无线通信的方式汇集到智能化分析系统中。系统对线路的当前状态做出正确的判断，并将结果输出到相应部门，以便及时应对。其次，无人机可以结合智能传感器对输电线路进行巡检，并通过高清摄像头对故障线路进行拍摄，将线路故障信息及时回传给终端。最后，电力物联网通过卫星遥感、飞机巡检等手段，可以在大范围灾害天气下对输电线路走廊的地形、地质、植被、输电线路状况等进行广域监测，包括杆塔损毁监测、地质灾害监测、走廊山火监测等，为线路故障抢修提供有效的监测数据。故障抢修人员利用监测到的数据可快速定位故障点，制定相应的抢修方案，保障输电网的稳定性运行。

1.2.3 对配电网部分稳定性运行的作用

配电网是电力系统中连接输电与用户两端的关键环节，具有分布广泛、设备众多等特点，其安全性和可靠性对电力系统的稳定运行起着至关重要的作用。近年来，随着对坚强智能电网、能源互联网等战略部署的大力建设，配电网需要承载的功能正在发生改变，尤其是大规模分布式能源的并入、异质能源系统的融合以及用户侧用电需求的多样性发展等，使配电网的运行模式愈加复杂，给其经济运行和安全管理带来了极大的挑战。

传统的配电网以安全供电为重心，采用被动的运行、控制以及管理模式，在无故障的情况下无法实现自动控制，称为被动的配电网。利用先进的电力电子技术、信息通信技术和自动控制技术，并协调控制分布式电源、储能系统和电动汽车等新型电力设备，可实现配电网的主动管理，这也是未来配电网的发展方向。

未来的配电网具有高度信息化、异质能源混杂的特点，网络与用户之间的界限也会愈加模糊，其将作为区域能源系统的核心与枢纽，承担诸如电、热、气等异质能源的阶梯利用、消纳与转化、协同优化运行等责任。因此，需要对现有的配电网规划方法进行改进，实现配电系统与其他系统的统一协调规划。电力物联网能够使配电网规划具备更强的自主灵活性，极大程度上提高其深度感知与精准控制能力，提高对新型负荷的弹性承载能力，促使配电网由传统的"源—荷"单向供能模式向双向能量流动模式与高级服务转变，促进电网打造枢纽型、平台型、共享型企业。首先，基于大数据和边缘计算技术，可以实现分布式电源以及用户负荷的精准控制，灵活快速改变配电网拓扑与潮流分布，提升配电网在不确定因素下运行的弹性。其次，电力物联网技术的应用能够使配电网系统实时感知电力设备的运行状态，对网络中的风险和隐患实时评估，从而及时排除故障，提高配电网供电的可靠性。最后，基于电力数据中心平台及云计算技术，对网络运行以及用户用能等数据进行存储与管理，根据异质能源的差异特性，制定综合的、智慧的能源服务方案，满足用户的多样性用能需求，实现多种能源的统一调度、灵活互补和友好消纳。

1.2.4 对变电部分稳定性运行的作用

电力系统变电部分，主要通过变电设备，如变压器，对不同电压等级的电能进行变换、接收和分配，控制电力的流向。在电能的传输过程中，为使线路损耗较小、便于远距离输送，变电站将电压升到几万伏甚至几十万伏；同样，高压电输送到目的地后，为适应不同用户的需要，又将其降压到常用的低压等级。多个变电站通过匹配连接差异化等级的线路，将不同距离和功率的线路连成电网，提高整体安全。目前，变电站运维仍存在诸多问题，包括二次回路不直观导致的运维难度大、故障排查定位困难、二次系统运行管理不到位等。

随着电力物联网的发展，智能变电站在一次设备侧采用智能终端及开关单元，在二次设备侧采用"三层两网"结构，通过安装在线监测设备，大幅度提升监测量，实现变电站感知智能化、故障预警专业化及设备检修状态化，极大提高了变电站运行的稳定性。首先，电力物联网的感知层借助传感器、射频识别等技术完成变电网设备侧信息数据的高精度、多维度、全局性感知，借助变电设备与杆塔上安装的射频识别标签，实现变电设备及变电状态的数据采集、分析和处理，对变电设备进行状态监测、故障诊断、风险预警及全寿命周期管理。其次，根据变压器、开关设备、继电保护设备、防雷保护装置、调度通信装置及无功补偿装置等设备的状态监测信息，结合设备运行环境及运行工况对异常设备进行定位和故障预警。通过对电力大数据的分析，将变电设备的数据通过互联网进行共享、专业化分析和诊断，对存在安全隐患的设备进行预测和预防控制，并建立故障诊断数据库，避免因设备故障导致的重大安全事故。最后，在全面感知系统数据的基础上，针对故障预警，智能诊断故障起因，快速隔离故障，并结合网络拓扑信息，综合维修人员及物料约束，确定抢修方案。对变电故障信息进行统计，结合人员管理系统，对变电操作员进行针对性培训及操作监测，有效降低工作人员因操作不规范导致的安全事故。

1.2.5 对用电部分稳定性运行的作用

用电部分是电力系统中客户密切关注的关键环节，其稳定运行可保证客户日常生活、生产的顺利进行。目前，电网与用电客户的交流沟通仍存在用电过程不透明等问题，用电体验提升迫在眉睫。通过推进用电侧电力物联网建设，不断提升服务水平，能够增强客户参与度、满意度和获得感，为其带来用电新体验。

首先，电网与用电客户可以开展更好的交流沟通。例如，"江苏能源云网平台"是以用户为中心的综合能源服务平台，它由能源数据及能效评价中心、能源服务互动及共享中心两大板块构成。用户在用能设备上安装采集监控系统后，接入综合能源服务平台，登录账号就可实时查看用电情况，通过下载经过综合能效评价体系相关标准比对的综合能效"体检报告"，可以及时、准确、全面地掌握用电系统状态。

其次，电网公司可以给居民提供更便捷的缴费流程。智能电表是电力物联网终端，是国家电网泛在电力物联网用户侧的重要入口。目前，国家电网公司智能电表覆盖率达到99%，为电力大数据的自动采集和应用奠定了坚实基础。未来，用电客户可以随时随地在掌上电力App或者支付宝的生活服务上缴费，查看电费账户的银行代扣情况，当电费余额不足时及时存缴购电。

最后，智能家居可以给居民提供更好的用电体验。所有的家中电器连接到网络后，电器的运转状态都可以通过用户的手机展开调控。比如，智能恒温器可以利用传感器收集家中温度、湿度等一系列数据，传输到后台，通过分析数据了解家居环境是否达到用户追求的理想值，如果不能达到用户的要求，智能家居系统可自动开启空调等电器，调节家中环境。

1.3 电力物联网典型业务场景分析

电力物联网典型业务主要有控制类、采集类和移动类三种。其中控制类业务包括智能分布式配电自动化、电力负荷控制和分布式能源调控等；采集类业务包括高级计量、配电房视频综合监控等；移动类业务包括智能巡检、移动式现场施工作业管控、应急现场自组网综合应用等。

1.3.1 控制类业务

电网控制类业务主要有智能分布式配电自动化、电力负荷控制和分布式能源调控等，涉及电网的安全稳定运行，具有低时延、高可靠的业务特征。随着分布式架构的广泛应用，为满足主网控制联动的需求，未来通信的连接模式将主要采用点对点连接方式，本地就近控制将逐步代替主站系统控制，时延可达到毫秒级。图1-4为智能分布式配电自动化，图1-5为电力负荷控制，图1-6为分布式能源调控。

图1-4 智能分布式配电自动化

图1-5 电力负荷控制

图 1-6 分布式能源调控

1. 智能分布式配电自动化

智能分布式配电自动化以智能化网络发展为目标，基于信息通信技术与计算机网络技术实现低压条件下智能配电网的自动控制与自动运行。配电自动化技术的发展，有效解决了配电网中的供电质量问题，显著提升了故障处理效率，增强了智能配电网系统的控制能力，使其信息化水平进入高层次阶段。

（1）业务现状及发展趋势

目前，我国配电自动化水平覆盖率远低于发达国家平均配电自动化水平。随着信息化规模不断加大、分布式能源的发展以及深化电力体制改革的需要，国内配电网建设具有较大的发展潜力。

未来，我国的配电自动化覆盖率要达到90%，其中东部地区配电自动化覆盖率不低于95%，中西部地区配电自动化覆盖率不低于90%。

（2）未来通信需求

带宽大于或等于2Mbit/s，时延小于或等于10ms，可靠性要求为99.999%，隔离要求在安全生产Ⅰ区，连接数量为$X\times10$ 个/km²。

2. 分布式能源调控

随着我国能源供给侧结构性改革的深化，能源发展方式由粗放式向提高质量和效率转变，分布式能源逐渐出现在人们的视野中。分布式能源包括天然气、光伏发电、风力发电、生物质能等，具备高效性、环保性、多样性等特点，已经成为能源技术中不可或缺的一部分。分布式能源调控主要由分布式电源监控终端、分布式电源监控主站、分布式电源监控子站以及通信系统等部分组成，具有数据采集与监控、调度与协调控制、孤岛检测等功能。

（1）业务现状及发展趋势

目前，分布式可再生能源由于高效、环保、可靠性高等优点，得到了较大的开发和利用。然而，我国的分布式能源起步较晚，并且面临着间歇性高、波动性大、不适合远距离传输等挑战。如何实现有效利用分布式能源仍有待探索。

未来，分布式能源可以依靠更为智能的数字化能源系统管理技术，如虚拟发电厂和智能微电网等，摆脱传统的集中式能源交易方式，推动区域层级能源交易发展，满足不同层次客户的个性化业务需求。

（2）未来的通信需求

带宽大于或等于 2Mbit/s，时延小于或等于 1s，可靠性要求为 99.999%。隔离要求根据具体应用场景同时覆盖Ⅰ、Ⅱ、Ⅲ区。连接数量将达到百万~千万级。

1.3.2 采集类业务

当前，电力物联网中的采集类业务主要包括低压集抄（见图 1-7）、高级计量、配变监测、配电房环境监测及视频监控、配电设备运行状态监测（见图 1-8）、储能站监测（见图 1-9）、站所内外场景的智能电网视频应用等。现有的通信方式主要包括无线网和光纤通信，各类用户终端采用集中传输方式，业务需求的提升以及终端数量的激增将会满足通信网络广覆盖、大连接的需求，以实现终端采集信息数据的实时上报。

图 1-7 低压集抄

图 1-8 配电设备状态监测

图 1-9 储能站监测

1. 低压集抄

低压集抄是一种取代传统人工式抄表的核算系统，主站通过远程通信对多个电能表电能量记录值的信息进行集中抄读。低压集抄系统可以自动对区域内部的用电信息进行统计，避免人工抄表中出现漏抄、错抄的情况，并解决其中存在的用电管理和用电故障等问题，保障电能的平稳输送。

（1）业务现状及发展趋势

目前，两大电网已基本实现供电服务区域内低压集抄的全覆盖，电网智能化水平进一步提升。当前，低压集抄主要是通过低压电力线载波的方式实现数据传输，一般以天、小时为频次采集上报用户的基本用电数据，具有上行流量大、下行流量小的特点。由于各地区电力发展水平不同，系统适应性差，无法达到百分之百的抄表率。

未来采集对象将趋于多媒体化，采集内容趋于全面化，采集频次趋于准实时，且从单向采集向双向互动演进，实现用电信息数据的实时上报。同时，低压集抄系统将做到多种通信技术的互联互通，充分发挥各种技术的优势，获取所有用电终端的负荷信息，从而实现合理错峰用电，达到供需平衡的状态。

（2）未来通信需求

上行带宽 2 Mbit/s，下行带宽不小于 1 Mbit/s，时延小于或等于 3 s，可靠性要求达到 99.9%，集抄模式下的连接数量为 $X \times 100$ 个/km²，下沉到用户后翻 50~100 倍。

2. 配电房视频综合监控

如图 1-10 所示，配电房视频综合监控是整套电能管理系统中的一个重要环节。它通过现代化的监控手段，对采集监控人员的图像信息与操作痕迹进行实时监测，对异常状态发出告警，并及时有效判别故障和生成故障处理预案，辅助调控员保障电网的安全运行。

（1）业务现状及发展趋势

当前，由于我国供电负荷密度的不断加大，配电房具有数量大、分布广的特点，其自动化程度还比较低，运行状态及各开关闭合状态仍需人工勘察巡检，无法及时解决实际问题。

未来，配电房内可配备智能的视频监控系统，利用边缘计算、人工智能等技术，实现配电房环境、安防、电气设备状态等信息的全方位智能管理。除了监控中心现场，维护人员还可通过手机 App 控制摄像头和接收消息。

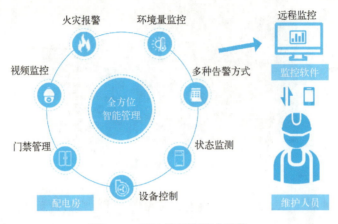

图 1-10　配电房视频综合监控

（2）未来通信需求

单节点带宽需在 4~10 Mbit/s，时延要求小于 200 ms，可靠性要求达到 99.9%，连接数量集中在局部区域 1~2 个，隔离要求在管理信息Ⅲ区。

1.3.3　移动类业务

移动类业务指大流量移动宽带业务，主要包括智能巡检、移动式现场施工作业管控和应急现场自组网综合应用三大类。图 1-11 与图 1-12 分别为变电站巡检机器人与输电线路巡检无人机，通过视频回传可实现远程可视化巡检。图 1-13 为智能安全帽，在现场施工作业时，指挥中心可利用它实时回传的视频信息为现场提供实施决策。图 1-14 为电力应急通信车，通过现场信息采集实现现场调度指挥等本地应用。

图 1-11　变电站巡检机器人

图 1-12　输电线路巡检无人机

图 1-13 智能安全帽

图 1-14 电力应急通信车

1. 变电站巡检机器人

变电站巡检机器人携带有红外热像仪、高清视频摄像头等电站监测设备，可实现对设备运行状态的监测与高清视频的实时回传。该系统与人工巡检相比，具有监测方法智能、多样和巡检工作规范、客观的优点，可以提高变电站运行维护管理的实际效果，降低人力成本，保证电网安全稳定运行。

（1）业务现状及发展趋势

目前，巡检机器人主要采用 4G 或 Wi-Fi 的传输模式，但 4G 和 Wi-Fi 传输具有上行带宽不足和时延大等缺点，巡视期间拍摄到的视频信息仅能在站内本地保存，未能实现到远程控制中心的实时传输。

未来，5G 将助力变电站巡检机器人实现信息的快速接收和远程的精准同步操控。高达 280 Mbit/s 的用户上行体验速率可助力机器人实现多路高清视频回传。同时，5G 网络切片技术的数据隔离能力将提升机器人的安全等级。5G 智能巡检机器人依托传感器技术、导航技术等实现自主导航、避障等功能，可根据远程控制中心的命令，做出简单的带电操作。

（2）未来通信需求

在智能巡检中，带宽需持续地稳定在 4~10 Mbit/s，其时延均应小于或等于 200 ms，可靠性要求则应达到 99.9%。智能巡检类业务基本处于电网Ⅲ区业务，但也有部分业务安全性要求处于Ⅰ、Ⅱ区，如巡检机器人。连接数量集中在局部区域 1~2 个。

2. 应急通信车

在地震、雨雪、洪水等灾害突发情况下，原有通信设施可能会受到破坏，应急通信车将提供临时通信保障，助力抢险救灾，及时上报灾情，减少人员伤亡和经济损失，降低灾害带来的影响。

（1）业务现状及发展趋势

目前，应急通信车主要通过卫星链路与指挥中心建立通信，远程指挥中心可接收通信车回传的语音、图像、视频等信息，进而对现场进行统一调度与指挥决策。

未来，具备自组网能力的应急通信车将成为灾害现场信息的集中点，应急通信车通过搭载 5G 基站，为现场部署的集群通信设备、无人机等终端提供 5G 网络，5G 网络可为现场的 360°高清视频摄像头等设备提供大带宽回传能力，实现多路 4K 高清视频直播，同时可借助人工智能（Artificial Intelligence，AI）技术对画面中的物体进行智能判别，为指挥中心提供更可靠的信息。

（2）未来通信需求

应急现场自组网综合应用类业务要求带宽持续地稳定在 20~100 Mbit/s，时延小于或等于 200 ms，可靠性要求达到 99.9%，连接数量集中在局部区域 5~10 个。

1.3.4 小结

针对电力物联网控制类、采集类和移动类三种典型业务，具体业务场景的关键通信需求指标汇总见表 1-1。

表 1-1 电力物联网典型业务场景关键通信需求指标汇总

业务类型	业务名称	通信需求				
		时延	带宽	可靠性	安全隔离	连接数
控制类	智能分布式配电自动化	≤10 ms	≥2 Mbit/s	99.999%	安全生产Ⅰ区	$X×10$ 个$/km^2$
	精准负控	≤50 ms	10 kbit/s~2 Mbit/s	99.999%	安全生产Ⅰ区	
	分布式能源调控	采集类≤3 s 控制类≤1 s	≥2 Mbit/s	99.999%	综合包含Ⅰ、Ⅱ、Ⅲ区	百万~千万级
采集类	高级计量	≤3 s	1~2 Mbit/s	99.9%	管理信息Ⅲ区	集抄模式 $X×100$ 个$/km^2$
	配电房视频综合监控	≤200 ms	4~10 Mbit/s	99.9%	管理信息Ⅲ区	集中在局部区域 1~2 个
移动类	智能巡检机器人					
	移动式现场施工作业管控					
	应急现场自组网综合应用		20~100 Mbit/s			集中在局部区域 5~10 个

1.4 电力物联网建设面临的新形势与新挑战

1. 电力物联网面临的新形势

目前，我国电力物联网正处于欣欣向荣的发展潮流中，应用云计算、大数据、移动互联、人工智能等信息化新技术实现电力网络与通信网络的深度耦合，具有广阔的发展前景。

（1）万物互联新阶段

物联网将进入万物互联的发展新阶段。针对电力物联网，智能电表、智能巡检机器人、智能有序充电桩、电能计量器、智能家电、智能网联汽车等数以万计的海量终端设备接入网络，规模增长了数十倍，今后仍有爆发式增长的趋势，促使电力系统朝着智能化、自动化、信息化和网络化的方向转变。5G赋能电力物联网，为电网的人、机、物互联提供了强大的基础设施支撑能力。同时，利用电力数据网络、电力通信网络、公网运营商的有线网络和无线网络等多种通信资源，构建安全可靠的电力物联网。

（2）业务场景新需求

电网中智能分布式配电自动化、精准负控和分布式能源调控等控制类业务对时延的要求已达毫秒级，可靠性要求达99.999%；低压集抄、配电房视频综合监控、分布式电源检测等采集类业务对终端接入数量和带宽提出了更高的要求；智能巡检、移动式智能管控、应急现场自组网综合应用等移动类业务需要满足高覆盖、高传输速率和低时延的通信需求。三大业务场景都需采用先进、稳定、高效的新兴通信技术，构建接入灵活、双向实时互动的"泛在化、全覆盖"无线通信接入网，实现电力物联网业务端到端的自主管控。

（3）产业竞争新生态

电力物联网建设是电网企业的主要努力方向，我国正积极构建生态产业体系，开展产业布局，促使电力物联网应用步入低碳环保、低成本的发展轨道之中。5G是产业竞争的重点领域，国家电网联合中国电信集团有限公司（以下简称中国电信）和华为技术有限公司（以下简称华为）成功完成全球首个基于最新3GPP（The 3rd Generation Partnership Project，第三代伙伴计划）标准5G独立组网的电力切片测试。中国移动通信集团有限公司（以下简称中国移动）联合中国南方电网、华为和广东省电信规划设计院有限公司在深圳完成了5G电力应急通信测试。

2. 电力物联网中通信技术面临的新挑战

虽然电力物联网的稳步建设推动了信息通信技术的发展，但由于其具有设备数量多、分布广泛、数据突发性高以及业务场景复杂等特点，也为通信网络带来了众多挑战。

（1）接入网

接入网位于网络的边缘，可实现终端设备与核心网络的连接。首先，电力物联网不断增加的网络负载以及新的业务需求等给接入网带来了巨大的压力，如海量传感终端的并发接入会导致拥塞和过载等问题，高可靠、低时延业务需要更强大和更敏捷的数据处理能力等，而传统的接入网设备部署方式已经无法适应新的需求。其次，在传统的分布式无线接入网（Distributed Radio Access Network，DRAN）的架构下，电网公司需要租赁或建设大量的机房等基础设施，建设成本巨大，而在电力物联网部分设备部署密集区域，采用DRAN还存在末端站点寻址困难等问题。

（2）传输网

传输网是连接接入网与核心网的端到端网络，其在电力物联网的建设过程中面临诸多挑战。首先，电力物联网中的移动类业务对带宽有极高的需求，比如要求达到高清视频的实时回传，但是电网公司的建网投资不可能随着带宽线性增长，因此，如何以更高的性价比提高传输网的带宽能力，同时又能保持电网公司的平稳投资是一大难题。其次，由于传统电网在机房、光纤等物理资源上的差异性，传输网在基站的接入方式上存在多样性，组网场景也日趋复杂化，因此未来传输网需要满足多种接入介质、多样组网方式下基站的灵活、快速接入。最后，随着电力物联网接入网、核心网云化程度的不断加深，传输网将面临任意方向流量的复杂连接，包括基站与基站之间、基站与不同层核心网之间，以及不同层核心网之间的流量备份等。因此，未来传输网需要提供灵活的三层连接，并满足流量的就近转发。

（3）核心网

电力物联网体系庞大、结构复杂，目前网络中存在多种无线制式、多种接入技术长期共存的场景，如何高效运行和维护多张不同制式的网络，实现多种通信网络的融合，不断降低运维成本是电网公司需要解决的问题。除此之外，核心网络架构设计也是一大挑战，5G 在电力物联网中的部署支持独立组网（Standalone，SA）和非独立组网（Non-Standalone，NSA）两种方式。在独立组网方式下，需要建设全新的通信网络，其核心网建设需要综合考虑核心网锚点的选择、网络改造升级的复杂度以及对现有网络的影响等；在非独立组网方式下，需要依托 4G 核心网进行 5G 网络的部署，而现有 4G 核心网架构却不能满足电力物联网业务对时延和传输可靠性等指标的要求。

1.5 电力物联网与 5G 的融合

1.5.1 5G 业务场景

1. 5G 三大业务场景

5G 三大业务场景分别是 URLLC（高可靠低时延通信）、eMBB（增强型移动宽带）以及 mMTC（大规模机器类通信）。这三大场景极大扩展了传统电信业的生态图谱，使得 5G 可以渗透到更多行业中。5G 三大业务场景的典型应用、显著特征和性能指标见表 1-2。

（1）URLLC 场景

URLLC 具有低时延和高可靠的特性，其关键的性能指标包括时延小于 1 ms、可靠性达到 99.999%。URLLC 主要服务于工业控制、无人机控制、智能驾驶控制等特殊应用需求场景，这些场景对网络的时延和可靠性有很高的要求。例如，无人驾驶、工业自动化等要求时延在毫秒级，业务可靠性接近 100%。对于高速移动场景，如无人机控制，需要保证在飞行速度为 300 km/h 时能提供上行 20 Mbit/s 的传输速率。

URLLC 场景下的电力物联网业务主要包括智能分布式配电自动化、用电负荷需求侧响应等控制类业务。通过 5G 网络 URLLC 精准控制，可以有效保障配电自动化业务的信息传递，实现线路故障毫秒级的精准预判，大幅度提升配电网的可靠性；实现用户内部可中断负荷的毫秒级业务响应，提升电源侧与末端负载侧的协调适配能力。

(2) eMBB 场景

eMBB 是移动宽带（移动上网）的升级版，其典型应用包括超高清视频、虚拟现实、增强现实等。其关键的性能指标包括 100 Mbit/s 用户体验速率（热点场景可达 1 Gbit/s）、数十 Gbit/s 峰值速率、每平方公里数十 Tbit/s 的流量密度、500 km/h 以上的移动性等。

eMBB 场景下的电网应用主要包括配电房视频综合监控、变电站巡检机器人、输电线路巡检无人机等大视频应用，这类业务对视频清晰度和传输带宽有很高的要求。5G 网络的 eMBB 可以使巡检机器人和无人机能够更加快捷地接受任务指令，传输高清视频流，满足电网中不同视频监控业务对上下行带宽、时延的差异化需求，保障电网的安全稳定运行。

(3) mMTC 场景

mMTC 具有数据包小、功耗低、海量连接的特点。其典型应用包括智慧城市、智能家居等。这类应用终端分布广、数量众多且对连接密度要求较高。智慧城市中的抄表要求终端网络支持海量连接的小数据包；视频监控不仅部署密度高，还要求终端网络支持高速率传输；智能家居业务对时延要求相对不敏感，但不同家具电器终端可能需要适应高温、低温、震动和高速旋转等工作环境的变化。

mMTC 场景下的电力物联网业务主要包括高级计量和分布式能源调控两大业务。这类业务要求网络能够支持大量终端接入以及高密度连接，5G 网络的 mMTC 能够保障的连接密度数为每平方千米 100 万个，利用海量连接可实现可靠、安全和开放的高级计量业务和分布式能源调控业务，为智能电网与用户间的双向互动提供坚实保障。

表 1-2 5G 三大业务场景

业务场景	典型应用	显著特征	性能指标
URLLC	工业自动化 无人驾驶 电力自动化	高安全性 超高可靠性 超低时延	最低空口时延 1m，是 4G 的 1/10
eMBB	超高清视频 虚拟现实 增强现实	深度感知 极致数据速率 极致用户移动性	数据速率 10 Gbit/s，是 4G 的 100 倍； 移动性 100+km/h，是 4G 的 1.5 倍
mMTC	智慧城市 环境监测 智能农业	深度覆盖 超高密度 超低能耗	连接数 100 万个/km²，是 4G 的 100 倍； 使用寿命≥15 年，是 4G 的 10 倍

2. 5G 的性能指标和效率指标

5G 的关键能力由性能和效率需求共同定义，如图 1-15 所示的 5G 之花中，叶子代表三个效率指标，它们是实现 5G 可持续发展的基本保障；花瓣代表了 5G 的六大性能指标，它们体现了 5G 满足未来多样化业务与场景需求的能力；花瓣顶点代表了相应指标的最大值。

（1）移动性

移动性是指通信双方在满足一定性能时的最大相对移动速度。5G移动通信系统需要支持超高速移动场景，包括飞机、高速公路和城市地铁等。同时，还需要支持低速或非移动场景，包括数据收集、工业控制等。利用5G通信技术，移动用户通信能力进一步增强，移动速率大幅提升，可达到500+km/h。

（2）端到端时延

端到端时延是指数据包从源节点开始传输到被目的节点正确接收的时间。5G的部分业务场景对时延有更严格的要求，最低空口时延需求达到1ms。5G兼顾整体，从跨层考虑和设计角度出发，使得空口、网络架构、核心网等不同层次的技术相互配合，让网络能够灵活应对不同垂直业务的时延要求。

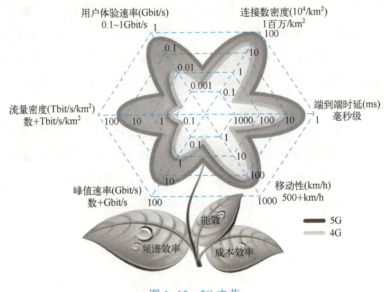

图1-15　5G之花

（3）用户体验速率

用户体验速率定义为单位时间内用户获得的MAC层用户面数据传输量，5G首次将其作为网络性能指标。在实际网络应用中，用户体验速率受到网络覆盖环境、网络负荷、用户规模和用户位置、分布范围、业务应用等众多因素的影响。5G时代，用户体验速率可达到0.1～1Gbit/s。

（4）峰值速率

峰值速率定义为单用户在系统中被分配最大的带宽、最高的调制编码方式、处于理想的无线环境时所能达到的最高速率。与4G相比，5G峰值速率可达到20Gbit/s，系统性能得到进一步提升。

（5）连接数密度

连接数密度是指单位面积内可以支持的在线设备总和，是衡量5G移动网络对海量规模终端设备的支持能力的重要指标，5G 时代的连接数是 4G 的 100 倍，网络最高可连接数密度一般不低于每平方公里 10 万个，能够满足当前大量的物联网应用需求。

（6）流量密度

流量密度定义为单位面积区域内的总流量，主要用来衡量移动网络在一定区域范围内的数据传输能力。5G 能够支持每平方公里数十 Tbit/s 的流量密度，可实现局部区域的超高数据传输。

1.5.2 新基建

新基建是包括 5G、工业互联网、特高压、城际高速铁路和城际轨道交通、新能源汽车及充电桩、大数据中心、人工智能等领域的新型基础设施建设。新基建对数字经济起到强大的支撑作用，电力行业也迎来了数字化变革的新蓝海，电网将更灵活、实用、绿色、高效和具有竞争力。

1. 5G 新基建

以 5G 为核心的新一代信息基础设施是新基建的重要支柱。5G 网络将提升频谱效率、扩展工作频段、增加网络密度，实现超高带宽、超低时延和超大规模连接。在电网中，5G 将助力智能分布式配电自动化、分布式能源接入、低压集抄等业务取得更大的技术突破。

5G 新基建包括四部分内容：建设 5G 基础网络、升级改造网络架构、对接业务应用和优化新型治理架构。第一，建设 5G 基础网络，完成 5G 系统（如基站、核心网、传输）的设备研发、运营维护和网络部署。第二，升级改造网络架构，促使传统通信机房转变为数据中心，传统通用网络转变为弹性、云化、虚拟化、切片化、智能化的无线专网，传统被动网络控制转变为多级分布式自适应控制。第三，网络建设进入成熟期后，5G 基础设施将下沉到垂直行业，对接业务应用，联通所有行业各种类型的数据以及生产全过程。第四，推动更高层的治理架构优化，建立信息基础设施及网络空间管理和治理模式的基础框架。

5G 新基建的重点有五个方面：第一，建设基础配套设施，提前改造供电和铁塔、升级机房并储备管线。第二，研发与部署 5G 基站、核心网、传输网等基础设备，协同 5G 独立组网模式和业务创新。第三，部署 5G 新型云化业务应用平台，协同新业务和各种垂直行业应用。第四，围绕 5G 建设工业互联网新型先进制造网络环境，例如物联网云、网、端的新型基础设施等。第五，保证 5G 安全，包括对数据的认证、加密设备的部署和安全体系的构建，以及与网络架构和业务运营安全的协同。

2. 工业互联网

建立在工业大数据基础上的数字化、网络化与智能化新体系即为工业互联网新基建，它可以通过人、机、物的全面互联，采集、传输、分析各类数据并形成智能反馈，优化资源配置，提高企业生产效率。

借助工业互联网新基建，通过实时采集海量分布式电源点的运行和环境信息，控制海量分布式电源的总体运行，实现可再生能源大规模并网。同时，工业互联网新基建可以在其他方面极大便捷电网业务，如智能巡检可极大提高巡检质量与效率；分布式馈线继电保护能够在发生故障时马上精准隔离，保障系统安全；虚拟电厂可实现大范围运营并支撑分布式储能；数据增值服务提供给客户个性化套餐和定制化服务。

3. 特高压

交流电压大于或等于 1000 kV 和直流电压 ±800 kV 及以上的输电技术被称为特高压，特高压成套输电设备的研发与部署即为特高压新基建。坚强智能电网以特高压为核心，特高压具有输送距离远、容量大、损耗低、效率高等优势，能大幅度提高电网输电能力与电力资源供给能力，调整能源结构并发展绿色能源，降低发电成本。

借助特高压新基建，装备制造企业攻克了高电压等级变压器、换流阀、大电网保护控制等重要技术和关键装备的研发难题，从本质上转变了我国电网建设在核心技术、高端装备方面长期受制于人的尴尬局面。

4. 新能源汽车及充电桩

和传统燃油汽车不同，新能源汽车使用新型车载动力装置或电能等非常规车用燃料，并在充电桩处实现按时、按电度、按金额购电，极大促进了绿色能源消纳。同时，新能源汽车可与太阳能等分布式电源协调运行，并通过储能技术增加电池使用时长，缓解废旧电池的潜在环境污染，构建安全、经济的能源供应体系。

作为电力物联网的重要组成部分，V2G（Vehicle-to-Grid，车辆到电网）技术在新能源汽车停止运行阶段，利用连接到电网的电机将能量输送给电网；在汽车电能不足时，电流又从电网流入电池。对于用户，通过 V2G 技术，新能源汽车可起到应急电源作用，对于电网公司，V2G 技术可以减少新能源汽车迅猛发展带来的用电压力，通过负荷调控，实现削峰填谷。

5. 大数据中心

数据中心是数据存储、处理和交互的中心，与传统数据中心相比，大数据中心具有体量大、数量大和实现形态多样化等特点，契合大型云数据中心和大量分布式边缘数据中心的发展趋势，为电力行业提供强有力的基础设施保障。

电力行业大数据来源于电力系统的发、输、变、配、用各个环节，包含了资产数据、电网运行和设备监测数据、电力营销数据、电力企业管理数据等。借助大数据中心，电力行业进一步解决了网点部署分散、信息处理速度缓慢等问题，提升了数据运行管理效率、能效和基础设施利用率，节省了运维及管理的人工成本，保障电力业务的可靠、高效运行。同时，大数据中心也为电力行业和互联网企业整合计算资源提供了服务平台，共同构建产业生态体系。

6. 人工智能

人工智能是一种全新的科学技术，对模拟、延伸和扩展人的智能的理论、方法、技术及应用系统进行研究和开发。在信息基础设施领域，人工智能与云计算、区块链一起成为一种新技术基础设施；在融合基础设施中，人工智能被视为支撑传统基础设施转型升级的重要工具。人工智能与电网融合，能更加及时、透明地反映电网状况，使电网更高效、更绿色。

随着人工智能新基建的开展，电网中图像智能识别、无人机自动巡检、电缆隧道机器人巡检、光纤振动在线监测等技术将大范围推广，北斗高精度定位、无人机集群作业、两栖机器人巡检作业等新技术应用也将推进探索。借助人工智能，电网可以实现精准预测。例如，中国南方电网根据每天各省区用电具体情况，利用"南方电网调度驾驶舱 AI 负荷预测模板"，可成功预测全网第二天的负荷和用电。

1.5.3　5G 打通电力物联网"最后一公里"

在电力物联网中，"最后一公里"通信是指借助覆盖面积广、成本低的无线网进行配电和用电端的通信。网络终端设备的快速增长，使得"最后一公里"的通信异常拥塞，无法满足电力物联网低时延、广覆盖、高安全性和超高可靠性等刚需。

5G 可以全面感知电力设备的运行状态，将企业、供应商和电力客户的数据相关联，进而通过平台实现数据共享，促进"三型"企业建设，服务上下游企业及电力客户。采用网络切片技术，将物理网划分为多个虚拟网络，根据时延、带宽、安全性及可靠性等服务需求，灵活适应不同网络应用场景；在电力杆塔上安装 5G 基站，合理利用电力杆塔资源，实现电力杆塔与通信基础设施资源的合作共享，提高电网资源利用率；用 5G 替代光纤，大幅减少光纤部署，降低部署难度，实现降本增效；利用 5G 大连接特性，一方面实现大电源并网，打破孤岛运行局面，改善区域信息采集现状，另一方面，连接海量智能电表，实现高级计量，为用户提供智能用电等个性化需求；将 5G 模组用于配电自动化、智能电表、无人机、巡检机器人和高清摄像头等终端，建设 5G 电力专网，大幅提升电力数据的交互能力。

2019 年，国家电网联合产业链生态合作伙伴在青岛建成了全国最大规模的 5G 智能电网实验网。2020 年，国网信息通信产业集团有限公司面向能源互联网信息通信需求，开展产品开发和应用，率先推出了面向电力行业的系列化 5G 通信终端，提供多种通信模式、组网方式及本地通信接口，保证多种电力业务场景的通信质量。国家电网拟于 2022 年在北京冬奥会建设张北柔性直流电网试验示范工程、110 kV 及以上冬奥会配套电网工程和场馆 10 kV 配套电网工程，通过在变电站内安装 5G 基站、在现有输电线路杆塔上架设 5G 天线，实现变电站工作区域 5G 信号全覆盖，满足冬奥各赛区场馆内智能巡检、高清视频传输、网络负荷监测、分布式能源监测和设备状态监测等通信需求。中国南方电网则联合中国移动、华为等单位共同打造"5G+"智能电网生态圈，完成 5G 空口高精度授时关键技术、5G 承载低时延电网控制类业务测试、端到端 5G 公网切片安全隔离性等研究和试验。最终，5G 将助力电力物联网实现"最后一公里"的高质量通信。

第 2 章 电力物联网关键通信技术

电力物联网的本质是利用新一代信息通信技术，完成对海量电力信息的高效可靠采集、传输和利用，提高电力系统的自动化、信息化和智能化水平。本章详细介绍电力物联网关键通信技术，包括网络功能虚拟化、软件定义网络、网络切片、多接入边缘计算、前传/中传和回传技术、云无线接入网、软件定义无线电、认知无线电、超密集异构网络、终端直通技术、毫米波技术、大规模天线阵列、载波聚合技术、低功耗广域网络、空天信息网络，并阐述这些通信技术在电力物联网中的具体应用。

2.1 网络功能虚拟化

2.1.1 网络功能虚拟化概述

随着近年来网络服务愈加多样化，为了应对不断增长的网络用户和流量服务，网络服务提供商需要不断部署和更新网络设备以实现相应的网络功能供用户使用。然而，传统模式下的网络硬件设备功能单一、开发周期长、服务灵活性差，难以满足不同用户的网络服务需求。此外，不同生产商制造的设备之间差异较大，难以实现统一性管理。

面对这些问题，网络功能虚拟化（Network Function Virtualization，NFV）技术应运而生，其主要思想是解耦物理网络设备和运行于它之上的网络功能。NFV 的目标是利用标准化虚拟技术，变革当前的网络运营架构，使网络功能设备能够在通用服务器、交换机及存储设备三者间灵活地部署、迁移、更新，增强网络的灵活性与可扩展性，为用户提供灵活的通信服务，并且能够快速地支持新服务，显著地减少部署新服务的时间与成本。

2.1.2 网络功能虚拟化发展路径

针对网络功能设备存在的设备部署成本高、设备管理维护代价大、设备故障率高等问题，2012 年 11 月，欧洲电信标准协会（European Telecommunications Standards Institute，ETSI）联合世界 7 家主流运营商成立了 NFV 行业规范工作组 NFV-ISG（Industry Specification Group），从运营商角度对 NFV 进行了研究，并发布了 NFV 白皮书，旨在通过将软件与硬件相互分离，降低运营商的资本支出和运营成本，增强网络功能设备部署的灵活性与便捷性，满足不同用户的服务需求。同时，针对NFV技术的发展规划，工作组将NFV技术的建设过程分为两个阶段：第一阶段的目标是建立NFV技术的开放标准，该目标已于2014年年底成功实现；第二阶段的目标是在第一阶段的基础上用两年的时间实现网络功能设备的互操作。为了使NFV-ISG所提出的参考标准能够落地，Linux基金会做出了重大贡献。2014年9月，Linux基金会发起了一个基于开源和运营级集成平台的OPNFV（Open Platform for NFV）项目，其目标是使与NFV相关的新产品和新服务能够尽快形成产业，推动NFV第二阶段的建设进程。

2.1.3 网络功能虚拟化国内外发展现状

网络功能虚拟化是促进通信网络架构改变的催化剂，有助于优化网络运营，降低网络运营商的运营成本，已经受到了国内外运营商的广泛关注。

1. 国内发展现状

2015年3月，中国联合网络通信集团有限公司（以下简称中国联通）和中兴通讯股份有限公司（以下简称中兴通讯）联合惠普，共同在ETSI的NFV行业规范工作组框架下开展NFV概念验证项目，全面验证基于NFV的端到端VoLTE（Voice over Long-Term Evolution，长期演进语音承载）业务，推进NFV行业进程。2018年世界移动通信大会上，中国移动表示将坚持夯实信息通信基础设施，不断扩大互联网数据中心建设，加快向基于NFV的下一代网络转型，提升网络的智能化和敏捷性。中国电信也正在尝试将基于NFV的网络核心功能下沉到网络边缘，并为了承载这些功能打造基于开放和通用计算平台的下一代端局，以提供低时延、高带宽的业务能力。目前，我国已进入5G时代，将NFV技术引入5G网络，使得5G网络组网更加灵活，能够更好地支持不同垂直行业的接入，并满足不同用户差异化的服务质量需求。

2. 国外发展现状

美国电信运营商AT&T于2015年推出基于NFV的多种虚拟业务，为1200多家企业提供了解决方案，并计划到2020年，使75%的网络实现功能虚拟化。AT&T技术和网络运营高级执行副总裁John Donovan表示，已经有数百万的AT&T无线用户使用了虚拟网络服务，其中大多数都通过AT&T集成云功能。Verizon也对NFV进行了投资，以便增强网络的敏捷性和灵活性，并构建了一个全公司范围内通用的OpenStack平台运行VNF⊖（Virtual Network Function，虚拟网络功能）以及其他内部应用程序。德国电信将OpenStack作为NFV平台，通过NFV，能够进行虚拟网络功能的部署，而无需对硬件进行额外投资。韩国的SK Telecom也通过使用OpenStack从NFV中获益，其重点研究了传统电信网络功能的虚拟化，并使用VNF为特定用户提供多租户专用电信服务。

⊖ VNF是网络功能虚拟化（NFV）架构中的虚拟网络功能单元。

2.1.4 网络功能虚拟化架构

图 2-1 为欧洲电信标准协会发布的 NFV 架构图，主要包含 NFV 基础设施、虚拟网元与网管和 NFV 管理与编排三个部分。

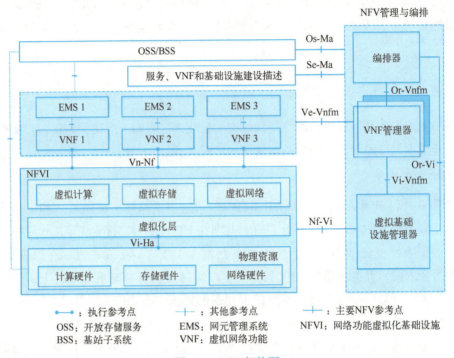

图 2-1 NFV 架构图

NFV 基础设施由物理资源、虚拟化层及虚拟资源构成。物理资源的作用是为 NFV 提供计算、存储、网络等资源；虚拟化层的作用是对物理资源进行抽象并实现底层硬件资源与虚拟化网络功能的解耦，虚拟化层主要采用虚拟化软件实现，可通过优化虚拟化软件构建虚拟化层；虚拟资源主要是为虚拟化网络功能或虚拟机提供计算、存储和网络虚拟资源，计算和存储资源以虚拟机或容器形式提供，网络资源以虚拟网络链路的形式提供。

虚拟网元与网管包括 VNF 与网元管理系统（Element Management System，EMS）。VNF 是软件化后的网元，不同 VNF 实现的核心网络逻辑功能由运行其上的软件决定。多个虚拟机组成一个 VNF，而服务功能的实现需要多个 VNF 构成一条服务链。EMS 为软件化后的网管，主要实现网元管理功能，同时在虚拟化环境下，实现诸如 VNF 资源申请和数据采集等新增功能。

NFV 管理与编排包括 VNF（虚拟网络功能）管理器、虚拟基础设施管理器与编排器。VNF 管理器用于管理 VNF 的资源及生命周期；虚拟基础设施管理器可对整个基础设施层的物理资源和虚拟资源进行管理与监控；编排器是 NFV 架构的控制核心，通过协调 VNF 管理器与虚拟基础设施管理器，在虚拟化设施上实施网络功能服务链的部署和管理。

通过该架构可以达到以下目的。

① 物理网元的功能被拆分，运营商可选择适合的 VNF。

② VNF 部署于多个物理硬件和管理程序。

③ 可以只通过软件发布。

④ 开放接口标准化，多个供应商可进行 VNF 的交互。

⑤ 硬件通用化，不再受制于特定供应商。

2.1.5 网络功能虚拟化应用

1. NFV 在时延敏感类业务中的应用

在电力物联网中，配电房的实时监控、机器人巡检等高清视频回传业务及智能分布式配电自动化等控制类业务对时延的要求相对较高。然而，数据流请求过程需要一系列的 VNF 完成，导致网络服务功能链变长，并且网络服务功能链的长度与服务链所产生的端到端时延成正比，因此端到端时延也随之增加。为解决时延问题，可采取 NFV 并行处理方式。该方式可以通过并行处理数据流，减小网络服务链的相对长度，进而将数据流的处理时延降低。通过将 VNF 并行处理，实现 VNF 同时工作，可提升 VNF 处理速度，而且不会影响到其他的加速工作，从而降低服务的处理时延。

2. NFV 在电力 IMS 核心网中的应用

NFV 技术应用于电力多媒体子系统（IP Multimedia Subsystem，IMS）核心网的建设，可解决传统模式中资源使用率低、维护工作复杂等问题。通过 NFV 技术可达到以下目的。

① 利用 NFV 实现调度交换网与行政交换网之间的资源共享，可利用行政交换网基础设施为发生故障的调度交换网提供通信保障。

② 将逻辑独立的 IMS 网络基础设施提供给不同部门，而不必增加硬件的投入。

③ 实现对网络的云化管理，减少运维工作量。

④ 只通过更新服务而非更新设备来实现新旧业务的交替。

⑤ 具有比传统网络更强的自愈能力。

⑥ 具备配置更加灵活的系统容量。

3. NFV 在智能变电站通信网络管理中的应用

变电站的传统通信网络管理方式为，只有在设备或网络出现故障时，运维人员才会与相关运营商或变电站集成商对故障进行排查，而缺乏平时对交换设备及网络的监管与维护。将 NFV 技术应用到变电站的通信网络管理中，利用通用服务器、交换机等设备整合现有网络设备功能，形成虚拟资源，同时减少能源、空间的消耗，实现软硬件的解耦。这种虚拟通信网络架构能够实现硬件和物理资源的集中管理和弹性控制，提高网络的灵活配置能力和自主管理能力，从而提高资源的利用率，在增强运维检修能力的同时降低成本。

2.2 软件定义网络

2.2.1 软件定义网络概述

随着信息通信技术的不断发展，当前网络已经能够为用户提供基于人与人、人与数据以及流程连通的多种应用。但是随着云计算、移动互联网和物联网的蓬勃兴起，各类应用与业务趋于多元化和多变化，目前的网络系统在应对井喷式爆发的移动端需求时有些应接不暇，其主要问题是上层应用与业务以及网络架构设计之间存在矛盾。一方面，为了满足用户需求，上层应用需要在规模扩展和服务能力上具有较大的灵活性；另一方面，传统网络架构规划与设计是以应用需求相对稳定为前提的。因此，为了满足上层应用与业务的自适应性和动态性要求，提高网络架构的可扩展性，一种全新的网络架构应运而生。

软件定义网络（Software Defined Network，SDN）的核心思想在于利用 OpenFlow 技术将网络设备的控制功能和数据转发功能分离，将控制与管理平面集中到控制层，在控制层实现集中管理与可编程化，可以有效地克服传统网络的垂直架构，降低网络设备负载，从而实现对网络资源的灵活分配，对网络规划与配置的自适应动态调整。

2.2.2 软件定义网络发展路径

软件定义网络起源于斯坦福大学在 2006 年发起的 Clean Slate 研究课题。随后，McKeown 教授在 2009 年正式提出了软件定义网络的概念，并在同年入围《麻省理工科技评论》十大前沿技术，得到了学术界高度的关注与认同。2012 年，谷歌、思科等企业的加入，促进了 SDN 技术的落地与大规模的应用推广。在学术界和企业界的共同推进下，SDN 的发展进入了快速时期，例如，2014 年，斯坦福大学与加州大学伯克利分校共同推出了 SDN 开放网络操作系统（Open Network Operating System，ONOS）；2015 年，中国联通发布了《新一代网络架构白皮书（CUBE-Net 2.0）》；2018 年，思科、Apstra 推出基于意图的网络（Intent-based Network）等。未来，SDN 在应用范围、市场规模和技术融合等方面的发展将进一步扩大。

2.2.3 软件定义网络国内外发展现状

1. 国内发展现状

目前，基于 CUBE-NET 2.0，中国联通实施 IP 骨干网 SDN 重构等一系列技术创新，为产业互联网发展和政企数字化转型提供网络基础设施。杭州华三通信技术有限公司通过国家工业和信息化部（以下简称工信部）SDN 端到端解决方案测试，能很好地满足当前国内

SDN 商业发展的需求。2019 年，中国 SDN/NFV/AI 大会指出，以 SDN、NFV、AI 为代表的新兴信息通信技术整体进入关键时期，未来会有更多的应用场景投入使用，网络步入智能化阶段。

2. 国外发展现状

在日本，三菱电机、庆应义塾大学、富士通、东洋公司等七家机构利用 SDN 技术实现了多个网络的互联，它们将日本境内的不同传输网络连接起来，构成了一个庞大的传输网络，应用 SDN 控制器进行协调控制，最终实现了跨地区的通信传输与交换。在美国，AT&T 电信运营商基于 SDN 技术开发的"随选网络"服务已经在 100 多个城市建立。此外，AT&T 和 Colt 还完成了对 SDN 互操作性的测试，为未来双方网络设施的互联互通铺平了道路。

2.2.4 软件定义网络模型

图 2-2 为开放网络基金会（Open Networking Foundation，ONF）定义的 SDN 基础架构，它主要有四个平面，其中最下层是数据平面，只承担简单的包转发功能；最上层是应用平面，承载网络的多元业务与应用；中间层是控制平面，在整个架构中发挥承上启下的作用。另外，管理平面负责与这三个平面进行信息的交换与传递。数据平面由交换机、路由器等网络设备相互连接而成；控制平面通过 SDN 南向接口将控制器的转发规则下发至数据平面，以统一集中的方式对网络设备进行配置和管理，通过北向接口与应用平面进行通信传输，使控制平面能够更好地对网络实施控制，满足定制化业务需求；应用平面通过可编程的方式将网络的控制权开放给用户，实现应用与业务的多元化和多样化。SDN 利用其架构特点可以实现更简化和灵活的网络管理。

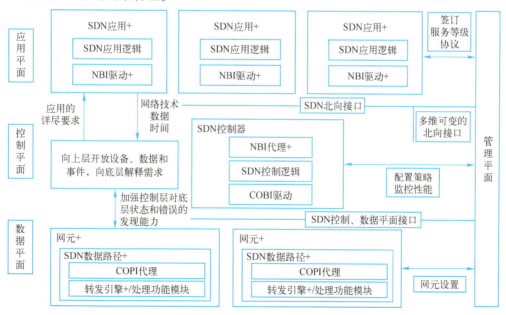

图 2-2 SDN 基础架构

2.2.5 软件定义网络应用

1. SDN 在电力通信网中的应用

电力通信网通过信息通信技术实现控制中心与用户之间的网络连接,从而使控制中心能够对网络故障进行监测和处理,为电网正常运行提供强有力的支撑。随着电力设备的爆发式接入,传统电力通信网难以保障全局状态信息的实时监测与故障的及时告警处理。针对这一问题,基于 SDN 控制与转发分离的特点,可利用集中控制实现复杂网络的灵活运维管控以及业务的自动化部署,提高通信网的安全性、灵活性和高效性,满足海量电力终端设备的集中统一化管理。

2. SDN 在电力数据中心的应用

电力数据中心将采集到的数据信息在网络基础设施上进行传递、计算、存储等。目前,随着电力物联网的不断发展,越来越多的应用及数据被集中在数据中心上进行处理,而传统电力数据中心难以满足海量业务下资源的合理分配需求。SDN 利用其架构特性,可以很好地收集数据中心之间的流量需求,并将数据中心的计算等资源虚拟为资源池进行统一的编排与分配,实现网络优化最大化以及多数据中心的集中控制和灵活调度,提升资源的利用率。

3. SDN 在电力光纤到户中的应用

电力光纤到户可以同步传输电力流和信息流,从而实现用电信息采集、社会资源共享等应用。随着电力网络业务的不断发展,用户的需求也在不断提高,当前的光纤到户系统难以解决带宽的灵活分配等问题。针对这些问题,可基于 SDN 建立新型电力光纤入户系统架构,对光线路终端的 MAC 控制子层进行扩展,同时利用 OpenFlow 控制器对动态带宽分配模块进行更新和灵活配置,基于接收数据流与流表内容执行带宽分配策略,灵活满足多种业务需求,同时提高系统的可扩展性,支撑后期业务发展。

2.3 网络切片

2.3.1 网络切片概述

未来,随着移动互联业务场景在连接性能、网络功能及网络安全可靠性等方面的差异化需求增大,现有的 4G 网络难以满足电网关键业务隔离的要求。同时,单独搭建不同业务场景的专用通信网络将产生巨额投资,使电网提供商望而却步。

5G 网络切片技术在同一个物理基础网络上划分多个互相隔离的虚拟网络,网络切片间完全隔离,在某一切片中发生错误和障碍时不会对其他切片产生影响,每个虚拟网络可根据不同的服务需求来搭建,以灵活地应对不同的网络应用场景。网络切片基于指定的网络功能和特定的接入网技术，灵活设计各切片的功能、性能、连接关系、运维等，按需构建端到端的逻辑网络，为不同的业务或用户群提供差异化的网络服务。网络切片以端到端、定制性和隔离性为主要特征。

① 端到端体现在网络的每个层面，不仅核心网需要切片，接入网、传输网，甚至网络控制器、终端也都需要切片。

② 定制性表现为网络能力、网络性能、接入方式、服务范围和部署策略均可定制，有助于各行业分步、按需、快速地开通新业务。

③ 隔离性是指为各网络切片提供安全隔离、资源隔离与操作维护隔离等保障，使各切片之间相互绝缘，互不影响。

同时，网络切片技术利用软件定义网络和网络功能虚拟化来实现软件与硬件的解耦，将网络功能以虚拟网元的形式部署在统一基础设施上，提升切片的管理效率，节约成本。

2.3.2 网络切片技术发展路径

网络切片的概念最早是由下一代移动通信网络（Next Generation Mobile Networks，NGMN）联盟在《5G 白皮书》（5G White Paper）中提出的。3GPP 自 2015 年开始启动了 5G 相关的标准研究和制定工作，网络切片作为 5G 网络的重要使能技术，已在 3GPP TSG SA（业务和系统技术规范组）内开始了相关研究，其中 SA1 负责探讨和制定网络切片的需求原则；SA2 负责研究切片间的信息泄露、干扰和攻击、切片的非授权访问等网络安全性能问题；SA5 主要研究切片管理，并对网管设备进行标准化。此外，TSG RAN（无线接入网技术规范组）也对网络切片技术进行了研究和探讨，目标是在无线接入网侧支持网络切片功能，实现端到端的切片流程。

3GPP 对网络切片的研究已取得一定进展，最早在 R14 阶段，SA1 发布的 TR 22.864 报告提出了网络切片的需求，随后 SA2 在 TR 23.799 中初步研究了网络切片方案；在 R15 阶段，SA2 正式把网络切片的相关概念和方案写入了 TS 23.501 中。

通过 R14 和 R15 两个版本的完善，网络切片初步具备了可使用的基础能力，特别是在 5G 核心网中，规范了切片选择、切片接入、切片内协议数据单元（Protocol Data Unit，PDU）会话建立等操作流程，同时对切片管理进行了初步的标准化。在 R16 阶段，需要重点完善切片编排管理的标准化，研究 4G 与 5G 的切片互操作增强、切片接入授权增强等问题。网络切片可以使 5G 网络适配不同的业务需求，带来技术发展、商业模式、运营模式等重大变革。

2.3.3 网络切片技术国内外发展现状

1. 国内发展现状

2020 年 3 月，工信部发布的《关于推动 5G 加快发展的通知》中指出，"加快构建 5G

关键信息基础设施安全保障体系，加强5G核心系统、网络切片、移动边缘计算平台等新对象的网络安全防护，建立风险动态评估、关键设备检测认证等制度和机制。"

同时，网络切片被认为是5G时代的理想网络架构，我国电力行业积极与网络运营商、设备商和高校加深合作，使网络切片技术进一步赋能垂直行业。2018年1月，国家电网联合中国电信、华为发布了《5G网络切片使能智能电网》产业报告，成为垂直行业与运营商在5G应用领域实质性合作的代表性成果。2018年7月，中国南方电网联合中国移动、华为发布了《5G助力智能电网应用白皮书》，标志着"5G+电网"进入全行业关注的阶段。

中国电力科学研究院（以下简称中国电科院）在信息通信测试仿真、专网及5G业务适配性研究和标准等方面进行技术引领，曾承担2018年国网科技项目"5G网络切片技术在电网业务中的适配分析与验证"，并在5G网络切片、业务适配性及无线专网测试验证等方面打下了深厚的研究基础。此外，北京邮电大学联合OAI软件联盟及开源5G中法联合实验室，全程展示了全球首个5G网络服务化切片管理编排原型系统，并提交了SBA（Service-Based Architecture，基于服务的网络架构）5G网络切片标准化提案。该系统是5G网络操作系统的核心部分，可实现灵活的网络切片管理、业务动态编排及弹性伸缩，可有效应对5G网络中场景多样化、业务动态化和网络异构化的挑战。

中国电科院与北京邮电大学利用自身在5G网络切片应用基础理论研究和电力无线通信技术研究测试上的优势，完成了端到端网络切片质量保证整体架构的研究和各域（终端、接入、传输、核心网、管理系统）支撑切片技术质量保障方案的研究，设计了接入网络切片高效无线资源分配策略以及核心网络切片中虚拟资源的高效编排与部署策略，对智能电网相关业务通信需求和开展5G网络切片技术与电网业务适配性进行了分析。

2. 国外发展现状

网络切片能够使通信服务运营商动态地分配网络资源、提供NaaS服务，为行业客户带来更敏捷的服务、更强的安全隔离性和更灵活的商业模式，在全球范围内引起广泛关注，众多国际组织或知名企业纷纷开展网络切片的相关研究。

欧盟发起5G Transformer项目，来推动欧洲5G技术的发展，成员包括NEC、爱立信、诺基亚、InterDigital、Orange和Telefonica等在内的移动运营商、厂商和高校等。5G Transformer项目的一大目的是使用网络切片，利用软件定义网络和网络功能虚拟化、业务流程和分析功能，支持电网、汽车、医疗保健和媒体等垂直行业。

作为行业贸易协会，5G Americas于2016年12月发布了"Network Slicing for 5G Networks & Services"白皮书，从运营商的角度考虑网络切片的系统架构、管理和编排，讨论了网络切片在空中接口技术中的应用，并表示网络切片技术在5G网络优化方面作用显著。英特尔、Telenor、Arctos Labs等机构也联合发布了《通过概念验证演示服务链和5G网络切片中的自动化保证和开发运维》白皮书。

2.3.4 网络切片总体架构

网络切片总体架构可分为端、管、云和安全体系四个部分。

端的层面,主要包括集中器、电表、监控器、差动保护装置、无人机、巡检机器人和高清摄像头等不同电力终端,分别对应 mMTC、URLLC、eMBB 三大网络切片场景。

管的层面,主要包括基站、传输承载网和核心网等,共同为电力物联网提供网络切片服务。在三大网络切片的基础上,根据电力业务的不同分区进一步提供子切片服务,保证电力业务的安全隔离要求,同时与电力各类业务的平台对接,实现电力终端至主站系统的可靠承载。此外,运营商网络通过能力开放平台,实现终端与网络信息的开放共享,进而为电力行业提供网络切片二次运营的可能。图 2-3 展示了电力物联网信息采集切片、配电自动化切片和精准负荷控制切片的设计架构,分别满足对应场景的业务技术指标要求。

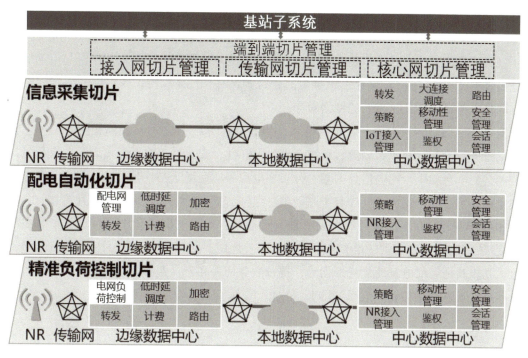

图 2-3 电力物联网多切片设计架构

云的层面,主要包括传统的电力业务平台和电力业务通信管理支撑平台两大类,可为电力行业客户提供更开放、更便捷的终端业务自主管理和自主可控能力。

安全体系涵盖了端、管和云这三个层次,云层面根据电力行业及国家相关要求,在电力生产控制类业务进入业务平台前,将其接入安全接入区,进行必要的网闸隔离。安全防控的重点则聚焦在管、端两侧,主要利用 5G 提供的统一认证框架、多层次网络切片安全管理、灵活的二次认证和密钥能力以及安全能力开放等新属性,进一步提升安全性。

2.3.5 网络切片应用

在电力行业，网络切片可为用户打造定制化的"行业专网"服务，从而更好地适应未来电力多场景、差异化业务灵活承载的需求，有力促进能源互联网业务的应用创新。同时，作为实施网络切片试验的垂直行业之一，电网公司在推进网络切片应用落地方面取得了突破进展。

2018年6月，在上海举行的世界移动大会上，中国电信、国家电网和华为联合演示业界首个基于5G网络切片的智能电网业务。该业务采用华为的5G核心网、基站、切片管理器和国网江苏省电力有限公司（以下简称，江苏电力公司）的电力终端、业务软件系统，体现了智能配电房动力环境监控业务场景，从端到端服务质量保障、业务隔离和独立运营等视角展示了智能配电房管控效率的全面提升，标志着"5G网络切片使能智能电网"进入新的阶段。

2019年2月，南方电网联合中国移动、华为在深圳完成5G智能电网的一阶段外场测试。该测试验证了核心网段和传输网段切片可在外场真实复杂的网络环境中满足电网的物理和逻辑隔离需求，并且5G网络的端到端时延也控制在10 ms以内，为电网的差动保护和配电自动化业务提供更及时高效的网络服务。

2019年3月，国家电网联合中国电信、华为在江苏电力公司联合部署网络切片试验环境，从服务质量保障、业务隔离、运维管理、可靠性、安全性等多个角度着手，进行精准负荷控制、配电自动化、用电信息采集、分布式电源等典型场景的切片试验，并于4月8日在真实电网环境下成功完成了全球首个基于独立组网的毫秒级精准负荷控制切片测试。

2019年6月，在上海召开的世界移动大会期间，南方电网联合中国移动、华为在深圳首次完成基于5G独立组网的端到端网络切片场外测试，并于2019年9月完成了安全隔离性试验，初步验证了配电自动化三遥切片、视频业务切片和公众业务切片的全生命周期管理流程和手段，入选全球移动通信系统协会《中国5G垂直行业应用案例2020》。

2.4 多接入边缘计算

2.4.1 多接入边缘计算概述

多接入边缘计算（Multi-access Edge Computing，MEC）是为网络运营商和服务提供商提供云计算能力和网络边缘服务的网络架构，它采用异构的方式，深度融合传统蜂窝网络与互联网业务，使边缘计算延伸至其他无线接入网络，进一步支持3GPP和非3GPP的多址接入。该网络架构可减少移动业务的端到端时延，发掘无线网络的潜力，提升用户体验。不同于云计算聚焦非实时、长周期数据的分析方式，多接入边缘计算作为云计算的协同补充，侧重局部、实时、短周期数据的分析,通过将云计算能力下沉,可在更靠近无线边缘的数据源头就近提供服务,进行数据处理、分析和存储。通过开放应用程序接口(Application Programming Interface,API)及本地化的计算存储,实现计算及存储资源的弹性利用,使网络智能化。

多接入边缘计算的关键技术有计算卸载技术、无线数据缓存技术、以软件定义网络(Software Defined Network,SDN)为基础的本地分流技术。在多接入边缘计算系统中,利用计算卸载技术可实现设备数据的迁移,将计算量大的任务合理分配给计算资源充足的服务器进行处理;多接入边缘计算实现业务本地化的主要途径是借助无线数据缓存技术,在服务器边缘存储节点中进行热点数据的缓存,降低数据的冗余传输和时延;在以软件定义网络为基础的本地分流技术中,基于终端用户需求与系统资源的部署处理数据业务,使终端用户响应时间缩短,降低核心网数据压力,提高用户服务体验。

2.4.2　多接入边缘技术发展路径

2003 年,阿卡迈公司与国际商业机器(IBM)公司合作在 WebSphere 服务器上提供基于边缘的服务,并在其内部研究项目报告中提出"边缘计算"的概念。2013 年,国际商业机器公司与诺基亚、西门子通信公司共同推出了一款计算平台,可在无线基站内部运行应用程序,并向移动用户提供业务,移动边缘计算(Mobile Edge Computing,MEC)概念被首次提出。此后,各大电信标准组织开展了移动边缘计算的规范化工作。2014 年,欧洲电信标准协会(ETSI)成立移动边缘计算规范工作组,正式宣布推动移动边缘计算的标准化。2016 年,欧洲电信标准协会把移动边缘计算的概念扩展为多接入边缘计算,将边缘计算从电信蜂窝网络进一步延伸至其他无线接入网络。

欧洲电信标准协会基于 5G 演进了多接入边缘计算,实现移动接入网与互联网业务的深度融合。多接入边缘计算一方面可以改善用户体验,节省带宽资源;另一方面,通过将计算能力下沉到移动边缘节点,提供第三方应用集成,也为移动边缘入口的服务创新提供了无限可能。

2.4.3　多接入边缘计算技术国内外发展现状

1. 国内发展现状

2016 年 11 月 30 日,边缘计算产业联盟(Edge Computing Consortium,ECC)由华为、中国科学院沈阳自动化研究所、中国信息通信研究院、英特尔和软通动力信息技术(集团)股份有限公司联合创立,并于 2016 年和 2017 年分别出版了《边缘计算参考架构》1.0 和 2.0 版本,提出了边缘计算在工业制造、智慧交通、电力能源、智慧城市等行业应用的解决方案。2017 年,中国通信标准化协会(China Communications Standards Association,CCSA)发起边缘计算研究项目,重点讨论面向工业互联网的边缘计算和边缘云标准化内容。

我国三大运营商正积极拓耕多接入边缘计算领域。2017年年底，中国联通联合英特尔在天津建成全球最大的边缘数据中心测试床，推进边缘静态网页加速服务、边缘解码以及边缘智能等多种边缘业务的部署和测试工作；中国移动在全国二十余个城市开展多接入边缘计算应用试点；中国电信在多接入边缘计算应用方面也已经开展了广泛合作，2018年与英特尔及众多厂商合作，共同搭建了基于多接入边缘计算的静态网页加速服务概念验证解决方案环境。

2. 国外发展现状

2016年10月，美国电气电子工程师学会（Institute of Electrical and Electronics Engineers，IEEE）和美国计算机协会（Association for Computing Machinery，ACM）正式成立了边缘计算顶级会议（ACM/IEEE Symposium on Edge Computing，SEC），这是全球首个以边缘计算为主题的科研论坛，对边缘计算的应用价值开展了研究与讨论。国际标准化组织成立相关工作组，开展边缘计算标准化工作：2017年，国际电工委员会发布《垂直边缘智能（Vertical Edge Intelligence，VEI）白皮书》，介绍边缘计算对于制造业等垂直行业的重要价值；2018年，国际电信联盟（International Telecommunication Union，ITU）物联网和智慧城市研究组（ITU-TSG20）成功立项首个物联网领域边缘计算项目"用于边缘计算的物联网需求"。

多接入边缘计算技术在未来网络中有着良好的发展及应用前景，学术界和工业界对多接入边缘计算技术已经展开相关研究并取得成果，但目前多接入边缘计算技术还不够成熟，尚处于起步阶段。

2.4.4 多接入边缘计算架构

多接入边缘计算基础架构如图2-4所示，可分为主机层和系统层。主机层采用数据面和控制面分离的架构，包括主机和主机管理。主机的底层通过引入虚拟化技术提供计算、存储、缓存等资源。主机管理包括基础设施的管理以及平台的管理，前者为多接入边缘计算提

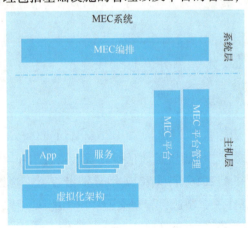

图2-4 多接入边缘计算基础架构

供虚拟化环境的管理，后者则为平台、应用提供管理功能，包括平台要素管理、应用规则和请求管理、应用生命周期管理。系统层主要提供总体的编排能力以及与运营商网络运营支撑系统的接口对接等功能。

随着5G业务需求及其网络架构的演进，多接入边缘计算基于ETSI和3GPP的研究进展，将多接入边缘计算平台与具体网络架构及网络功能相结合，形成5G多接入边缘计算融合架构，实现网络和业务的深度融合及落地应用。5G多接入边缘计算融合架构如图2-5所示。

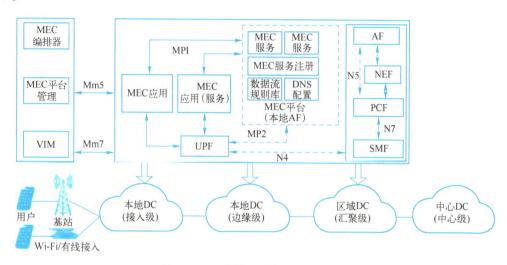

图2-5 5G多接入边缘计算融合架构

5G多接入边缘计算平台可根据其平台应用相关信息、数据流规律规则等，通过5G控制面的应用功能（Application function，AF）直接或者间接地传递给策略控制功能（Policy Control Function，PCF）单元，作用于会话管理功能（Session Management Function，SMF）单元，进行用户面功能（User Plane Function，UPF）单元的动作。在多接入边缘计算资源管理编排方面，则主要由多接入边缘计算编排器、多接入边缘计算平台管理以及VIM管理等负责，进行多接入边缘计算的资源编排和生命周期管理等。

2.4.5 多接入边缘计算应用

多接入边缘计算可以使网络具备计算的能力，在降低传输带宽的同时，使业务更靠近用户侧，为用户带来更好的业务体验；可以满足低时延、高带宽的应用需求，在工业互联网领域将有广泛的应用前景。目前，多接入边缘计算在电力物联网中的工程实践主要应用在以下场景。

1. 监控视频流分析场景

在电力物联网采集类业务中，如低压集抄、高级计量、配变监测、配电房环境监测、配电设备运行状态监测、储能站监测、站所内外场景的智能电网视频应用等，随着采集对象趋于多媒体化、采集内容趋于全面化、采集频次趋于准实时、采集方向由单向趋于互动，多接入边缘计算能够为监测数据提供预处理平台。通过对视频图像的预处理，剔除图像冗余信息及错误信息，最大化关键类数据，增强信息的可信度，提高视频图像的处理效率。同时，多接入边缘计算可实时调整视频数据的存储，借助边缘计算预处理平台，基于行为感知的视频监控数据存储机制，减少无效视频的存储，提高存储空间利用率。

2. 增强现实场景

在电力行业，增强现实（Augmented Reality，AR）可交叉应用于电力复杂业务流程的多个环节。在电力作业技术培训、设备巡视、设备检修、设备安装、可视化安全作业、作业导航等环节以虚拟信息作为辅助提示和引导，为使用者提供交互过程中缺失的信息，使作业人员安全无误地完成工作。例如，利用增强现实技术对电力作业人员进行技术培训，可为培训人员展示设备三维模型及内部构造，同时展示电压、电流、功率等不可见信息，还可模拟误操作后果及补救方案。增强现实功能的实现需要实时、低延迟和高安全性的数据通信，而多接入边缘计算正是最佳解决方案。

3. 密集计算辅助场景

在电力物联网中，部署多接入边缘计算可延长终端设备的工作时间，提高电力物联网的整体性能。一些对实时性要求较高的设备，如巡检无人机和巡检机器人在工作过程中遇到障碍物，可通过多接入边缘计算将密集计算与决策过程分流至具备高计算性能的网络边缘侧，使其在极短时间内收到决策指令，降低终端设备的计算能力需求，提高电池的续航能力。

2.5 前传、中传与回传技术

2.5.1 前传、中传与回传技术概述

随着5G移动通信技术商用授权的正式开启，国内5G通信网络即将进入大规模建设阶段，5G基站部署数量预计到2022年末将达到85万个。5G通信架构如图2-6所示，包括接入网、承载网和核心网。无线接入网主要由基站组成，承载网主要是指无线信号从基站向移动核心网传输的网络。

4G基站通常包括射频拉远单元（Radio Remote Unit，RRU）、基带处理单元（Building Base-band Unit，BBU）和天线，其中RRU与BBU之间的传输为前传，BBU与核心网之间的传输为回传。为满足5G的发展需求，5G基站进行了重构，包括集中单元（Centralized Unit，CU）、分布单元（Distributed Unit，DU）、有源天线单元（Active Antenna Unit，AAU），其中BBU功能由CU和DU两个功能实体实现，RRU与天线则合并为AAU。相应地，承载网分为从AAU到DU的前传、从DU到CU的中传以及从CU到核心网的回传，5G基站重构如图2-7所示。CU与DU的划分以处理任务的实时性为标准，非实时业务、部分核心网功

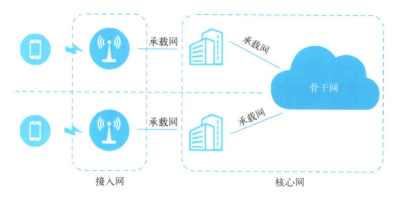

图 2-6　5G 通信架构

能以及边缘业务则在 CU 上实现,实时业务以及物理层功能主要在 DU 上实现,原有全部在 BBU 上实现的 L1/L2/L3 层功能均被分离到 CU、DU、RRU 中实现。

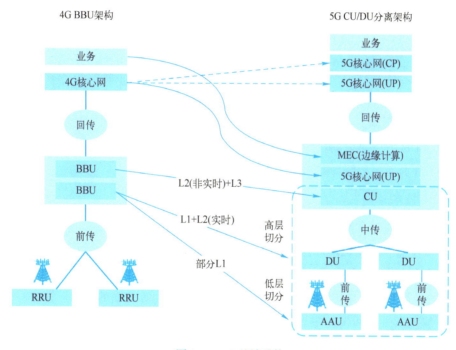

图 2-7　5G 基站重构

2.5.2　前传、中传与回传技术方案

1. 前传技术

5G 通信中主要的前传技术方案有光纤直驱方案和波分复用（Wavelength Division Multiplexing，WDM）方案，其中 WDM 方案又包括无源、有源和半有源等。

（1）光纤直驱方案

光纤直驱方案是在 AAU 与 DU 之间采用光纤直接相连,可实现点到点的组网连接,并

39

且不需要任何设备的接入。目前，光纤直驱方案利用其成本低、时延小、建设周期短等特点，成为国内三大运营商首选的 5G 前传技术方案。但是，随着国内 5G 基站的大量部署，消耗的光纤量越来越多，导致光纤资源不足。为了解决这个问题，业界提出了 25 Gbit/s 单纤双向光模块，利用这个模块可以在 AAU 与 DU 之间进行双向的数据传输，使光纤资源可以节约一半，大大提高了资源的利用率。

（2）无源 WDM 方案

无源 WDM 方案是在 AAU 和 DU 上安装彩光模块，利用无源的合、分波板卡或设备来实现 WDM 的功能，并且不需要任何有源传输设备的接入。随着国内光纤资源的大量使用，光纤资源不足和存储困难等问题接连发生，为了提高资源的利用率，可采用无源 WDM 方案。目前，无源 WDM 方案包括无源粗波分（Coarse Wavelength Division Multiplexing，CWDM）和无源密集波分（Dense Wavelength Division Multiplexing，DWDM），其中无源 DWDM 方案对波长的精度和稳定性要求高，并且成本大，不利于大规模部署。所以，我国的 5G 前传 WDM 方案一般以 CWDM 方案作为主体。

（3）有源 WDM 方案

有源 WDM 方案是在 AAU 和 DU 上接入有源设备，利用 WDM 技术实现光纤资源的共享，减少不必要的资源消耗。与无源 WDM 方案相比，有源 WDM 具有灵活的组网方式，可以应用于多个组网场景。当前，随着 5G 技术的不断发展，对前传技术要求也在不断提高，现有的有源 WDM 方案难以满足 5G 低时延的需求，且运行维护成本过高。未来，人们还需要对有源 WDM 方案进行完善和加强。

2. 中回传技术

传统的回传技术主要有无线回传和光纤回传，其中无线回传包括点对点的微波回传、毫米波回传等。随着大规模组网的投入使用，光纤组网的使用成本让运营商难以承受，因此提出了 5G 与微波技术结合的方案，从而降低使用成本、减少资源的消耗，这种方案将成为未来 5G 回传的发展趋势。中传、回传网络在宽带、网络切片等方面的需求上基本一致，故采用统一的承载方案。中回传的主要方案有针对 L2/L3 层功能的切片分组网（Slicing Packet Network，SPN）、分组增强光传送网（Optical Transport Network，OTN）、分段路由（Segment Routing，SR）等，以及针对 L1 层功能的时分复用技术，包括 FlexE 接口、移动电话网（Mobile Telephone Network，MTN）通道交叉和转发等。

（1）切片分组网（SPN）方案

切片分组网（SPN）由切片分组层（Slicing Packet Layer，SPL）、切片通道层（Slicing Channel Layer，SCL）、切片传输层（Slicing Transport Layer，STL）组成，其中 SPL 负责分组和转发，SCL 用来支持切片在 66B 块上交叉连接，而 STL 支持 DWDM 并兼容以太网。目前，为了满足 5G 承载的需求，切片分组网得到了业界的广泛关注。SPN 利用其大宽带、低时延、高精度等特点，可实现在传输层间的切片隔离，保证服务质量。

（2）分组增强光传送网（OTN）方案

分组增强光传送网（OTN）方案是在 OTN 的 5G 中回传技术的基础上引入分组交换和处理能力发展而来的，用来提高帧的处理能力和远距离传输能力，并且可以很好地与 5G 的 IP 化承载要求相匹配。OTN 的网络架构分为三层，包括骨干层、接入层和汇聚层，这些网络架构与中回传承载需求是相互对应的，其中接入层和中传相匹配，骨干层与汇聚层则和回传相匹配。考虑到中回传在组网方面的需求，需要在已有的分组增强 OTN 上增加路由转发功能。

（3）分段路由（SR）方案

分段路由（SR）是一种面向大规模软件定义网络而部署开发的新型多协议标记交换（Multiple Protocol Label Switching，MPLS）技术，基于 SR 控制信令的 SR 流量工程（Segment Routing Traffic Engineering，SR-TE）相较于传统的资源预留协议流量工程（Resource ReSer-Vation Protocol Traffic Engineering，RSVP-TE），简化了控制协议和控制平面，占用了更少的标签资源，减少了标签转发表的维护工作量，同时不需要逐个节点下发配置，当发生路径故障时可快速完成调整，从而简化网络运维，增强控制能力。另外，SRv6 是在 IPv6（Internet Protocol Version 6）的 IP 扩展头处进行基于 SR 的扩展，易与传统网络互通，网络编程更加灵活。

（4）FlexE 接口/MTN 通道交叉隔离

FlexE 是在承载网中实现业务隔离和物理接口带宽解耦合的接口技术，FlexE 接口基于时隙调度机制，将一个物理以太网端口划分为多个弹性硬管道，基于以太网在设备层面进行统计复用。并且每个 FlexE 接口对应的服务质量调度是相互隔离的。MTN 通道交叉隔离则是以以太网 64/66B 码块交叉技术为基础，可实现接口或设备内部基于时分复用的时隙隔离，降低转发时延，提高隔离的效果。

2.5.3 前传、中传与回传技术标准化进展

1. 前传技术标准化

负责 5G 前传技术标准化制定工作的组织有中国通信标准化协会（China Communications Standards Association，CCSA）、国际电信联盟-电信标准化小组（International Telecommunication Union-Telecommunication Standardization Sector，ITU-T）等。2019 年，CCSA 正式对基于 25 Gbit/s 的前传 WDM 方案系统总体架构标准进行了立项并启动，同时立项的还有 CWDM 和 DWDM 在内的 4 种典型 WDM 传输方案对应的光模块标准项目，预计整体制定完成时间为 2021 年上半年。同时，ITU-T 也于 2019 年启动了 5G 前传 WDM 的标准化项目，以 G.698.x 系列标准为基础，进行基于 25 Gbit/s 速率的固定波长和可调波长 DWDM 方案的修订和制定，同时正在积极商讨基于 25 Gbit/s 速率的 CWDM 方案相关标准的启动工作。

2. 中回传技术标准化进展

针对不同业务场景以及不同层功能，5G 中回传关键技术的标准化进展情况见表 2-1。

表 2-1 中回传技术标准化进展情况

场景	传送需求	相关技术	标准化进展情况
eMBB	灵活网络拓扑、扩展性好、高速分组转发、服务质量调度和统计复用等	分组转发技术：IP/MPLS、SR-TE、未来 SRv6 等	国际互联网工程任务组（Internet Engineering Task Force, IETF）等相关工作组已全面开展相关标准草案的研制，重点是 SRv6 网络可编程、路由策略、增强安全标识符效率和可扩展性等技术方向
mMTC	承载低于 1 Gbit/s 的业务、支持海量连接和灵活调度	MTN 小颗粒业务承载方案	CCSA 正在开展研发和测试验证，标准化待研究
mMTC		OTN 小颗粒业务承载方案	ITU-T 已立项研究 OTN 支持 1 Gbit/s 以下颗粒增补文件，新立项 G.OSU 标准项目；CCSA 也已开展标准化制定
URLLC	网络切片的确定性低时延转发、带宽保障、安全隔离和高可靠性；承载低于 1 Gbit/s 的业务	时分复用技术：FlexE 接口、MTN 通道交叉和转发、FlexO 接口等	光互联论坛已于 2019 年 7 月发布 FlexE2.1；ITU-T 已经立项与 MTN 相关的 5 个标准项目，正开展相关候选技术方案分析，其中产业化最为成熟的是我国提出的主导方案
URLLC		分组技术：时间敏感性网络技术、确定性网络技术等	美国电气电子工程师学会的 IEEE 802.1 时间敏感性网络系列标准已基本完成；IETF 和 IEEE 802.1 正在联合研究确定性网络的相关技术标准

2.6 云无线接入网

2.6.1 云无线接入网概述

随着智能手机等智能移动终端的快速普及，以及高清流媒体、视频会话和云端计算等移动多媒体业务的广泛应用，移动用户数量和移动数据流量呈现指数式增长。思科公布的白皮书中有数据表明，到 2022 年，全球每月所产生的移动数据流量将高达 77.5EB。但是由于数据流量增加所导致的总体成本以及能量消耗的上升，并不会增加移动运营商的营收。针对这一问题，中国移动提出了新一代网络架构，即集中式、协作式、云无线接入网，也称为云无线接入网（Cloud Radio Access Network，C-RAN）。

云无线接入网的基本思想为，利用虚拟化技术与云计算技术，实现传统基站功能到基带资源池的转移，减少基站机房数量，在接入节点采用具有更简单结构的无限远端射频单元，并通过协作多点技术与用户之间进行通信。C-RAN架构可大幅度降低运营商的网络部署与维护成本，有效提升盈利能力；同时可减小通信系统的能量消耗，从而提高网络资源利用率。

C-RAN是具有集中部署、共同协作和无线云化特点的绿色无线接入网构架。5G时代的云无线接入网具有以下四种内涵。

（1）集中部署

5G C-RAN采用逻辑上两级集中的方式，第一级集中沿用室内基带处理单元（BBU）的概念，通过选择合适的业务场景，有选择地进行小规模集中，实现物理层的集中化处理，从而降低站址选取难度、减少机房数量、共享配套设备；第二级集中则是在引入集中单元（CU）和分布单元（DU）后，切分原有演进型节点基站（Evolved Node Base，eNodeB）的功能，实现高层协议栈功能的集中部署。

（2）协作能力

对应于两级集中概念，可分别采用相关技术并结合5G空口，增强协作化能力。其中，第一层可引入协同多点传输（Coordinated Multiple Points，CoMP）、分布式多输入多输出（Distribute-Multiple-Input Multiple-Output，D-MIMO）等物理层技术，实现多区域/多数据发送点间的联合发送和联合接收；第二层通过集中无线高层协议栈功能，针对无线业务的控制面和用户面，实现大规模连接、无缝移动性管理、频谱资源高效分配等。

（3）无线云化

网络云化的本质是功能抽象，将资源与应用解耦。一方面，不同于传统网络在基站内部进行的资源分配，云化的无线接入网将基于NFV架构，在完整逻辑资源池中进行处理资源的复用共享，实现业务到无线端到端的功能灵活分布，从而降低系统成本；另一方面，将空口的无线资源抽象为一类资源，通过无线资源和无线空口技术的解耦，进行无线网络能力的灵活调整，提高业务的快速部署能力。

（4）绿色节能

云无线接入网络以其集中化、协作化、无线云化等优势，减少了无线机房的部署，从而降低资本支出、维护成本，提升空间利用率。同时，通过对无线资源的按需调整，可大幅度优化无线资源利用率，提高系统效能比。云无线接入网络除了节约硬件资本，在电力、冷却和场地租赁等方面也可显著节约成本。

2.6.2　云无线接入网发展路径

IBM公司于2010年提出无线网络云架构以实现在降低网络成本的同时提升网络功能的多样性与灵活性。次年，中国移动研究院在此架构基础上进行了扩展与延伸，并发布了一份技术白皮书，首次提出云无线接入网的概念。自此以后，每隔几年中国移动便会发布一份C-RAN的白皮书，以推动C-RAN的演进，C-RAN在3G、LTE、5G阶段呈现出不同的架构。

在 3G 阶段，C-RAN 是在传统的分布式基站基础上演进的。分布式基站由 BBU 与 RRU 两部分构成，分别位于室内和室外并且通过光纤进行连接。将 BBU 的处理资源通过集中化、开放化和云计算化为资源池，然后连接到远端无线射频单元，此过程可采用高带宽低时延的光纤或光传输网进行连接。白皮书主要提出了两种实现方案：将基带处理与射频部分分离或将主控时钟与基带处理部分分离。

在 LTE 阶段，随着 C-RAN 在全球范围内的广泛应用，并且受通用公共无线电接口（Common Public Radio Interface，CPRI）的限制和现有 BBU 以及射频拉远头（Remote Radio Head，RRH）接口带宽要求高的影响，CPRI 的弱点逐渐突出。2015 年 6 月 4 日，中国移动发布《下一代前传网络接口（NGFI）白皮书》，提出了下一代前传网络接口（Next Generation Fronthaul Interface，NGFI）并列出多种可选的接口功能划分方案。NGFI 相比于传统的 CPRI 接口具有多方位的优势。

在 5G 阶段，为应对 5G 的 eMBB、mMTC 和 URLLC 业务需求，中国移动联合各个公司于 2016 年 11 月 18 日发布《迈向 5G C-RAN：需求、架构与挑战》白皮书，提出了一种新的 C-RAN 的架构，通过将 NFV 与 SDN 引入无线资源的虚拟化中，运营商可快速地按需部署业务；将基带处理单元划分为集中单元和分布式单元，实现非实时功能与实时功能的分离，根据应用场景，合理地采用基带处理单元切分方案。

2.6.3　云无线接入网国内外发展现状

1. 国内发展现状

2010 年，中国移动联合中兴通讯、华为等公司签署了云无线接入网共同研究谅解备忘录，共同致力于 C-RAN 技术的研发工作。随后，中国移动开始推进 C-RAN 的集中化部署。在珠海、成都的试点表明，基于同样的网络规模，C-RAN 较传统网络配置，运维支出减少 50%，投资支出降低 15%，符合运营商的现实需求和发展方向。在 2016 年度全球分析师大会上，华为正式发布了其云无线接入网解决方案，旨在利用云计算技术重构无线网络，以应对未来通信领域在技术、业务以及商业模式方面的不确定性。2019 年，在 5G 光电核心技术论坛上，中国移动表示未来 C-RAN 将成为前传网络的主要组网场景，同年中国移动联合华为共同完成了基于 C-RAN 的 5G 前传方案验证。2019 年，首个业界规模最大的 4G/5G 无线虚拟化外场试验网络开通。该试验网络采用了诺基亚的云无线接入方案，可实现 4G/5G 基站软件功能的云化部署。

2. 国外发展现状

2012 年，英特尔公司推出了可用于云无线接入网基带处理单元池的高效处理器。2013 年，日本的多科莫公司开始研究增强型云无线接入网架构，该架构的核心在于将提出的载波聚合功能融入宏基站和微机站频带，以支撑未来的 LTE-A 系统。同年，阿尔卡特朗讯借助虚拟化技术部署设备，提出了云基站的概念，在相同的处理资源条件下能达到更优系统性能。2014年，诺基亚和西门子共同提出关于灵动无线网的白皮书，提出采用云无线接入网提升网络利用率。2016年，意大利电信联合华为共同部署云无线接入网络。该网络架构实现了从单一的资源调度，走向面向多客户群的多业务资源切片管理；从固定的网络架构，走向灵活的网络架构，能帮助运营商大幅度降低运维成本，为终端用户提供极致的移动宽带网络体验。2017年，美国移动运营商AT&T为建设5G，广泛部署C-RAN架构。韩国电信也在使用英特尔公司的数据服务云存储技术与三星公司的信息通信技术，实现C-RAN架构的广泛部署。

2.6.4 云无线接入网架构

C-RAN是基于集中化处理（Centralized Processing）、协作式无线电（Collaborative Radio）和实时云计算构架（Real-time Cloud Infrastructure）建立的绿色无线接入网架构（Clean System）。C-RAN无线网络架构包含基带部分集中式并联与互联、射频部分拉远，该网络架构将所有或部分的BBU资源统一迁移并集中放置于业务汇聚机房，形成BBU基带池，并对其进行统一管理和动态资源分配。在C-RAN机房中，所有基站的数字信号处理单元将会被集中化处理，同时在内部可以进行基带和主控间的互联与数据信息交换，然后通过高速光纤接口连接分布式的远端射频单元。通过采用BBU集中化模式，不仅可以有效减少部署基站机房的数量，提升站点主设备及配套资源利用效率，而且通过实施协作化和虚拟化技术，实现了资源协作，进一步提升了网络性能。

C-RAN相较于传统接入网，主要优势有如下。

1）将所有或部分BBU集中放置在一个大的BBU池，机房采用集中式处理方式为大规模信号的发送/接收提供处理与管理功能，可以降低基站寻址难度，加快网络建设。

2）采用实时高效的内部互联架构，使得基带池内的不同BBU之间可以快速高效地交换各种信息，如调度信息、信道信息和用户数据，更好地实现了跨资源协作。

3）使用虚拟化技术动态分配资源，同时使用远端射频模块（如RRH）作为基站接入点，扩大了接入网络的覆盖范围，显著提高了系统的吞吐量和资源利用率。

4）通过在机房采用集中式处理方式，可以减少对机房、电池等配套资源的部署，降低运营成本和功耗，最终建成具备更低能耗、更低运维成本、更短建设周期特性的绿色无线接入网。

随着5G时代的到来，云无线接入网架构呈现崭新面貌，形成了基于集中单元/分布单元（CU/DU）、下一代前传接口（NGFI）传输架构及网络功能虚拟化（NFV）架构的两级网络云架构，实现了面向5G接入网的灵活部署。

在5G网络中，相较于DU采用专用设备平台或"通用+专用"混合平台，主要满足物理层实时性需求；CU设备主要采用通用设备，确保非实时性的无线高层协议栈功能，同时实现部分核心网功能下沉和边缘应用业务的部署。引入的网络虚拟化框架与软件定义网络（SDN）控制器以及传统操作维护中心（OMC）相配合，在管理编排器的统一管理下，实现端到端的灵活资源编排和配置能力。

为解决 CU/DU/RRU 之间的传输问题，基于 NGFI 的云无线接入网络架构如图 2-8 所示，其主要特点是可根据场景需求灵活部署功能单元。在该架构中，集中单元（CU）通过交换网络连接远端的分布单元（DU），可以灵活地部署 DU，以满足各种网络接入需求。当传送网资源充足时，DU 采用集中化部署方式，实现物理层协作；当传送网资源不足时，DU 采用分布式部署方式，确保网络质量，可在兼容不同传送网能力的同时，保证设备间的协作化能力。

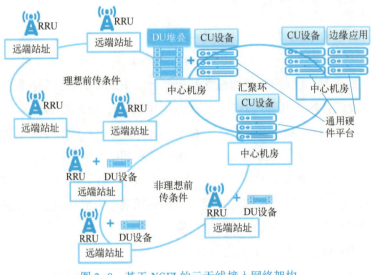

图 2-8　基于 NGFI 的云无线接入网络架构

2.6.5　云无线接入网应用

1. 基于 C-RAN 的 5G 前传方案验证

与 4G 相比，5G 前传网络的流量压力急剧增加，因此 5G C-RAN 的前传网络技术需同时具备大容量、低时延、节省光纤资源等特点，才能实现 5G 网络的高密集组网和高速率传输的特性。为了缓减 5G 前传网络的流量压力，中国移动通信集团携手华为共同启动 C-RAN 前传试点（见图 2-9），分别验证了 4G/5G 两种前传解决方案，即灰光直驱方案和无源彩光方案。

（1）灰光直驱方案

为了解决主干光纤资源占用较多的问题，可采用华为 5G 商用 AAU 设备，匹配 160M 带宽 4G/5G 共模建设需求，单 AAU 前传仅需两路光纤，单站 5G S111+4G S333 配置，只需 6 路光纤即可满足要求；相比业界普遍采用的单 AAU 需要 4 路光纤，单站则需 12 路光纤。本次试点的主干光纤消耗数量仅为业界传统能力的 50%，极大节省了主干光纤纤芯资源。

（2）无源彩光方案

为了满足 C-RAN 传输的频率抖动和带宽等各项技术指标要求，可采用华为 25G 12/48

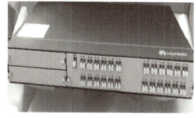

图 2-9　5G 前传无源波分一站一纤部署图

波彩光模块，利用波分复用技术将多个射频信号以不同波长承载复用到一根光纤传输中，即使用一根主光纤完成整站所有制式所有频段的 C-RAN 部署。该方案适用于光纤受限的场景，同时支持远端制式、射频模块较多的场景。

2. 基于 C-RAN 的 5G 接入网建设

面对传送网光纤资源需求较大的问题，急需对光纤资源进行快速重构，实现网络快速建设。C-RAN 的建网方式是将多个站点对应的 BBU 集中放置在某个地理位置良好、适合接入的机房内，形成 BBU 池，如在 BBU 池中共放置 3 台 BBU，下挂 9 个 RRU，根据计算，需要 18 芯的纤芯资源，而采用直连光缆的方式则无法快速完成网络建设。为解决该问题，网络建设时将 18 芯光纤收敛在光纤复用设备（1∶18 聚合）中，仅占用 1 芯环路共享光纤完成传输（见图 2-10），极大地节省了纤芯资源，实现了光缆资源的快速重构，快速完成了 C-RAN 网络建设。

图 2-10　C-RAN 基站光纤资源优化场景

2.7 软件定义无线电

2.7.1 软件定义无线电概述

传统通信设备的功能实现依赖于专用硬件的设计和开发，随着数字电路的发展和通信技术的不断更新，无线通信领域内众多体系并存、标准不一，不同系统平台难以互通，同时硬件产品开发成本高、生存周期短，极大制约了无线通信技术的发展。

软件定义无线电（Software Defined Radio，SDR）利用现代化软件操纵、控制通用硬件平台，完成重置工作频段、调制解调类型、数据格式、加密模式以及通信协议等功能，并使宽带 A/D 和 D/A 转换器尽可能靠近天线，以研制出具有高度灵活性、开放性的新一代无线通信系统。其中，高度灵活性表现为软件定义无线电可加载不同软件模块来满足差异化的通信需求；可与任何电台通信，并作为其他电台的射频中继。开放性体现在现代化软件以及标准化、模块化的硬件平台可随着器件和技术的发展而升级或扩展，降低了开发成本和周期；此外，软件定义无线电通过形成各种调制波形和通信协议与旧体制的各种电台相兼容，大大延长了电台的使用周期，节约了成本。

2.7.2 软件定义无线电发展路径

软件定义无线电的概念最早是由 Joseph Mitola 在 1992 年美国电信系统会议（IEEE National Telesystems Conference，NTC）上提出的。作为这一技术的先行者，美国军方为了解决军事行动中设备互通问题而制定的 SpeakEasy 计划极大地推动了软件定义无线电技术的发展。

1996 年，来自政府、行业和学术界的人员及组织成立了软件定义无线电的第一个行业协会——模块化多功能信息传输系统（Modular Multifunction Information Transfer System，MMITS）论坛，以引导创新和标准制定。

2001 年，在国际电信联盟（ITU）会议上，软件定义无线电由于其高度灵活性和开放性而被推荐为未来最具潜力的无线通信发展方向。

2004 年，美国联邦通信委员会（Federal Communications Commission，FCC）正式批准软件定义无线电商业化，之后 Lime Microsystems 公司于 2009 年推出了第一款商用单芯片射频前端。

2013 年，由泰思立达（Tensilica）和高通（Qualcomm）等公司提供的低功耗、高性能数字信号处理器（Digital Signal Processor，DSP）内核可被集成到专用标准产品（Application Specific Standard Parts，ASSP）或特殊应用集成电路（Application Specific Integrated Circuit，ASIC）中，该内核大部分用于物理层处理，连接硬件加速器，可在手机上支持多种通信协议和多媒体应用。随着软件无线电技术被应用于更多的产品和领域，该技术已逐渐成为无线电的实际行业标准。

2015年，微软研究院的软件无线电项目Sora正式通过GitHub开源，通过Sora的软硬件平台，可实现在PC端上的高性能无线信号处理。

2017年，各国的国防部门主导了软件定义无线电市场。在电子战、通信和信号情报等国防军事领域，软件无线电设备通过提供低时延链路可实现快速、高效的信息传输，以及干扰信号的发射和恢复等功能，不断增长的国防军事装备需求将持续推动软件定义无线电技术的蓬勃发展。

2018年以来，物联网、5G等新兴技术的发展为下一代软件定义无线电注入新的活力。凭借可重构性、灵活性、开放性等优势，软件定义无线电可解决当前存在的异构无线网络并存、网络之间难以互通、资源优化困难、无线资源浪费等问题。同时，按需重构移动网络和以用户为中心的无线接入网，以及提供网络业务融合和定向服务，也使软件定义无线电技术成为5G网络架构的首选。

2.7.3 软件定义无线电技术国内外发展现状

1. 国内发展现状

软件定义无线电技术因其可以在软件上实现调制与解调、信号生成与信号处理等灵活性操作而受到了国内外学者的普遍关注。在国内，软件无线电技术在许多国家重大研发项目中均受到了高度重视。在"九五"研发项目中，软件定义无线电技术被列为国家重点研究项目，"多频段多功能电台技术"项目研发出支持四信道与多波形的软件定义无线电平台，突破并实现了软件定义无线电技术的部分关键技术。在国家"863计划"中，更是将软件定义无线电技术列为重点通信研究项目，所提出的基于软件定义无线电技术的移动通信系统方案TD-SCDMA，在移动通信系统的发展换代过程中起到了重要作用，也是我国移动通信系统的关键技术。

2015年6月，由国网智能电网研究院负责实施的国家"863计划"重大项目"新型电力传感应用、信息感知与高效通信技术研究"课题，在研究软件定义无线电技术、电力无线通信安全接入与传输等关键技术的基础上，成功研制出230 MHz无线通信基站及终端原型样机，实现了电力光载无线通信系统的示范验证，突破了电力专用无线通信网络的技术瓶颈，解决了无线接入电力应用终端的技术难题。

2. 国外发展现状

软件定义无线电技术自20世纪90年代被提出以来得到了世界各国的高度重视，并在全球范围内得以快速发展。西方发达国家与欧洲国家领先于我国，均相继启动了基于软件无线电技术的研究计划。在美国，具有代表性的研究工作主要有易通话（SpeakEasy I, SpeakEasy II）计划、联合战术无线电系统（JTRS）计划和空间电信无线电系统（STRS）计划。在欧洲，具有代表性的研究工作主要有欧洲安全软件定义无线电（ESSOR）计划、欧洲联合研究中心（Joint Research Centre，JRC）传感器雷达技术委员会和计算机安全部门（SERAC）联合开展的无线协作安全（Wireless Interoperability for Security，WINSEC）计划等。

近年来，软件定义无线电技术作为新兴通信技术的核心技术与基石得以继续发展。随着6 GHz以下的频谱应用愈加广泛，软件定义无线电技术为工程师和科研人员提供了功能完备的软硬件支撑平台，大大推动了各无线通信技术的发展。2016年6月，美国国家仪器公司（National Instruments，NI）推出了全球首款用于毫米波的软件定义无线电平台，全新的毫米波信号收发系统能够以2 GHz实时带宽对信号进行发射与接收，并能够覆盖71~76 GHz的E-band频谱，为毫米波技术的研究提供了重要的平台支撑。凭借软件定义无线电技术的灵活性，研究人员能够使用软件定义无线电技术平台进行毫米波信道测量与毫米波通信系统开发。

2019年1月，Ettus Research公司发布新一代软件定义无线电外设USRP E320，该硬件平台可提供四倍的现场可编程门阵列（Field Programmable Gate Array，FPGA）资源，改进了时钟同步，可实现高速输出IQ数据流、故障恢复和远程管理等功能，为嵌入式软件定义无线电带来了更强大的信号处理能力。利用USRP E320灵活的同步架构，用户可实现高通道数的MIMO系统。

2.7.4 软件定义无线电总体架构

软件定义无线电由标准化、模块化的硬件平台和现代化的软件模块两部分组成，通过硬件平台加载软件实现不同的通信方式，进而达到不同通信标准之间互联互通的目的。

如图2-11所示，硬件平台包括A/D和D/A转换模块、数字信号处理（DSP）模块、射频前端模块、多频天线模块和接口等。其中，多频天线模块负责无线电信号的发射和接收；射频前端模块实现上变频、下变频、滤波、功率放大等功能；A/D和D/A转换模块通过可编程滤波器对信道进行分离，完成模拟信号和数字信号的相互转化；数字信号处理模块可用软件进行信号采样、量化、编码、傅里叶变换等，实现调频、调幅、跳频等不同的信道调制方式，同时进行各种抗干扰、抗衰落、自适应均衡处理和信源编码后的前向纠错、帧调整、比特填充和链路加密等。

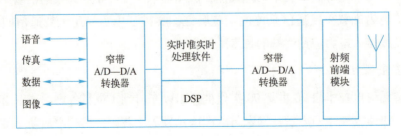

图2-11 软件无线电的硬件平台

如图 2-12 所示，软件模块分为接口层、配置层和处理层，其中接口层控制各种信号信息的输入和输出；配置层负责数据的接收和传递；处理层接收由配置层发来的二进制数据，并对其进行加工处理，完成不同通信功能。

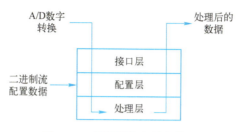

图 2-12　软件模块的结构体系

2.7.5　软件定义无线电技术应用

软件定义无线电技术凭借其高灵活性、强兼容性的优势，能够通过软件编码方式实现传统硬件无线电系统的多种通信功能。软件定义无线电技术能够与多种电力系统业务有效结合，对于电力系统的安全可靠和经济运行有着强大的助力作用，已广泛应用于电力系统巡检、勘察、抢修以及电力通信等诸多领域。

1. 电力巡检机器人

电力巡检机器人执行电力巡检任务时，在受到不可抗外力与复杂环境的双重影响下，会导致巡检人员对巡检现场地理位置、现场安全等级等信息掌握不足，不利于巡检工作的高效、精确展开。软件定义无线电技术的应用可以有效降低硬件系统运维所导致的高额成本，可嵌入电力巡检机器人的操作系统中，通过无线电发射操作指令对电力巡检机器人进行远程追踪与操控，从而准确获得机器人的运行状态、地理坐标以及现场环境等信息，起到实时定位与监控作用。

2. 电力应急抢修

软件定义无线电技术因其可重构特性可灵活地应用于电力应急通信网络，在传统电力应急通信抢修中，原始通信线路遭到破坏后抢修指挥中心往往由于无法在第一时间充分获得抢修现场的实时画面，而造成额外的经济损失。抢修人员通过软件定义无线电技术可以及时建立新的通信链路，通过动态视频或音频实时监控抢修现场的动态过程，并根据现场情况实时地制定应急抢修方案，保证电力系统在较短时间内恢复通信正常，为电力系统可靠运行提供重要保障。

3. 电力勘察雷达技术

为了更好地适应强不确定性的电力系统运行环境，雷达技术已经普遍应用于电力勘察领域。基于软件定义无线电的雷达系统可以根据不同环境、不同场景加载相应的信号波形与参数，以较快的速度捕获电力系统高压传输走廊的三维空间信息；并且可以借助影像识别对位于电力设施一定范围内的各种障碍物进行有效识别与定位，从而保证电力传输场景下障碍物与传输线路间安全距离的有效性。此外，基于软件定义无线电的雷达系统可以通过加载多种算法软件的方式大幅度提升雷达性能，从而以较低的运维成本满足不断发展的电力勘察领域的各项需求。

4. 电网 5G 新基建

基于 4G 网络的智能终端和多功能基站，软件定义无线电技术的应用已经实现了智能天线、多用户检测、通信测试等功能，具有更高传输性能要求的 5G 网络的普及将进一步激发软件无线电技术的应用潜力与应用性能。在 5G 网络应用标准下，软件定义无线电技术领域已经出现了一批如 NI 这类专注于无线电软件开发的公司，通过在基站和终端用户中应用多种性能的无线电软件可以更好地适应 5G 网络，以提高应用灵活性。随着 5G 技术已广泛应用于电力系统的可再生能源、分布式电源以及智能电网等领域，软件定义无线电技术也将广泛渗透并应用于国家电网"数字新基建"领域，进一步保障电力系统运行智能化、高效化与经济化。

2.8 认知无线电

2.8.1 认知无线电概述

有限的无线资源与不断增长的通信需求之间的矛盾已成为制约无线通信发展的瓶颈。当前，大量的可用频谱资源已被分配，这些资源在时空尺度上均存在不同程度的闲置现象。认知无线电（Cognitive Radio，CR）技术应运而生，它通过感知学习外界环境、检测频谱空洞等方式提出决策方案，跨时空综合利用空闲的频谱资源，提高频谱利用率，从而缓解频谱资源短缺的现状。

如图 2-13 所示，当分配给主用户（Primary User，PU）的频谱资源没有被充分利用时，就会出现频谱空洞。为实现灵活利用空闲频谱资源，认知无线电技术以认知能力和重构能力为主要特征。

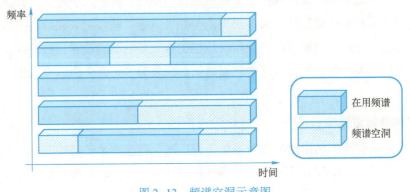

图 2-13　频谱空洞示意图

1）认知能力是认知无线电技术实现的前提。具有认知能力的次级用户（Secondary User，SU）能够以"伺机（Opportunistic Way）方式"工作在主用户的授权频段中，同时不干扰主用户的通信。认知能力包括频谱感知、频谱分析和频谱决策这三个重要环节。具体而言，频谱感知可以实现在一定范围内的频段中检测频谱空洞；频谱分析在感知的基础上，根据频段的干扰、路径损耗、信道占用时间等分析信道状态和容量，为频谱决策提供依据；频谱决策在感知和分析的基础上，确定目标频段和一组合适的工作参数。

2）重构能力使认知无线电用户可以根据无线环境进行实时动态的编程，能够实现在不同无线传输方式下收发数据。其核心思想是在不对主用户造成影响的情况下，随着频谱环境的变化自适应地调整发射功率、调制方式、工作频率等可重构参数，从而利用授权频谱实现可靠的通信服务。当主用户占用目标频段时，次级用户可以切换到其他空闲频段，或者继续使用该频段，但可改变重构参数以避免因有害干扰而影响主用户的正常使用。

2.8.2 认知无线电发展路径

1999年，"软件无线电之父"Joseph Mitola首次提出了认知无线电的概念。他认为认知无线电是软件无线电的一种，结合了应用软件、界面和认知等功能，使个人数字助理（Personal Digital Assistant，PDA）及有关网络能够智能地监测用户的通信需求并提供相应的无线电资源。

2003年，美国联邦通信委员会（FCC）将认知无线电定义为能够基于与工作环境的交互而改变发射机参数的无线电。

2004年，John Notor认为认知无线电与软件定义无线电之间是重合关系，即软件定义无线电不是认知无线电实现的条件，而认知无线电也不是软件定义无线电的发展。

同年10月，美国电气电子工程师学会（IEEE）正式设立IEEE 802.22工作组，并命名为"无线区域网络"（Wireless Regional Area Network，WRAN）。IEEE 802.22是第一个基于认知无线电的国际标准，与IEEE 802体系兼容，目的是制定无线通信中物理层和接入层的新规范，使用认知无线电技术检测并利用分配给电视广播的VHF/UHF（北美为54～862 MHz）频段，为偏远或低人口密度地区提供与城区无线局域网相似的宽带服务。此外，IEEE还专门组织了两大国际年会IEEE CrownCom和IEEE DySPAN交流认知无线电的相关研究成果。

2009年，ITU-R SM.2152报告书指出认知无线电系统可以获取其工作环境、通信策略和内部状态，从而动态且自主地调整工作参数及协议，实现预定的目标，并根据得到的结果来学习。

随着互联网技术和无线通信技术的发展，将认知无线电与人工智能技术、机器学习算法等结合，能够使认知无线电的频谱感知功能更为准确且可靠，促进频谱的高效利用。

2010年，新加坡南洋理工大学设计了一种利用神经网络模型的频谱预测器，名为多层感知机（Multilayer Perceptron，MLP），次级用户可以在主用户系统的流量特征先验信息未知的情况下进行频谱空洞预测和频谱感知，大大降低了能耗。

2014年，意大利博洛尼亚大学和德国亚琛工业大学的学者们研究了智能电网中机会频谱接入的可行性，通过复用和共享电视频段，建立智能计量网络。

2018年，国家无线电管理委员会与华中科技大学电子信息与通信学院联合举办了人工智能认知无线电研讨会，通过促进认知无线电与人工智能研究进展及成果的交流，推动我国认知无线电频谱感知与人工智能技术的交叉应用。

2019年，南京邮电大学提出了一种基于深度学习的认知无线电自动调制识别方法，通过结合在不同数据集上训练的两种卷积神经网络（Convolutional Neural Network，CNN），可以提升自动调制识别的精度。

2.8.3 认知无线电国内外发展现状

1. 国内发展现状

我国"863计划"于2005年首次批准了对认知无线电关键技术的相关研究，并于2008年将其列为重点支持项目。同年，"973计划"于信息科学领域研究专项中对认知无线电进行了立项支持。国家自然科学基金委员会在认知无线电领域设立了重点项目群，研究基于认知无线电的无线网络和无线频谱环境认知的相关理论与算法等。国家"十一五"重大专项中也包含"频谱共享、感知及灵活使用技术研究与验证"等相关内容。

2016年，华为发布了CloudAIR解决方案，该方案突破了传统固定分配空口资源（包括频谱、信道、功率等）的方式，按需分配空口资源，显著提升了频谱效率、容量和用户体验。该方案在2018世界移动通信大会（MWC2018）上荣获全球移动通信系统协会（GSMA）颁发的"首席技术官之选"和"最佳移动网络技术突破"两项全球移动大奖（GLOMO Awards）。同时，华为展示了全面升级的CloudAIR 2.0，它支持UMTS&LTE、GSM&LTE、GSM&UMTS和LTE&5G NR等组合的部署，实现了两倍频谱共享度。2020年，中兴通讯基于2G、3G、4G、5G双制式动态频谱共享（Dynamic Spectrum Sharing，DSS）方案推出了SuperDSS三制式频谱共享方案，使GSM/UMTS按需占用频谱，从而释放更多频谱资源给LTE/NR。同年，面对5G时代更多样化场景的挑战，华为在CloudAIR的基础上，提出了全场景动态频谱共享解决方案（Hybrid DSS，HDSS），它可以支持FDD频段在5G大带宽、灵活带宽、三模共存的场景中使用动态频谱共享，实现全场景向5G平滑演进。

2. 国外发展现状

美国国防部高级研究计划局（Defense Advanced Research Project Agency，DARPA）于2003年资助下一代通信计划（the Next Generation，XG），研究动态频谱接入（Dynamic Spectrum Access，DSA）技术并开发灵活的频谱管理框架。2006年，DARPA和SSC公司在弗吉尼亚州进行了XG系统实测，结果表明XG系统在对频谱接入范围、接入时间、主用户干扰限制等关键指标上均达到了要求。同年，美国的国防频谱组织（Defense Spectrum Organization，DSO）提出了长期频谱转型战略规划，即全球电磁频谱信息系统（Global Electromagnetic Spectrum Information System，GEMSIS），将频谱管理从静态转为认知自同步模式，提供一体化的频谱应用能力。2008 年，DARPA 在 XG 的基础上启动了下一步无线网络计划（Wireless Network after Next，WNaN），将容断网络（Disruption Tolerant Networking，DTN）和动态频谱接入技术应用于 Ad Hoc 网络中，为通信提供可靠的、具有自组织能力的网络，并于 2010 年进行了终端组网演示。2018 年，在美国移动世界大会（MWCA2018）上，美国联邦通信委员会委员提出 6G 中将会引入基于区块链的动态频谱共享技术，降低动态频谱接入系统的管理费用，并增加接入等级和用户。2020 年，为扩大中频频谱共享，美国国防部发布了关于军用高价值中频段共享的原型需求建议书（RPP），要求工业界设计、构建并部署频谱共存及共享系统，从而创建可持续的 5G 工业基地。

欧洲也有许多国家进行了认知无线电的相关研究，主要是以蜂窝网络为核心实现频谱共享，目标是标准化和工程实现。欧盟在其第六框架计划（the Sixth Framework Program，FP6）的 E2R（End-to-End Reconfiguration）项目中提出了端到端重配置无线网络系统框架，研究了灵活频谱管理（Flexible Spectrum Management，FSM）和联合无线资源管理（Joint Radio Resource Management，JRRM）。此外，该项目研究如何在 RAT 和运营商的基站上实现频谱管理功能，完成不同用户终端之间的频谱租借、拍卖和共享，从而提高频谱资源利用率。面向下一代移动通信的认知无线电网络融合，第七框架计划（the Seventh Framework Program，FP7）侧重于增加新的服务或实体，以完成无线资源的分配与协调，灵活调整频谱分配的时间粒度，实现频谱资源的高效利用。2019 年，瑞士电信 Swisscom 正式商用 5G，与爱立信合作，采用基于智能调度算法的 5G 动态频谱共享技术，以期快速实现 5G 广覆盖部署。

2.8.4　认知无线电网络架构

1. 认知无线电网络架构的特点

由于频谱复用性和大覆盖范围，认知无线电网络架构与传统网络具有不同的特点，具体如下。

（1）系统中的共存问题

包括对主用户系统的干扰问题和重叠区认知无线电设备的共存问题。在网络中既不能对主用户造成干扰，又要避免次级用户间的自干扰。

（2）多系统共存环境中进行无线资源分配

在数据传输时需要考虑认知无线电小区共存、与之相对应的业务流的调度、业务流的服务质量等因素。

（3）系统应具有多信道支持功能

中心控制器应当具有处理跨越多个子信道进行上下行传输的能力，在需要的情况下可对多个邻近信道进行聚合处理。

2. 具有代表性的认知无线电的网络架构

基于认知无线电网络的特点，一些适用于认知无线电的网络架构已经被提出，其中以 CORVUS 系统、基于 IEEE 802.22 标准的无线区域网和支持多信道多接口的无线 Mesh 网络最具有代表性。

（1）CORVUS 系统

在 CORVUS 系统中，次级用户的业务流被分为采用集中式控制的 Web 式和采用分布式控制的 Ad Hoc 网络式。多个次级用户组成次级用户组，同一个组的次级用户之间才可以互相通信。

（2）基于 IEEE 802.22 标准的无线区域网

该系统采用集中式的网络结构，基站提供包括调度控制、频谱管理和功率管理的集中式控制。其中，下行采用的是点对多点的星形结构，用广播方式来进行信息传输；上行采用按需多址和时分多址，为用户提供有效的多址接入。

（3）支持多信道多接口的无线 Mesh 网络

在该系统中，节点具有感知无线环境的能力，可根据无线环境的情况选择合适的接入信道。

此外，美国弗吉尼亚理工大学（Virginia Polytechnic Institute and State University，VT）的无线通信中心（Centre Wireless Telecommunications，CWT）研发了认知引擎并提出了一种名为 VT-CWT 的通用认知无线电架构。如图 2-14 所示，认知无线电有用户域、无线域和政策域这三个输入域。其中，用户域将时延、传输速率等服务与应用的性能需求输入认知引擎；无线域包括传输过程中所涉及的环境和信道条件等；政策域负责输入频谱资源分配和市

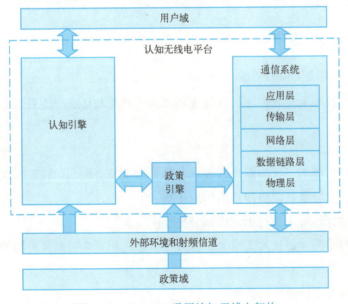

图 2-14　VT-CWT 通用认知无线电架构

场准入政策。基于遗传算法的认知引擎是一个独立的模块，通过认知用户域、无线域和政策域的信息，优化控制整个无线通信系统。

2.8.5 认知无线电应用

认知无线电通过与工作环境进行交互，能够感知、理解和主动学习外界环境。将认知无线电技术应用于电网的通信过程中，能够使设备自适应无线环境与自身需求的变化，利用授权频段的频谱空洞来传输电力信号，有效解决频谱资源紧张的问题。目前，认知无线电在电力物联网中的工程实践应用主要包括如下场景。

1. 应急网络组建

为降低大规模停电的概率，实现安全稳定运行，电网系统需要具有较强的控制能力、预警能力、自愈能力和应急能力。在电网覆盖范围内部署基于认知无线电的通信系统时，可以利用传感器、监视器等设备实时采集网络状态信息。利用认识无线电技术，电网系统能够对实时采集的信息进行分析，基于传输时延、中断率等性能指标来判断异常现象发生时的线路破坏情况，通过频谱感知获取应急频谱资源，进行动态频谱接入，最后启动应急系统来保证电网的正常运行。

2. 电力应用新需求

随着技术与经济的发展，电力行业应用日益增加。工信部《关于调整223~235 MHz频段无线数据传输系统频率使用规划的通知》中提到，223~226 MHz和229~233 MHz频段可用于电力等行业，采用信道聚合和频谱共享等新技术满足宽带无线通信业务。在此背景下，华为基于4.5G提出了面向5G演进的IoT-G230 MHz解决方案，引入公共信道备份、随机调频等算法，实现与异系统的共存，保障系统的安全性和可靠性。同时，采用超短帧结构和Grant free免调度算法，满足复杂无线环境下精准负荷控制的需求；采用物联网轻协议栈架构和高集成度专用芯片，实现电力物联网中智能抄表、故障指示器等应用的低功耗运行。

2.9 超密集异构网络

2.9.1 超密集异构网络概述

现有无线通信的网络容量难以支持全球数据量的爆发式增长，海量规模的互联设备数量，人、机、物的泛在互联与高质量通信需求，急需新的技术方案来解决有限的无线频谱资源与高速率大带宽传输需求之间的矛盾。在众多的技术方案中，超密集无线异构网络通过在极度密集地部署不同覆盖范围、承担不同功能的宏/小基站，融合多种无线接入技术，以全新的网络形态大幅提升单位面积的频谱复用效率与网络容量。在超密集无线异构网络中，宏/小基站多层覆盖提升了空间复用，传统蜂窝网络的宏基站负责基础覆盖，低功率小基站（如微基站和毫微微基站）则负责提供小范围的热点覆盖。5G 超密集异构网络具有覆盖与容量分离、簇化集中控制等主要特征，通过小区间无线资源协同、小区间干扰协调等优化控制的功能，利用虚拟宏小区以及微小区动态分簇的方案，可以实现根据用户需求灵活扩展控制面与数据面资源，提升网络的移动性能和灵活性。

为了应对业务流量的急速增长，小区的半径将不断缩小。未来，大部分接入节点的覆盖范围将在 50~200 m，甚至部分无线通信技术低功率节点的站点距离将降至几米，部署密度将提高十倍以上，甚至将来每个激活的设备都能有一个对应服务节点，形成多层次、超密集的无线接入网络。然而，由于业务需求随时、空的动态变化，大部分的宏/小基站在大多数时间处于低负荷状态，资源没有得到充分利用，同时基站的超密集部署会带来巨大的能量开销，导致频谱效率提升和能量效率下降之间的矛盾日益凸显。据统计，单位面积基站密度每增加 10 倍，频谱效率可提升 35.6%，能效会降低 59.2%。同时，越发密集的网络部署将会导致小区边界数急速增长，加之小区间无明显规则的分界，会存在同一区域被多小区覆盖的情况，网络拓扑更加复杂，导致节点频繁切换以及与现有通信系统不兼容的问题。因此，如何实现超密集异构网络的高效灵活部署是亟待解决的重大科学问题。

2.9.2　超密集异构网络发展路径

异构网络的起源可追溯到 20 世纪 80 年代，美国加州大学伯克利分校的 BARWAN 项目负责人 R. H. Katz 将重叠的不同类网络融合形成异构网络，以求满足网络终端的业务多样性需求。

针对异构小区间干扰的消除问题，3GPP 在 R8 版本中提出了小区间干扰协调（Intercell Interference Coordination，ICIC）方法，通过划分多个网络子频段，不同小区的边缘用户使用不同子频段，保障微小区边缘用户不受邻近小区的信号干扰。在 R10 版本中，3GPP 新增了时域 ICIC 技术，即增强型 ICIC（Enhanced ICIC，eICIC），通过使用几乎空白子帧（Almost Blank Subframe，ABS）技术，以时域、频域以及功率控制的方式解决控制信道干扰问题。ABS 子帧上仅保留 PSS/SSS、PBCH、CRS、Paging 和 SIB1 等必要信号，并采用小功率进行子帧传输。在干扰小区内使用 ABS，能够为受干扰的用户提供正常服务。3GPP 在 R11 版本中对 eICIC 技术做了进一步增强，引入了进一步增强小区干扰协调（Further Enhanced ICIC，FeICIC），以改善宏小区与微小区之间的干扰，进一步提高微基站的分流能力。同时，针对异构网络的干扰和移动性问题，R11 版本中还引入了协作多点（Coordinated Multi Point，CoMP）传输与接收技术。然而，为了达到最佳协作效果，R11 版本中的 CoMP 技术在实际应用中通常要求采用同一设备厂商的宏基站与低功率传输节点，这样做极大地增加了网络部署成本，限制了该技术在现实场景中的广泛部署与应用。

在 R12 版本中，3GPP 引入了 Small cell 的概念，将 LTE-A 网络进一步密集化形成超密集网络。针对节能和小小区间干扰问题，3GPP 提出了四种小小区开/关技术，分别为慢速开关方案（Long Term On/Off）、半静态开关方案（Semi-Static On/Off）、动态开关方案（Dynamic On/Off）以及基于新载波类型（New Carrier Type）的开关方案。针对回传以及移动性问题，3GPP 还在 R12 版本中引入双连接（Dual-Connectivity，DC）技术。通过双连接技术，终端可以同时连接宏基站与小基站，因此终端在小小区之间切换时，与宏基站的连接及数据传输不会中断。LTE 宏基站和小基站可以利用现有非理想回传（Non-Ideal Backhaul）X2 接口，通过载波聚合为小区内的终端与用户提供更高的传输速率，提高频谱效率，平衡负载。然而，在小基站切换的过程中，终端仅由宏基站服务，导致物理层吞吐量大幅度下降。由于 TCP 层的性能需要经过一段时间才可恢复，设备与终端性能在小区切换时仍会受到较大影响。超密集异构网络的移动性管理问题仍然严峻。

在当前 5G 网络渐进部署的阶段，需要在现有 LTE 网络基础上异构部署 5G 小基站，实现 5G 无线系统与 LTE 核心网的连接，从而加快 5G 系统的部署与方案验证。因此，在 R14 版本中，3GPP 定义了典型的 LTE 与 5G NR 异构部署场景。在此场景中，LTE 提供宏覆盖，5G NR 则作为小基站提供热点容量和小范围覆盖增强。LTE 与 5G 的互联可以通过双连接技术来降低切换时延，提高整个网络的无线资源利用率。3GPP 定义了多种可能的 LTE 与 5G 的双连接模式，例如 3/3a/3x、4/4a 和 7/7a/7x。同时，5G 小基站可以通过长光纤拉远低功率 RRH 的方式实现 LTE 宏基站与 5G 小基站共址。

2.9.3 超密集异构网络国内外发展现状

1. 国内发展现状

2012 年，中国移动与阿尔卡特朗讯签署了联合开发协议，打造 HetNet 异构网络架构，并于 2013 年共同发布了灵云无线 MRO 微基站。2013 年 6 月于南京的测试中，与传统的宏基站网络相比，该基站最多可提升网络容量达 400%，运营成本降低 50%，能耗降低 50%。上海贝尔的 MRO 微基站，在江苏、上海、浙江等地完成了现场部署，实现了宏微异构厂商组网的应用。

2015 年，IMT-2020（5G）推进组在《5G 无线技术架构白皮书》中明确超密集异构网络为 5G 无线关键技术，对超密集异构网络的接入和回传联合设计、干扰管理和抑制策略、小区虚拟化技术展开了分析。数据显示，2015 年年底，中国移动基站数达到 260 万个，近 5 年的复合增长率为 24.78%。

2016 年，我国 5G 移动通信先期研究重大项目取得了阶段性重要成果，研究了支持 5G 高密度聚合异构网络组网场景的系统级仿真评估方法，开发了系统级仿真平台；搭建了支持 5G 网络高密度异构融合的室内试验环境，完成了原型系统设计，并已开展了部分关键技术的测试验证。

大唐移动通信设备有限公司（以下简称大唐移动）基于 LTE-Hi 以及"去蜂窝化"思想，在业界率先提出超密集组网架构，可智能感知用户需求和网络状态，构建以用户和设备为中心的"虚拟伴随小区"，实现"以用户为中心的"业务传输。在 2016 年 1 月第一阶段关键技术验证测试中，大唐移动率先在业内实现并验证了超密集组网，支持虚拟小区，流量密度超过了 10 Tbit/s/km^2。

工信部的有关负责人在 2017 年 6 月召开的 IMT-2020（5G）峰会上表示，我国已在超密集组网等多项 5G 核心技术上取得重大突破。2017 年 12 月，由北京邮电大学牵头，国内二十家高校、科研单位和通信领域龙头企业联合参与组成的研发团队，在国家重大项目课题的支持下，设计了 5G 无线超密集异构聚合网络架构，搭建了 5G 超密集异构聚合网络原型系统及试验网。该项目面向 5G 无线网络构架和组网技术演进的重大需求，设计了支持超密集异构聚合的 5G 无线网络架构、软件定义的接入网与核心网接口，研制了支持动态协作开放虚拟环境的 5G 超密集异构聚合网络的原型系统（MORE 5G），对控制面及多个数据面的多通道聚合和异构多连接排队乱序整序等关键技术进行了研究和验证，网络侧峰值速率达到 12.75 Gbit/s。该项目在 6 GHz 以下频段超密集组网场景的新型网络架构、干扰管理与抑制、虚拟小区、接入与回传的联合设计等研究方向上取得突破，并形成完整的超密集组网技术方案，为后续 5G 网络的研发及部署提供了参考。

2. 国外发展现状

2014 年，阿尔卡特朗讯成为沃达丰集团的 Wi-Fi 与 LTE metro cell 集成优质供应商，其 Metro Cell Outdoor 微基站可参与沃达丰"Project Spring"投资计划。其致力于发展多供应商异构网络，并借助德高集团的城市公共设施密集集成微基站，提升网络的覆盖和容量。

目前，国际电信联盟-无线电通信标准化小组（International Telecommunication Union-Radio Communication Standardization Sector，ITU-R）在 M.2320 报告中明确超密集网络为满足高吞吐量通信需求的核心技术之一。欧盟 FP7 中的研究课题"面向 2020 年信息社会的移动及无线通信系统"（Mobile and wireless communications Enablers for the Twenty-twenty Information Society，METIS 2020）也强调，超密集网络将成为 2020 年及以后移动通信系统的重要组网方式。在 2019"爱立信 MWC 2019 预分享会"上，爱立信提出"化繁为简"的口号和理念，升级了云化核心网（Cloud Core）的产品组合，可同时支持 5G 独立组网和非独立组网以及 2G/3G/4G/5G 多代系网络共存的异构组网。

2.9.4 超密集异构网络架构

5G 超密集组网网络架构如图 2-15 所示，超密集异构网络在传统蜂窝网络宏基站的覆盖下引入了低功耗、多种无线接入技术的非传统节点。相比于 4G 异构微蜂窝和 LTE 超密集网络，5G超密集异构网络中的节点类型更多，如eNB、gNB、ng-eNB等，未来还可能存在WLAN AP、RN等功能节点。这些低功率节点通过光纤等回程链路直接与核心网相连，与宏基站共同构成一级回传层，或以一跳/两跳/多跳的形式与一级回传层基站相连接构成二级/三级及以下回传层，通过有线与无线相结合的方式，构成即插即用的超密集小区组网形式。

图2-15 5G超密集组网网络架构

超密集异构网络采用小区虚拟化技术。其中，虚拟层技术将宏基站小区作为虚拟层，负责移动性管理。虚拟小区可以根据设备的移动、业务需求的时空变化来动态配置、更改和设置资源的构成，保障设备在同一虚拟层移动时不发生小区切换和重选。密集部署的实体微基站，负责承载广播、寻呼等控制信令与数据传输。针对传统宏基站与小基站在低频段下工作时所产生的频繁切换问题，在未来的超密集异构网络中，可使宏基站工作于低频段，作为移动通信的控制平面，小基站则工作于高频段，并采用毫米波技术，作为移动通信的数据平面。同时，结合软扇区技术，通过波束赋形的手段形成软扇区，实现虚拟软扇区与物理小区的管理优化，降低站址、设备和传输的成本，以及系统维护的复杂度。

2.9.5 超密集异构网络应用

超密集异构网络助力电力物联网无定型小区组网的实现。目前，电力通信接入网已拥有了一定的光纤线路资源。然而，随着电力终端数量基数的增多，实现光纤铺设全覆盖的成本高昂，且不支持设备的移动性和维护的便利性，需要采用电力无线作为终端接入补充方式，实现电力物联网的泛在化。面对业务灵活覆盖需求，可应用基于无线回传链路的低功率接入节点，与固定接入点构成时间、形状、位置动态变化的密集异构网络，从而改善特定地区的无线覆盖强度，提高区域网络容量。同时，根据电力业务终端的地理分布特点以及流量到达情况等参量，灵活调整密集异构网络中宏基站与小基站的部署位置、天线高度、下倾角和覆盖范围，将不连续的各个网络组成一个无缝覆盖、完整的网络，有效满足复杂地区或环境差异化的电力业务需求。

2.10 终端直通技术

2.10.1 终端直通技术概述

终端直通（Device-to-Device，D2D）是 5G 关键技术之一，它是一种不依靠基础设施、复用基站上行链路及下行链路，使一定范围内通信设备直接信息交互的技术。蜂窝 D2D 通信场景的示意图如图 2-16 所示，它既可以在基站的统一控制和调度下进行连接和资源分配，也可以在无基础设施时完成数据链路的传输。不同于其他短距离通信技术（如蓝牙、无线局域网、ZigBee 等），D2D 的显著特点是通信过程使用运营商授权频段，进行通信过程的干扰协调，从而使干扰环境可控、数据传输更可靠。此外，D2D 无需手动匹配，还可满足设备间海量信息交互，为用户带来更好的使用体验。

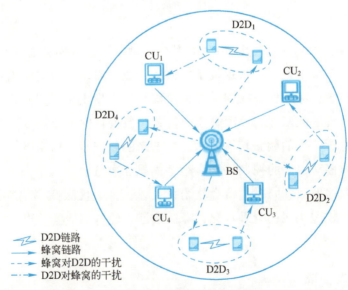

图 2-16　蜂窝 D2D 场景示意图

传统蜂窝通信需要上行链路和下行链路配合，而 D2D 通信则只需一条链路，通过终端设备直接通信，进行数据的传输。在基站的协助下，近距离内终端设备借助设备发现、模式选择及资源分配技术完成通信，实现较低能耗、更短时延的数据传输。

（1）设备发现

D2D 通信的第一步是设备发现，由于设备的位置是实时变化的，当前设备需要及时感知到周围其他设备的位置变化。设备发现可分为设备终端感知和设备终端识别，前者是主设备向周围设备发送信息量较小的通知信息，后者是通信设备发送信息量较大的身份信息、状态信息和应用层信息。

（2）模式选择及资源分配

根据频谱利用率和通信干扰情况，可将 D2D 通信模式分为蜂窝模式、专用模式及复用模式。蜂窝模式和传统蜂窝通信相同，分为上行链路和下行链路两部分，频谱利用率低但是彼此之间正交；专用模式的 D2D 通信在发送端和接收端直接建立连接并进行数据传输，在享有邻近增益的同时也不会造成信号干扰；复用模式的 D2D 通信收发端同样无需基站转发，直接建立通信链路，但是频谱资源的复用在提高频谱利用率的同时也为蜂窝用户和 D2D 用户带来了干扰。

2.10.2　终端直通技术发展路径

2008 年，高通公司在由 3GPP 组织的 IMT-A 会议上首次提出 D2D 通信技术，旨在最大限度提高无线资源频谱的利用率，满足移动通信中日益增长的带宽需求。2011 年，3GPP 成立近距离服务研究项目，将 D2D 应用场景分为公共安全和商业应用两大类。2012 年，3GPP 正式将 D2D 通信引入 LTE-A 标准化，在 LTE Release-12 和 Release-13 版本中重点讨论了 D2D 技术在公共安全服务场景的应用，在 Release-13 版本中提出了将 D2D 延伸到车用无线通信 V2X 的方案。面向 5G，D2D 通信技术将在未来移动通信技术的超高速率、超大带宽、超大规模接入能力和超大数据处理能力等特征的基础上，通过用户数据终端直传和资源复用，大幅度提高无线频谱资源利用效率，进而提高网络吞吐量。

2.10.3　终端直通技术国内外发展现状

1. 国内发展现状

新兴的通信技术和网络技术将应用于农业、军事、交通、医疗和城市建设等各个方面，形成一个智能化、个性化、大规模的通信网，将产生智慧城市 D2D、智能家居 D2D、车载 D2D 和可穿戴设备 D2D，即利用 D2D 技术，实现物理层面和网络层面的近距离、大规模通信。

国内高校已对 D2D 开展了多年的研究，在干扰协调、资源分配及功率控制等方面进行理论研究和仿真实现，并发表多篇论文，为 D2D 的实际应用奠定基础。例如，针对混合网络 D2D 单播通信场景、混合网络 D2D 多播通信场景以及异构网络 D2D 通信场景，基于多种功率控制算法，北京邮电大学提出了有效的 D2D 干扰协调方案，旨在解决蜂窝网络与 D2D

混合网络复用频谱资源产生的干扰问题。

2. 国外发展现状

2009 年，欧洲"WINNER+"项目开始 D2D 通信相关技术的研究，旨在全面提升小区容量和降低基站负荷。高通、爱立信、诺基亚等通信设备商也投入大量精力致力于 D2D 的研究，并取得突破性的进展，申请了大量专利。高通作为 LTE D2D 工作项目的重要启动公司，于 2013 年 3 月制定 D2D 技术使用范例与基本规范，通过 3GPP 网络，运营商能够提供终端用户间的近邻通知以及控制装置间的直接通信。作为一个新兴的技术领域，D2D 技术在国际上处于初级发展阶段，其终端直通的特性对传统无线通信系统中的网络架构、无线资源管理、接入控制、调度机制和功率控制机制等方面都提出了新的挑战。

2.10.4 终端直通技术架构

如图 2-17 所示，D2D 通信的基本网络架构分为区域网络、网络管理及 D2D 应用三个部分。D2D 区域网络由通过直接链路相互通信的设备集群构成；在网络管理部分，本地网络中的 D2D 通信数据经聚合器收集聚合后，通过有线网络或无线网络传输至核心网络，并由核心网络连接至其他网络，从而为医疗卫生、绿色通信、智能家居及物联网领域提供技术支持。

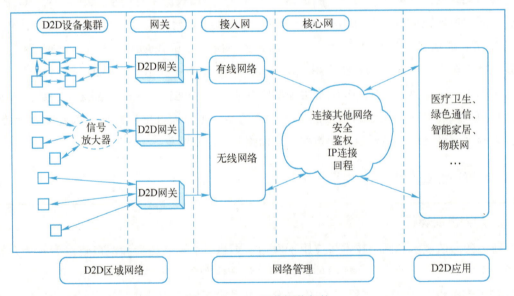

图 2-17 D2D 通信网络架构

根据蜂窝网络基站是否参与 D2D 通信，D2D 网络架构还可分为基站控制的网络架构和自组织的网络架构。在基站控制的网络架构中，基站通过设备认证、设置合适的加密方式等方式保护用户隐私，并对设备提供干扰控制，保证设备通信质量。而在自组织的架构中，设备无需高昂成本的基础设施，以点对点的方式自组织通信，单个节点出现问题不会造成整个网络的瘫痪。在上述两种 D2D 网络架构中，设备之间的通信方式是一致的，即单跳 D2D 通信、多跳 D2D 通信、多跳 D2D 通信到蜂窝网络通信或蜂窝网络到 D2D 通信、传统蜂窝通信。这四种通信方式针对通信场景及需求灵活切换，在解决现有网络问题的同时，促使网络具有如下新优势。

（1）更低时延、更高能量效率

选择单跳 D2D 方式时，近距离内设备的通信时间更少，消耗能量也更少。

（2）更大网络容量、更广覆盖范围

不在网络覆盖范围内的设备可采用多跳通信方式，将其他 D2D 设备作为中继，实现更广范围内的终端设备通信。

（3）更高服务质量

在较小范围内的 D2D 通信可采用更高阶的调制和编码方式，提高数据传输速率；同时，采用一定的干扰协调策略，可增大信干噪比（Signal to Interference and Noise Ratio，SINR），从而保证更高的服务质量。

2.10.5　终端直通技术应用

1. 电力设备状态检修

在电力物联网中，众多电力设备的运行状态对电网运行稳定性有着重要的影响，所以对电力设备进行状态检修便显得十分必要。传统上对电力设备进行检修采取的是定期检修的方法，但是随着网络容量的增大和设备数量的增加，传统的定期检修方法已无法满足电力物联网的需求。将基于 D2D 的无线自组网技术应用于电力设备状态检修之中，通过电力设备上布置的无线传感器节点构成多跳自组织网络，实现对电力设备状态信息的检测与采集；联合自组织网络和电力无线专网以及无线公网，可以实现电力设备状态信息的无缝覆盖和高效传输；之后，根据采集到的设备信息对设备运行状态进行评估，若设备处于非正常运行状态，则可以及时地采取相关措施，从而保障电力物联网的安全稳定运行。

2. 变电站智能机器人巡检

随着电力物联网的建设日益完善，供电质量也得到了极大的改善，但是电网中的变电、配电等设备数量越来越多，供电部门的维护压力也越来越大。近年来，智能巡检机器人的发展为电网的巡检运维提供了一种很好的解决方案：通过布置智能巡检机器人，可以实现变电站无人化自主巡检，实时检测变电站环境中的异常信息，保障变电站的安全可靠运行。未来，基于 D2D 技术的多智能机器人联合巡检则可以实现机器人之间的直接通信，面对紧急情况，各个巡检机器人可以更加迅速、精准地做出反应，实现变电站的智能联动巡检，极大地提高其运行稳定性。

3. 输电线路无人机巡检

随着电力物联网的建设，电能输送的需求以及输电线路的规模快速增长。架空输电线路往往需要穿过复杂的地形和险恶的自然环境，这就大大提升了输电线路的巡检难度。传统的人力巡检一方面难以应对恶劣的自然环境，另一方面其巡检效率低下，难以满足日益增长的巡检需求。无人机用于电力输电线路巡检，融合了航天、通信、视频处理等最新的科学技术，分配无人机巡检编队对输电线路进行巡检，可以实现输电线路全方位、全天候、无死角的高效巡检，在保障输电线路运行稳定性的同时，也大大降低了巡检风险。

2.11 毫米波技术

2.11.1 毫米波技术概述

近年来，随着移动互联网和物联网的快速发展，移动数据业务出现爆发式激增和多样化发展的趋势，对用户接入数量和信号传输质量提出了更高的要求。然而，目前使用的频段主要在 6 GHz 以下，移动通信从 2G 发展到 4G，可用在移动通信网络的优质频谱资源越来越少，仅靠部分运营商腾退 2G 频谱也无法满足 5G 高可靠、低时延、大容量的发展要求。因此，通信系统需要引入更高频段来满足大带宽的需求，从而适应更丰富的应用场景，更好地支持低延迟应用。

毫米波是指波长介于 1~10 mm 之间、频带在 30~300 GHz 范围内的电磁波，它具有微波与远红外波两种波谱的特点。毫米波通信主要具有以下优势。

(1) 极宽的带宽

虽然在大气中传播时，毫米波通信只能使用四个主要窗口，但这四个窗口的带宽总和是微波以下各波段带宽总和的 5 倍。利用毫米波进行超大带宽通信，可在根本上解决频谱资源匮乏的问题。

(2) 波束窄

与微波的波束相比，在相同天线尺寸下毫米波的波束要更窄。因此，毫米波具有更好的方向性，可以分辨相距更近的小目标或者更为清晰地观察目标的细节。

(3) 全天候

与激光相比，毫米波的穿透能力要更强，传播过程中受气候的影响也更小。因此，毫米波具有全天候特性，可以保证持续可靠的工作。

(4) 波长短

毫米波元器件的尺寸要比微波元器件的尺寸小得多。根据这一特性，可以更好地利用极化和新的空间处理技术，在设备或基站内放入更多天线实现 MIMO 技术，从而获得更大增益。

基于以上特点，毫米波可以实现超大带宽和超高速无线数据传播，从而成为 5G 时代的关键技术之一。图 2-18 是毫米波频段示意图。

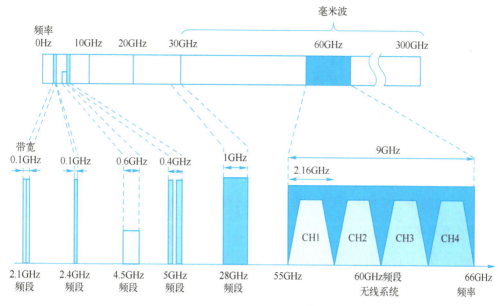

图 2-18 毫米波频段示意图

2.11.2 毫米波技术发展路径

对于毫米波的研究，早在100多年前就被提出，但受当时技术和成本的制约，研究只局限于实验室中，并没有实际的技术应用。直至近几十年，随着电子器件制造工艺的发展，毫米波集成电路和毫米波固体器件可以实现批量生产，使得生产成本越来越低，毫米波通信开始蓬勃发展。2015年，在世界无线电通信大会（WRC-15）上，国际电信联盟（ITU）首次公布了5G毫米波候选频段，其范围为24～86 GHz，并将5G正式命名为IMT-2020。目前，国际电信联盟已与3GPP达成共识，将毫米波技术的研究分为两个阶段：第一阶段主要针对40 GHz 以下的频率，其目的在于满足较为紧急的商业需求，该目标已于2018年年底成功实现；第二阶段着重于高达100 GHz的频率，目的是全面实现IMT-2020的愿景，并到2019年年底完成。2019年，在世界无线电通信大会（WRC-19）上，为了在全球或区域内寻求协调一致的5G毫米波频段，国际电信联盟提出了24～86 GHz 范围内的11个毫米波频段建议。

2.11.3 毫米波技术国内外发展现状

1. 国内发展现状

2016年12月，我国公布了首份5G频谱白皮书。2017年7月，在中国信息通信研究院MTNet试验室以及位于北京怀柔、顺义的5G技术试验外场，研究人员对工信部批复的4.8～5.0 GHz、24.75～27.5 GHz 和37～42.5 GHz 毫米波实验频段进行研发测试。此次新增的高频频率可以满足不同场景下5G技术的应用需求，为加速5G产业的发展提供了必要条件。自2019年以来，中国三大运营商积极推动5G各项测试。目前，中国移动已成功验证5G毫米波的关键技术。在整个5G毫米波工作规划中，中国移动在不断进行的测试中推动着高频标准、产品架构和设备的改进，并考虑到大渗透毫米波损失以及降低成本等问题，于2020年对5G毫米波实施商业部署。同年，在中国联通全球产业链合作伙伴大会上，中国联通与中兴通讯共同演示基于5G毫米波基站的16路4K高清视频上行业务，全面展示了5G毫米波大带宽、低时延的能力。2020年3月24日，在《关于推动5G加快发展的通知》中，工信部指出会适时发布部分5G毫米波使用规划，积极引导5G毫米波产业的发展。2020年6月15日，南京网络通信与安全紫金山实验室已研制出CMOS毫米波全集成4通道相控阵芯片，并完成了芯片封装和测试。并且，此次芯片设计将每通道成本大幅度降低，打破了我国"缺芯少魂"的局面，对我国5G毫米波商用化进程起到了重要的推动作用。

2. 国外发展现状

目前，美国、韩国、日本等国已陆续完成5G毫米波频谱的划分与拍卖，并开始商用部署，产业链较为成熟。2016年，美国联邦通信委员会（FCC）为促进5G毫米波的研究与发展，分配了近11 GHz的毫米波频率作为5G频段用于网络建设。目前，美国几大运营商都已提供了毫米波商用服务。美国联邦通信委员会在经过三次毫米波频谱拍卖后，主流运营商都获得了毫米波频段的使用权。此外，Verizon也在进一步提高毫米波的网络覆盖率，有望实现覆盖城市数量翻倍。2020年，IMT-2020（5G）推进组对高通5G毫米波关键技术的功能、射频和外场性能等方面进行了测试。结果显示，高通5G毫米波整体表现非常优秀，此外还提出了有效的室内解决方案，在一定程度上推动5G毫米波的商用化。在2018年平昌冬奥会期间，韩国政府在首尔、平昌及其他城市利用28 GHz频段建设了100多个5G站点，提供5G试验业务。2019年，韩国三大运营商同时宣布基于3GPP标准的5G网络正式向用户提供商用服务，使得韩国成为全球第1个5G商用的国家。截至2020年4月，韩国5G用户覆盖率接近10%，有望在年底实现超高速毫米波5G网络商业化。

2.11.4 毫米波商用架构

核心网（Core Network, CN）、基带单元（BBU）以及有源天线单元（AAU）构成了5G毫米波商用系统的基本架构，如图2-19所示。处于网络中心的核心网主要负责提供核心功能，如会话管理、数据传输以及移动管理等功能，并可同时支持多个基带单元。基带单元可实现编码、调制及复用等基带数字信号处理功能，并可同时支持多个有源天线单元。射频信号与数字信号的互相转换可通过有源天线单元实现，其中模拟波束成形器、基带部分（包括波束管理等）以及上/下变频模块共同组成了有源天线单元。如波束管理等处于物理层的数字信号处理可由有源天线的基带部分实现，继而保障不同波束的覆盖控制。5G毫米波系统具有大宽带需求，会对基带信号处理能力造成很大的负担。毫米波射频信号与基带I/O信号之间的相关转换依靠上/下变频模块来实现。其中上变频模块由功率放大器、变频器等器件构成，在发射链路中将发射信号频谱搬移至所需的毫米波发射频率。同样，下变频模块由混频器、放大器等器件构成,在接收链路中将接收信号搬移至基带。模拟波束成形网络可实现特定波束、幅度以及相位分布,合理分配射频信号能量。如图2-19所示,一般的有源天线单元均支持多个数据流,且一个子阵支持一个数据流。功率合成/分配模块、天线阵列、幅度控制芯片以及多通道收发移项组成了子阵波束成形电路。

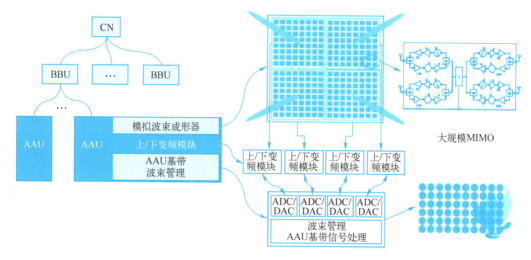

图2-19 毫米波系统的基本架构

该系统仅通过4个数字模拟转换器(DAC)/模拟数字转换器(ADC)通道及4个上/下变频通道,就可完成4个波束的独立控制。因此,该5G毫米波混合架构具有复杂度低、成本经济等优点。

2.11.5 毫米波技术应用

电力物联网的容量和时延能力可通过毫米波大大提升。首先,毫米波频段拥有超大的带宽,电力物联网移动类业务广泛受益于它所带来的大容量。其次,毫米波可实现电力物联网中巡检机器人的自动巡检,可支持巡检机器人产生的大量信息数据传输。再次,毫米波可支持高速的传输速率,降低因连接丢失或者大时延带来的负面安全隐患,并保证电力物联网中控制类业务的高可靠、低时延要求。因此,毫米波可广泛应用于电力物联网场景。

1. 采集类业务

以配电设备运行状态监测为例,未来的采集对象将趋于多媒体化,采集内容将趋于全面化,采集频次将趋于准实时,且从单向采集向双向互动演进。采集类业务数据传输规模小、频次低,呈现出上行流量大、下行流量小的特点。毫米波的超大速率可满足采集类业务大连接、低时延的需求。

2. 移动类业务

以电力应急通信为例,针对地震、雨雪等灾害环境下的电力抢修,应急通信车作为中枢纽，需要配备无人机、车载摄像机等大带宽设备，并实时回传高清视频信息进行综合决策。毫米波的超大带宽可以满足应急通信车高达 50~100 Mbit/s 的传输速率、低至 200 ms 以下的时延需求，避免视频卡顿。因此，毫米波可满足移动类业务的大带宽和毫秒级时延需求。

3. 控制类业务

以分布式能源调控为例，其时延在毫秒级、可靠性达到 99.999%，二者均有很高的要求。基于毫米波，可以有效保障配电自动化业务的信息传递，实现对线路故障的毫秒级精准预判，大幅度提升配电网的可靠性；实现用户内部可中断负荷的毫秒级业务响应，有效保障精准负荷控制业务的实现，提升电源侧与末端负载侧的协调适配能力；实现电压无功功率控制、孤岛检测、调度与协调控制等功能，保证分布式能源供电的可靠性。

2.12 大规模天线阵列

2.12.1 大规模天线阵列概述

随着移动互联网的发展，用户的业务需求不断提高，使得网络流量出现了爆发式的增长。传统的天线阵列难以满足通信容量需求，因此业界提出了用大规模天线阵列（Massive Multiple-Input Multiple-Output，Massive MIMO）技术来提高频谱效率，以增加系统容量和传输速率。大规模天线阵列是 5G 定义的空中接口技术，它是基于多用户波束成形原理，通过空间信号隔离，在一个频率资源上同时传输多个信号，从而可以大幅提高频带资源的利用率，并提升网络的系统容量。大规模天线阵列作为 5G 的关键技术，对 5G 通信网络的传输、频谱利用率等起到了不可替代作用，是未来 5G 技术研究的重点。

与传统天线阵列相比，大规模天线阵列系统中的天线数量可以达到几百乃至上千个，随着天线数量的增加，其可以降低干扰，提高基站的覆盖率，进而提高当前通信系统的可靠性、高效性。另外，大规模天线阵列利用其空间复用的特性，可以在不同的位置对不同终端进行通信，提高频谱的效率。

2.12.2 大规模天线阵列发展路径

美国贝尔实验室最早提出了大规模天线阵列的概念，它是由无线通信中的 MIMO 进一步演变而来的。从最开始的 8 天线发展到 128 天线，利用天线数量优势，可以提高通信系统的容量。多天线技术由多个发展阶段组成，从无源到有源、二维到三维、MIMO 到大规模 MIMO，经历了这些演变，现阶段的多天线技术已经可以使频谱效率提升到原来的 10 倍乃至更多。近年来，大规模 MIMO 技术已经被学术界和工业界广泛关注，我国政府也对此高度重视，2012 年将此作为国家重大专项项目进行立项，在随后的 2014 年国家"863 计划"中又进一步推动了大规模MIMO技术的研究和标准化工作。2016年，中兴通讯完成了IMT-2020 5G高频技术及大规模MIMO技术的性能测试。2018年，在由全球移动通信系统协会（Global System for Mobile Communications Alliance，GSMA）主办的世界移动通信大会上，罗德与施瓦茨公司向世界展示了5G大规模MIMO基站的测试。预计到2021年，大规模MIMO的普及率将达到世界MIMO天线安装数量的5%左右。

2.12.3　大规模天线阵列国内外发展现状

1. 国内发展现状

2012年，我国针对64天线的三维MIMO技术进行了项目立项。2013年，大唐电信科技股份有限公司利用64通道的二维平面天线阵列对三维MIMO技术进行了研究与验证。2014年，中兴通讯和中国移动联合完成了TD-LTE三维/大规模MIMO基站的商用测试。同年，中兴通讯对大规模MIMO进行了外场通信测试。2015年，中国移动研究院在5G领域大规模MIMO天线测试取得关键成果，并且在上海部署了全球首个大规模MIMO基站。2016年，中国联通和华为一同开展了5G实验室以及外场联合测试，主要针对6 GHz以下C频段3.5 GHz的大规模MIMO技术的组网性能进行评估，随着测试的成功，实现了单用户峰值速率达到5 Gbit/s以上，同时多用户峰值速率达到10 Gbit/s以上。2019年，华为在全球移动宽带论坛（Global MBB Forum，GMF）上推出了新一代5G移动天线，率先开发了大规模MIMO天线，该天线的特点是利用发射器和接收器阵列，可以对5G移动服务提供可靠支撑，推动国内的网络转型升级。

2. 国外发展现状

2012年，贝尔实验室、瑞典林雪平大学和隆德大学共同开展了2.6 GHz的128天线阵列研究，其中阵列形式包括圆形阵列与线形阵列。2013年，贝尔实验室与丹麦奥尔堡大学一同研究了2.45 GHz的96天线单元的圆柱形阵列和工作在5~6 GHz的64天线单元的矩形阵列。2016年，日本软银公司发布了"Giga Monster"计划，利用大规模MIMO技术使用户可以体验到每月20 GB的数据流量，同时在日本高密集地区部署了大规模MIMO，利用128个信号传送器，保证用户能够获得5 Mbit/s以上的数据吞吐量，提高用户的体验质量。2017年，美国运营商Sprint和韩国三星公司联合在韩国开展大规模MIMO测试，其中Sprint负责对测试场景和要求进行规划，三星负责提供大规模MIMO基础设施并完成对数据的采集和处理等。2018年，爱立信与阿联酋电信公司（Etisalat）联合在迪拜完成了大规模MIMO技术的现网试验，为5G进一步部署提供了帮助。爱立信利用大规模MIMO技术为Etisalat的成功网络升级提供了技术支撑，为用户提供了优质的服务体验。

2.12.4　大规模天线阵列技术

大规模天线阵列通常包括128或192个天线阵子，每个天线阵子由大量天线单元组成，与64个收发单元配合,产生更窄并且增益更高的发射波束。波束赋形技术作为一项关键技术,通过调整相位阵列基本单元的参数,实现信号的相长或相消干涉,做到主瓣功率的最大程度利用,同时抑制旁瓣,使发射能量汇集在接收机所在位置而减少向其他方向的扩散。如图2-20所示,大规模天线阵列引入了三维波束赋形技术,在原有水平维度的基础上引入垂直维度空域,通过控制布置在基站的几百根相控阵天线中辐射单元的馈电线位,分别调制面向不同目标接收机的波束,实现空间信号的隔离,在减小用户间干扰的同时还大幅度提高了频带资源利用率和网络容量。

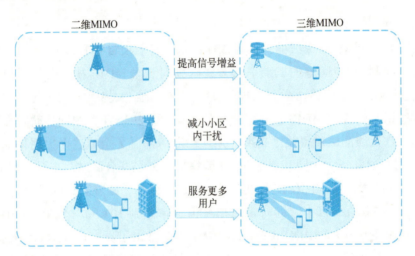

图2-20 大规模天线阵列波束赋形

大规模天线阵列的优势主要有以下几点。

(1) 提高了空间自由度

大规模天线阵列采用多行多列的布局,相较于传统的只能实现水平维度波束赋形的8天线,大规模天线阵列增加了垂直维度,充分利用了信道的垂直自由度,可以实现密集环境、三维空间上的用户区分。

(2) 信道硬化

信道硬化即当天线数量足够多时,具有随机性的信道参数将会转变为确定性,信道相干时间相应延长,减少快衰落的影响。信道硬化可以使基站侧复杂的非线性预编码转变为简单的线性预编码,但这个特性由于受到天线数量和硬件的影响而无法广泛应用,还需进一步研究。

(3) 支持低时延通信

针对信道深度衰落,传统通信需要通过利用信道编码和交织器将信号糅杂,从而使连续错误分散到不同时间段上,而接收机只有在接收到所有时间段的数据后才能获得完整信息,这造成了较高的时延。大规模天线中利用大数定律产生平坦衰落信道,弱化了深度衰落影响,简化了对抗过程,实现了时延的降低。

2.12.5 大规模天线阵列应用

1. 输电线路无人机巡检

无人机对输电线路进行巡检时的飞行高度较高,对通信网络的覆盖高度要求达到50~100 m,可能会超过基站的高度,而传统基站天线更多地采用机械下倾方式以覆盖地面用户,难以实现对飞行中的无人机的无缝覆盖。5G 基站的大规模天线阵列可以同时支持水平面与垂直面的三维波束赋形,从而实现对地面设备与空中无人机的全面覆盖。另外,大规模天线阵列与毫米波技术结合,产生的波束较传统天线更窄,有更强的指向性,可进一步减少网络中其他设备的干扰,增强波束增益,提高上行链路通信质量。

2. 高密度设备接入

为保障电网的安全稳定运行,各类传感设备爆发式接入电力物联网,尤其在配电房、变电站等重点监测对象较多的区域内,接入设备密度较大,而基站数量有限,难以保障设备的全面覆盖,同时设备间干扰较大。增加小基站的部署会造成较大的成本支出。5G 基站的大规模天线阵列可支持更多设备的接入,三维波束赋形提供的强指向性波束可以减少设备间的干扰,并通过信道信息判断用户间分配的时频资源,实现同一频谱资源的多用户复用,提高系统的频谱效率。

3. 高速率视频传输

电力物联网中存在大量高速率视频传输业务,包括变电站智能巡检机器人巡检、配电房视频综合监控、应急通信自组网和移动式现场施工作业管控等,都需要回传高清视频以实现对监测对象的实时故障诊断与远程决策,从而保障设备、线路、环境的安全。大规模天线阵列技术利用多通道传输数据,有效提高了频谱的利用率和通信速度。同时,三维波束赋形所形成的相互干扰较小的较窄波束,可以实现用较小的发射功率获得较高的信噪比,进一步提高信号的传输速率。

2.13 载波聚合技术

2.13.1 载波聚合技术概述

随着移动互联网、智能手机的普遍使用,移动数据迅猛增长,数据流量也呈现爆发式上升的态势,无线频谱资源变得越来越紧缺,难以满足快速增长的用户数据需求和移动业务的速率要求,为此提出一些新的技术,例如载波聚合技术。载波聚合技术的核心是将多个连续或非连续的小区空闲载波聚合在一起,形成一个更大带宽的载波集合来为一个终端服务,从而能够快速提高上行传输速率和下行下载速率、小区频谱利用率以及位于小区边界上用户的性能，提供更高的峰值速率和更大的系统容量。其中连续的载波聚合是指将几个相邻的比较小的载波聚合到较大的载波中；非连续的载波聚合不是聚合到一个大载波上，而是离散载波。载波聚合技术的最大优势在于主要通过改进媒体介质访问控制层及物理层协议，而不是改变物理层结构，从而显著提高了单个终端的带宽与上下行传输速率。

2.13.2　载波聚合技术发展路径

3GPP 在 R10 阶段首次引入载波聚合技术，该技术通过将子载波聚合，提升"虚拟"的传输带宽，最终可使 LTE-A 中的上、下行峰值数据传输速率分别达到 1 Gbit/s 和 500 Mbit/s。R10 技术标准中提出的载波聚合技术能支持上、下行链路分别聚合 5 个成分载波，其中每个成分载波的带宽可以是 1.4 MHz、3 MHz、5 MHz、10 MHz、15 MHz 或 20 MHz，能聚合到的最大传输带宽为 100 MHz，同时该载波聚合技术还支持异构网络。在 R11 和 R12 技术标准中，为进一步增强载波聚合技术，引入定时提前应用于上行链路的载波聚合。同时，在该技术标准中提出支持带间的载波聚合和具有不同帧结构的时分双工和频分双工信号进行载波聚合。在 R12 技术标准中，还引入了双连接的概念，使得载波聚合技术可支持来自不同基站的成分载波进行聚合。在 R13 技术标准中，提出同时支持 32 个成分载波进行聚合，以应对不断增大的带宽需求。同时载波聚合技术的频段范围也由授权频段发展为非授权频段聚合。在车载应用方面，R15 技术标准提出使用 PC5 接口通信的用户可支持 8 个载波的聚合，可实现在高速移动条件下车载应用通信的稳定性。此外，3GPP 组织还在不断对载波聚合技术进行增强，为 5G 移动通信铺路，使运营商可有效利用频谱资产，从而提升用户服务中所需的传输速度及增加网路容量。R16 技术标准起草了对用于成分载波下行链路及上行链路的高级带内载波聚合的研究。

除了以上标准外，载波聚合将会更加有效地利用各种离散频谱，向多种频谱类型、更多载波数及更多技术间的载波聚合发展。

2.13.3　载波聚合技术国内外发展现状

1. 国内发展现状

2012 年，大唐移动的设备已经能够实现载波聚合的功能，通过对软件功能进行升级，实现了 D 和 E 跨频段两个 20 MHz 载波的聚合，在不影响网络中已有接入终端的情况下，可使下载峰值速率达到 223 Mbit/s。2013 年，华为在亚洲移动通信博览会上首次展示了 TD-LTE F+4D 跨频段载波聚合，成功实现了包含连续四个 20M 载波的 D 频段（2.6 GHz 频段）与一个 F 频段（1.9 GHz 频段）载波的聚合，峰值下载速率达到了 1.25 Gbit/s。2015 年 6 月，中国移动通信集团广东有限公司广州分公司联合高通、中兴通讯三方共同开展 4G LTE Advanced Cat.9 三载波聚合技术试验，成功实现在 1 min 内下载完成一部 2GB 的高清电影，下行峰值速率可达到 330 Mbit/s。2019 年 3 月，华为基于自主研发的巴龙 5000 基带与双160 MHz基站技术，成功完成了全球首个2.6 GHz NR 160 MHz频谱宽带下的双载波聚合测试。2020年5月，中兴通讯率先在深圳完成了700 MHz和4.9 GHz频谱的5G载波聚合验证，为700 MHz+4.9 GHz双频组网提供了解决方案，进一步推动了下一步全球700 MHz频段的5G商用建设。

2. 国外发展现状

2013年，高通通过与华为、英国移动运营商EE合作，成功完成了LTE Cat.9 20+20+15 MHz三载波聚合试验，下载速度高达410 Mbit/s。此外，高通推出的全球首款商用Cat.10调制解调器，即骁龙X12 LTE调制解调器，可以支持频段宽度最高达60 MHz的三载波聚合，且下行峰值速率达450 Mbit/s、上行峰值速率达100 Mbit/s。2014年10月，在澳大利亚的实时商用LTE TDD网络上，电信运营商Optus与中国电信基础设备供应商华为进行了载波聚合测试，聚合了2300 MHz频段中四个20 MHz载波，移动宽带速度超过了520 Mbit/s。2016年，爱立信通过与中国联通、Qualcomm Incorporated子公司合作，成功实现了国内首个三载波聚合大规模部署和运行测试。该测试包含25个基站测试目标，单用户下行峰值速率达到375 Mbit/s，平均速率达到373.7 Mbit/s，充分验证了载波聚合的大规模外场组网能力。

2.13.4 载波聚合实现方案

1. 载波聚合的第一种分类方法

根据被聚合的成分载波频段位置的分布情况，载波聚合可分为三种方式，如图2-21所示，即带内连续载波聚合、带内非连续载波聚合和带间非连续载波聚合。

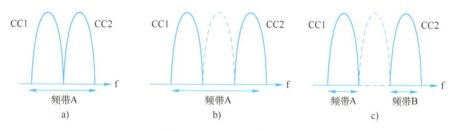

图2-21 三种载波聚合

（1）带内连续载波聚合

带内连续载波聚合是指所有成分载波在频谱上连续并且处在同一频带内。被聚合的相邻成分载波中心频率间隔为300 kHz的整数倍，该聚合方式适用于频谱资源较为丰富的情况，最易实现。

（2）带内非连续载波聚合

带内非连续载波聚合是指所有被聚合的成分载波均在同一频带内，但是其中至少有一个成分载波分布不连续的情况。在这种类型下，网络往往可以获得更高的频谱利用率，较难实现。

(3) 带间非连续载波聚合

带间非连续载波聚合是指所有成分载波，至少分布在两个及以上的频带内。通过利用不同频带的不同无线传输特性，可以提高对移动性的鲁棒性。但对终端设备处理能力要求高，难以实现。

2. 载波聚合的第二种分类方法

发送端利用多个成分载波发送用户数据，接收端则聚合来自不同成分载波的数据，以恢复发送端的数据，在 LTE-A 中将载波聚合分为以下两种方式。

(1) 媒体接入控制层（Media Access Control，MAC）聚合

如图 2-22 所示，MAC 层聚合是指载波聚合发生在 MAC 层。每个成分载波都分配一个独立的数据块并可以使用独立的链路自适应技术进行数据的传输，聚合子载波的调制编码方案可随着实际链路状况的变化而改变。每个子载波都有独立的混合自动请求重传（Hybrid Automatic Repeat Request，HARQ）进程和相应的确认字符/否定应答（ACKnowledgment Character/Negative Acknowledgment，ACK/NAK）反馈。

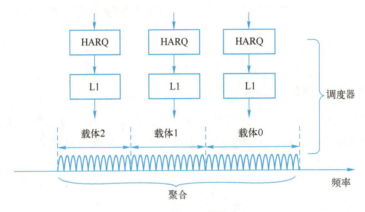

图 2-22 MAC 层聚合

(2) 物理层聚合

如图 2-23 所示，物理层聚合是指载波聚合发生在物理层。成分载波共用一个传输块并进行统一的调制编码，同时共用一个 HARQ 进程和相应的 ACK/NAK 反馈。这使得大量数据留存在数据块中，降低了 HARQ 的利用率。物理层聚合方式下还会导致物理层、MAC 层及 RLC 层结构发生冲突，因此需要对物理层进行重新规划设计。

日益增长的移动数据量与有限的授权频谱资源之间的矛盾日益突出，在非授权频段（即 Wi-Fi 的 5 GHz 频段）进行载波聚合，便成为一种有效解决该矛盾的方案。

但 Wi-Fi 的用户信道接入具有随机性与突发性，其空闲成分载波具有分散、碎片化及数量大的特点，使载波聚合很难在非授权频段进行。为了更好地实现非授权频段 LTE（LTE-Unlicensed，LTE-U）与 Wi-Fi 的共存网络，需要为 LTE-U 用户选择和分配非授权成分载波。

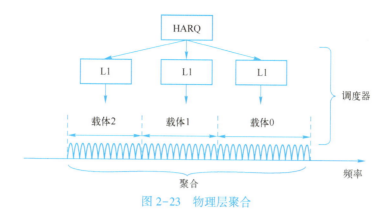

图 2-23 物理层聚合

3. 载波聚合的三种主流实现方案

目前,主要有三种主流的实现方案,即基于占空比的共存(方案一)、基于解码技术的共存(方案二)和基于空白帧的共存(方案三)。方案一通过利用时分复用技术,在固定的占空比内,将时间依次分给 LTE-U 和 Wi-Fi 用户传输,从而实现时间上的隔离。即同一时刻只允许 LTE-U 用户或 Wi-Fi 用户传输。方案二通过在接收端借助快速傅里叶变换的解码技术来计算 LTE-U 和 Wi-Fi 信道参数,修改传统 Wi-Fi 的带有冲突避免的载波侦听多路访问(Carrier Sense Multiple Access with Collision Avoid,CSMA/CA)机制,实现 LTE-U 和 Wi-Fi 的共存。允许 LTE-U 用户和 Wi-Fi 用户同时传输。方案三通过将 LTE-U 帧的个别子帧设置为空闲子帧,用于 Wi-Fi 用户的传输,使 Wi-Fi 用户可进行独立无干扰的传输。

2.13.5 载波聚合技术应用

1. 载波聚合技术在电力无线专网中的应用

载波聚合技术可以实现离散载波的组合应用,可解决 LTE 230 电力无线专网系统中业务需求高、频点离散的问题,并且能够提高系统终端速率。

对于数据速率需求较小的终端设备,如用户信息采集设备,可采用单载波终端,通过时分复用技术共享一个载波,每个终端的单向速率可达 43.99 kbit/s。对于数据速率要求较高的终端设备,如视频传输和车载移动通信设备,采用多载波终端,通过聚合技术在每个通信终端应用多个载波,在 40 个载波条件下,终端速率最高可达 1.76 Mbit/s,最终实现电力无线专网中各类宽带及窄带的应用。

2. 载波聚合技术在用电网通信中的应用

在电网通信中,电力信息的向上收集与向下传递的业务涵盖范围较广,具体包括电力信息采集业务、负荷控制业务、集中抄表业务,以及智能电网规划中的用户与电网间进行信息交互的业务需求。这些业务需求对用电网的上下行传输速率与吞吐量提出了很高的要求。在无线频谱资源严重受限的情况下,电力信息业务的速率与吞吐量需求难以满足。利用载波聚合技术将多个连续或非连续的载波聚合在一起,形成一个更大带宽的载波集合来为一个终端服务，能够快速提高上行传输速率和下行下载速率，从而有效提高对吞吐量要求较高的用户及业务的服务质量。

2.14 低功耗广域网络

2.14.1 低功耗广域网络概述

近年来，随着人工智能、大数据等技术在电力行业的广泛应用，移动性较低、通信不频繁、数据量较小的物与物之间的通信业务不断增加，极大促进了电力物联网的快速发展。传统的移动蜂窝技术和蓝牙、无线局域网等短距离通信技术已无法适应电力物联网的大连接场景，不能满足远距离、广覆盖、低功耗的通信需求。

低功耗广域网络（Low-Power Wide-Area Network，LPWAN）是一种覆盖广、成本低、部署简单、支持大连接的物联网网络接入技术。按照使用频率的不同，低功耗广域网络可分为以下两类。

（1）授权频谱物联网技术

窄带物联网（Narrow Band Internet of Things，NB-IoT）等，采用蜂窝组网方式，适合静态、非连续移动和对时延不敏感的业务场景。

（2）非授权频谱物联网技术

远距离无线电（Long Range Radio，LoRa）、Sigfox 等，使用非蜂窝组网方式，用户可自行设计并灵活搭建网络，使得在移动蜂窝网络无法覆盖的偏远地区也可以工作。

两类技术互补共存，共同实现电力物联网中分布广泛、数量众多的监控器、传感器、电表等终端设备的互联互通。表 2-2 是 NB-IoT、LoRa 和 Sigfox 技术的性能对比。

表 2-2 NB-IoT、LoRa 和 Sigfox 技术的性能对比

技术类型	NB-IoT	LoRa	Sigfox
频宽	125~500 kHz	180 kHz	100 Hz
频谱情况	授权频谱 1 GHz 以下	非授权频谱 433/868/915 MHz 等 ISM 频段	非授权频谱 868/902 MHz 等 ISM 频段
最远传输距离	20 km	20 km	50 km
设备连接数量	单扇区可支持 10 万个设备连接	单扇区可支持 25 万个设备连接	单扇区可支持 100 万个设备连接
传输速率	160~250 kbit/s	0.3~50 kbit/s	100 bit/s
电池续航	可续航约 10 年	可续航约 10 年	可续航约 10 年

2.14.2 低功耗广域网络发展路径

低功耗广域网络技术从 2012 年开始在欧美等地兴起并迅速成为全球物联网领域的一大

研究热点。历经数年的发展，目前已在全球范围内形成 NB-IoT、LoRa、Sigfox 等多个特点各异的技术阵营，共同满足物联网低成本、低功耗、远距离的海量连接需求。

1. 窄带物联网

当前的物联网主流蜂窝标准无法突破终端接入过程中功耗高、距离远的限制，而由 3GPP 制定和标准化的窄带物联网则可完美解决这一问题。电信运营商基于现有的移动蜂窝网络和授权频谱资源建立广覆盖、低功耗的窄带物联网，兼容传统的无线通信技术，大大减少开发全系列技术规范的时间，同时对现有蜂窝设备不断升级和更新，使运营商能够低成本、高效率地进入新兴物联网市场。

2014 年 5 月，华为联合沃达丰、诺基亚等通信运营商和设备商在 3GPP 的 GSM/EDGE 无线接入网（GSM/EDGE Radio Access Network，GERAN）研究项目中提出 NB-M2M 技术。同年 8 月，高通提交窄带正交频分复用（Narrow Band Orthogonal Frequency Division Multiplexing，NB-OFDM）方案。

2015 年 5 月，华为和高通达成共识，共同宣布了窄带蜂窝物联网（Narrow Band Cellular IoT，NB-CIoT）方案，以实现低功耗的广域覆盖。同年 7 月，爱立信、诺基亚、中兴通讯等公司发布窄带长期演进（Narrow Band LTE，NB-LTE）方案，沿用原有蜂窝网络架构，达到低成本、快速部署的目的。随后，在 9 月的 RAN 会议上，经过各方激烈的竞争与商讨，两个方案融合为统一的国际物联网技术解决方案——窄带物联网。

2016 年 6 月，3GPP 在 RAN 会议上宣布窄带物联网标准协议制定完成，并将其作为标准化的物联网专有协议应用于各大领域的物联网市场。随着 3GPP R13 版本的冻结，窄带物联网从技术标准上彻底具备了应用落地的条件，即将进入大规模商用阶段。

2017 年 12 月，3GPP 在 R14 版本中对窄带物联网的定位、组播技术、非锚定载波操作、移动性、功耗和延迟等多项性能进行了优化，更加全面地满足低功耗、广覆盖类业务的接入需求，使窄带物联网技术进一步实现在智能抄表、智能家居、智慧路灯等领域的应用和发展。

2019 年 3 月，3GPP R15 版本在 5G 时代沿用了窄带物联网方案，正式明确 5G 新空口（New Radio，NR）技术与窄带物联网将应用于不同的物联网场景，绘制了物联网的发展蓝图。同时，在系统设计和功能方面引入唤醒信号，进一步降低窄带物联网设备的功率消耗。窄带物联网的演进之路如图 2-24 所示。

图 2-24 窄带物联网的演进之路

2. LoRa

2013年8月，美国升特公司提出LoRa技术以实现超远距离无线传输。该方案采用窄带扩频技术提升信号传输速率，增强抗干扰能力，可在城镇中达到1~2km的无线传输距离；在郊区或空旷地带最高可达20km。此外，LoRa支持数万甚至数百万的终端设备接入网络，数据速率在0.3~50kbit/s范围内，而低功耗的特性可使电池使用寿命长达10年。

2015年3月，升特公司联合IBM、Actility、微芯等成立了LoRa联盟（LoRa Alliance），以进一步推动LoRa技术的发展和标准制定。目前，联盟会员已突破500家，包括思科、法国电信、韩国电信、瑞士电信、荷兰皇家电信等设备商和运营商，共同构成了完整的产业生态系统。LoRa技术已成为窄带物联网之外最吸引电信运营商的低功耗广域网络技术之一。

2015年6月，LoRaWAN 1.0版本正式发布，后经1.0.1~1.0.3这三个版本的完善，LoRa联盟于2017年发表LoRaWAN 1.1版，其支持会话切换漫游服务，并增强了网络的安全性能。

3. Sigfox

为了实现海量终端的低成本、低功耗连接，Sigfox在2012年推出了基于超窄带（Utra-Narrow Band，UNB）技术的低功耗广域网络。该技术工作于1GHz以下的非授权频段，根据物联网传输距离长、网络容量需求大等特点，大大限制和简化了数据包格式、系统带宽、网络拓扑等复杂结构，降低了数据传输功耗，加大了网络覆盖范围。在农村地区可实现30~50km的覆盖，城市中受到障碍物影响也能保证10km量级的传输距离。

免费专利授权策略是Sigfox发展的重要推动力，早在2017年，就有71个设备制造商、49个物联网平台供应商、8家芯片工厂、15家模块厂、30家软件和设计服务商等伙伴加入其生态系统，共同推动Sigfox的商业化进程。2019年12月，Sigfox公开的数据显示，Sigfox网络已覆盖全球70个国家，覆盖范围达500万km^2，网络使用人数达11亿。

2.14.3 低功耗广域网络国内外发展现状

物联网研究公司IoT Analytics的数据显示，自2018年起，物联网连接数量在低功耗广域网络的推动下持续增长。由于物联网差异化的接入需求，当前并没有一个技术能适用于所有应用场景，也很难在短期内形成统一的标准。因此，在庞大的物联网应用市场中，各项技术需互补融合，协同发展，共同构建良好的产业竞争生态体系。

1. 国内发展现状

在国内，低功耗广域网络技术刚刚步入商业化阶段，其中窄带物联网技术凭借政府的政策支持和运营商的大力投入发展迅猛，已逐渐成为中国市场的主流，同时LoRa等非授权频谱技术也在一些垂直行业开始落地。根据当前的发展形势，窄带物联网和LoRa这两大低功耗广域网技术将在未来相当长一段时间内并存。

（1）NB-IoT抢占先机

2017年6月，工信部在《关于全面推进移动物联网（NB-IoT）建设发展的通知》中指出，基础电信企业应加大 NB-IoT 网络的部署力度，到 2017 年年底，实现 NB-IoT 基站规模达到 40 万个的目标，到 2020 年，实现 NB-IoT 网络的全国普遍覆盖和深度覆盖，基站规模达到 150 万个。此外，2018 年 5 月工信部、国务院国有资产监督管理委员会联合发布的《关于深入推进网络提速降费加快培育经济发展新动能 2018 专项行动的实施意见》中也强调，要加快完善 NB-IoT 基础设施建设，实现全国普遍覆盖；进一步推动模组标准化、接口标准化、公众服务平台等共性关键技术；面向行业需求，积极推动产品和应用创新，推进物联网在各个行业领域的应用。

与此同时，我国三大运营商也在积极推进窄带物联网的产业布局。中国移动已具备覆盖云-管-端的物联网连接能力，于 2017 年 1 月在江西鹰潭建成全国首个地级市全域覆盖的窄带物联网，实现了业务终端与物联网平台的双向数据传输。中国电信已完成 31 万个基站的更新升级，首个实现窄带物联网覆盖全国的建设目标。此外，2018 年 6 月，中国电信与 ofo、华为联合开发基于窄带物联网技术的智能车锁，实现了该技术在相关行业的落地商用。中国联通采用窄带物联网技术在广东构建首个标准化商用网络，并在上海迪士尼乐园进行了大规模的外场启动试验。

随着政府政策的引导支持以及运营商的建网力度不断加大，我国窄带物联网建设规模位居全球第一，在芯片、模组和终端等产业链的关键环节聚集了一批有实力和国际竞争力的厂家。如紫光展锐（上海）科技有限公司在 2017 年 4 月推出 NB-IoT 单模芯片春藤 8908、NB-IoT/GSM 双模芯片春藤 8909，以及 2018 上半年的 NB-IoT/eMTC/GSM 三模芯片春藤 8915，可支持 3GPP R13 技术标准的全部功能，在满足中国市场需求的同时，开拓了欧美及海外市场。

（2）LoRa 稳步发展

为适应无线电技术发展趋势，贯彻落实《中华人民共和国无线电管理条例》，国家无线电管理机构广泛征求意见并进行大量论证和研究，于 2019 年 11 月发布《微功率短距离无线电发射设备相关公告》，对 LoRa 等非授权频谱微功率设备在生产、进口、销售和使用方面进行了规范，进一步为低功耗广域网络技术的发展指明方向。

此外，自 2018 年 6 月以来，阿里巴巴、腾讯等互联网巨头纷纷选择 LoRa 作为切入点进军物联网领域。一方面，互联网巨头凭借雄厚的资本、强大的科研实力、深厚的社会影响等优势大大缩短网络部署周期，加速扩展产业规模；另一方面，利用互联网企业在大数据、云计算、人工智能等方面的现有资源，加快物联网技术与其他新一代信息技术的深度融合，助推电力、农业、城市管理等垂直行业在万物互联基础上实现数字化转型和智慧化升级。随着频率管理政策的出台以及互联网巨头的加入，LoRa 将持续部署，不断推动我国物联网产业乃至整个数字经济的发展。

2. 国外发展现状

相比于 2016 年 12 月才正式完成相关协议标准冻结的窄带物联网，国外在 LoRa 等非授权频谱物联网技术方面起步较早，其产业链更成熟，项目落地经验也更丰富。因此，很多国外运营商在窄带物联网标准落地前就利用 LoRa 或 Sigfox 技术建设低功耗广域网络。之后随着窄带物联网技术的不断商用，其低成本、易部署的特性吸引众多企业踏足物联网领域。

(1) 非授权频谱物联网技术率先部署

2019 年 1 月，LoRa 联盟官方数据显示，超远距离广域网（LoRaWAN）的部署数量在 2018 年实现爆发式增长，全球已有超百家的网络运营商和企业采用 LoRa 技术来灵活构建网络，终端接入数目迅速增长，加快了物联网在全球范围内的推广和应用。

法国电信部署的超远距离广域网实现了 3 万个城市和法国 95%的都市人口覆盖。2018 年，Orange Business Services 推出了超远距离广域网本地连接服务以满足全球客户和法国企业的物联需求，尤其适用于照明、环境监测、现场追踪、能源和流体管理、地理围栏（Geo-fencing）、废弃物管理、停车管理等智能城市和工业领域的一系列应用。

与 LoRa 相同，Sigfox 作为低功耗广域网领域的重要技术成员，通过探索不同行业的创新应用，逐步与卫星、无线局域网等其他技术相融合，发展出更符合市场需求的技术服务方案，发掘更大的应用潜力。2015—2019 年，部署 Sigfox 网络的国家和地区已从原有的 12 个增长至 67 个，并已覆盖法国、意大利、西班牙等国家总人口的 90%以上。此外，Sigfox 技术亦在美国、巴西、墨西哥等国家实现大规模推广。

(2) 授权频谱物联网技术加速追赶

全球移动供应商协会（Global Mobile Suppliers Association，GSA）发布的报告"NB-IoT and LTE-M: Global Market Status"显示，目前共有 61 个国家和地区的 123 家运营商投资窄带物联网，其中 65 个网络已正式商用。

2016 年 10 月，德国电信建成全球第一个完全标准化的窄带物联网网络，并于 2017 年表示会继续在欧洲 8 个国家内推进窄带物联网商用进程。2016 年 11 月，韩国电信运营商 KT 与 LG Uplus 在窄带物联网方面达成合作共识，构建"网络、生态共建共享，业务相互竞争"的产业体系，随后，在 2017 年 7 月完成覆盖韩国的窄带物联网网络部署。

2.14.4 低功耗广域网络应用

低功耗广域网络与大数据、电力通信专网等信息技术深度融合，通过大量传感器和其他物联设备实时采集数据并进行分析和挖掘，之后将结果反馈至各个联网终端，提升终端的自主决策能力，进一步推动低功耗广域网络技术在电力各领域的应用。目前，低功耗广域网络在电力物联网中的工程实践主要应用在以下场景。

1. 智能抄表

随着电力物联网技术的不断发展，数以百万的智能电表将在全球范围内大规模部署，相较于通用分组无线业务（General Packet Radio Service，GPRS）应用于智能抄表领域所存在的功耗高、信号差、通信基站用户容量小等缺点，低功耗广域网络技术支持超低功率消耗、超强信号覆盖和海量终端接入，提供远距离、小数据传输应用，同时可实时搜集高峰用电数据，掌握城市各区域用电状况，并提供阶梯式计费方案，实现智能抄表的广域性、鲁棒性和稳定性，从而有效提高能源利用和管理水平。

2. 配电网故障检测

在配电网监测系统中，大量配电网故障指示器处于高空、地下、半地下等复杂环境，且分布地域广泛、部署分散，此外，此类故障指示器往往还存在不易供电、连接困难等问题。低功耗广域网络技术可实现广覆盖、高渗透性能的网络部署，尽可能地降低功耗，利用无所不在的分布式新能源极大减轻了供电难度，大大延长了故障指示器的使用寿命。同时，低功耗广域网络技术和原有电力通信专网融合，提高了配电网的工作效率与运行安全，大幅减少了系统运行维护的人力与物力投入，支持各类在线监测系统的有效运行。

3. 源网荷互动

电力物联网采用低功耗广域网络技术将各类用户负荷电器、分布式发电系统与配电网连接起来，实现源网荷的互动连接，不断优化新能源的利用和入网，提高电网可调控容量占比。低功耗广域网络凭借传输距离远、覆盖范围广的优势，通过用户负荷电器上的智能插座和分布式发电系统上的终端控制器实时采集监控数据，并将其沿电力通信网络传输至节能调度系统；同时，远端管理人员根据用户用电情况和分布式发电系统的运行状况调节电网中的电荷分配，提高运维效率，顺应了电网绿色、智慧、和谐、特色发展的趋势。

2.15 空天信息网络

2.15.1 空天信息网络概述

作为支持多终端通信的重要信息基础设施，空天信息网络（Space-Sky Information Network，SSIN）是一种超大型综合信息网络，它通过星间链路、星空链路、星地链路等网络技术将太空层的各类卫星、邻近空间层的高层飞行器、航空空间层的底层飞行器及地面层的信息处理平台连接，并借助激光、微波等多种通信媒介，实现海、陆、空、天的全覆盖通信，保证信息的可靠传送。

相比地面传输网络，空天信息网络的目的是构建大宽带、全球覆盖性的空天传输网络。因此，空天信息网络具备以下特征。

（1）开放、立体结构（网络异构）

海、陆、空、天协同合作才能实现空天信息网络的一体化联合，随着卫星、航天器、飞行器等众多通信设备的发展，通信网络更加立体，网络组成更加异构，为实现及时、准确、多样性的数据通信，空天信息网络应更加开放，以满足网络互联、系统兼容。

（2）动态组网

空天信息网络内卫星节点的高度、角度及空间位置关系随轨道动态变化，为满足所有通信终端动态获取不同信息资源、智能自组、抗毁性、鲁棒性等需求，空天信息网络应能够快速动态重构网络。

（3）扩展性好

空天信息网络尚处于发展阶段，随着通信终端多元化，网络系统建设需要同时满足现存网络的接入需求和未来网络的扩建需求。因此，空天信息网络需要良好的可扩展性。

2.15.2 空天信息网络发展路径

美国是目前世界上卫星系统建设最早也是最为完备的国家，其空天信息网络的发展历程经历了四个阶段。

第一阶段：Iridium 铱星系统，为实现全球移动电话的无缝漫游，星上采用 PPP 协议，没有路由能力。20 世纪 90 年代初，多采用低轨卫星星座组网模式。

第二阶段：Teledesic 系统，提供大容量数据传输、多种业务服务。星上具有路由交换能力，采用异步传送模式（ATM）交换技术，被设计成"空中互联网"。在 Teledesic 系统之后，美国再也没有提出类似的大规模低轨道通信网络系统。

第三阶段：启动"空间互联网路由器"（Internet Routing In Space，IRIS）项目，将首个太空互联网路由器搭载到美国的 Intel-14 高轨卫星上，采用"空间接入主节点"与"主干通信节点"结合的网络结构，完成了星上跨波束路由交换技术的相关测试。

第四阶段：转型卫星通信系统（TSAT），向全球提供宽带卫星通信，将美国烟囱林立的分散系统融合，进行互联互通。星上采用具有路由交换能力的 IP 技术，星间采用高速率激光通信，能够发挥重要的组网和通信作用，具有全球性、高带宽及高安全性。

如图 2-25 所示为空天信息网络的主要发展路径，横坐标为典型系统，纵坐标为网络技

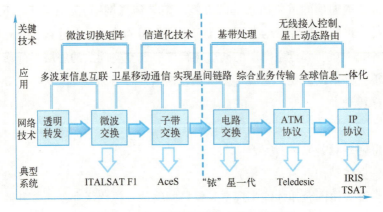

图 2-25 空天信息网络的主要发展路径

术、应用以及关键技术。空天信息网络在网络节点、网络路由、网络协议和网络服务等方面得到了快速发展。其中，网络节点方面，从数量巨大的低轨卫星星座向数量较少的高轨卫星星座演进；网络路由方面，由透明转发到星上路由；网络协议方面，由 PPP 协议、ATM 协议，到星上采用 IP 技术与地面网络互联互通；网络业务方面，由单一服务向电信与互联网多业务融合转化。

2.15.3　空天信息网络国内外发展现状

1. 国内发展现状

我国高度重视空天信息网络架构及其关键技术的研发，在空天网络信息总体技术研究方面，中国电子科技集团公司第五十四研究所开展了卫星网络融合与优化技术预研，完成了基于 IP 技术的多体制一体化卫星通信网络融合的体系框架；通过承担空天信息网络总体技术、GEO 宽带卫星通信技术等预研项目，对下一代空天信息网络总体技术进行了深入研究，提出了基于全分组的下一代卫星网络总体设想。

在空天信息网络协议架构研究方面，中国电子科技集团公司第五十四研究所承担了"921"办公室载人航天领域预先研究项目"支持交互式空间任务的网络关键技术"，开展了 IP over CCSDS 协议转换、IP 协议增强与优化、路由选择与数据分发等关键技术的研究，并研制了 IP over CCSDS 网关原理样机。同时，在"863 计划"的"空天信息网络宽带网关技术"中开展高速 IP over CCSDS 协议转换、链路层、传输层协议增强与优化、空天组网等关键技术的研究，研制了空天信息网络宽带网关原理样机。

在传输控制关键技术方面，中国电子科技集团公司第五十四研究所在"十五"预研"测控网技术"课题支持下开始利用 IP 网络技术开展天地之间传输高速数据的研究，研制出高速接入原理样机（单向最高传输速率为 300 Mbit/s）和中低速接入原理样机（双向最高传输速率为 25 Mbit/s）。

2. 国外发展现状

在国外，比较有代表性的空天信息网络主要有美国战术瞄准网络技术（TTNT）系统和日本宽带多媒体卫星通信（WINDS）系统。TTNT 系统是一种基于因特网协议、高速、动态的 Ad Hoc 网络，该系统应用于军用领域，能够在战斗机与其他飞机之间提供 2 Mbit/s 的数据链，使得空军在侦查与战斗环境中能够迅速瞄准移动目标及时间敏感目标，实现空军作战的精准打击。TTNT 系统是在短反应时间、大传输数据要求下，解决从"传感器"到"射手"的数据连接问题的重要解决手段。

WINDS 系统由日本宇宙航空研究开发机构（Japan Aerospace Exploration Agency, JAXA）与日本国家信息与通信研究院（National Institute of Information and Communications Technology, NICT）共同研发，其所建立的宽带多媒体卫星通信系统，能够验证高速卫星通信系统的关键技术，并为日本边远山区、村落、岛屿的宽带通信提供便利。此外，WINDS

系统使用口径为 45 cm 的天线，在民用领域可以为家庭用户提供最大接收速率为 155 Mbit/s、最大发射速率为 6 Mbit/s 的高速通信速率，在军用领域可以为政府机构提供高达 1.2 Gbit/s 的超高速通信速率。

2.15.4 空天信息网络架构

空天信息网络能够提供稳定的端到端宽带连接，为信息的有效传递提供保障，满足海、陆、空、天信息平台的数据传输需求，保证信息及时可靠地传送。如图 2-26 所示，空天信息网络架构主要分为四层：天基层（太空层）、邻近空间层、航空层、地基层（地面/海面层）。其中，天基层包括地球同步（Geosynchronous Earth Orbit，GEO）卫星、中轨道（Medium Earth Orbit，MEO）卫星、低轨道（Low Earth Orbit，LEO）卫星。邻近空间层位于天基层和航空层的交界处，主要包括各种飞行器，如平流层飞艇、滑翔飞行器、可控制气球等，该层节点可提供更精准的位置信息，能够作为低轨道卫星通信的重要补充，在通信保障方面具有很大潜力。航空层由航天飞机、运输机等飞行单元组成。地基层（地面/海面层）由移动终端、固定终端等用户终端单元组成。

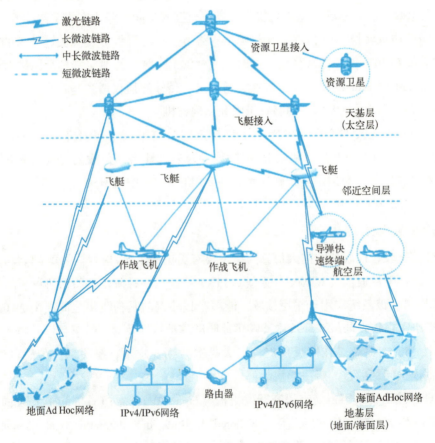

图 2-26 空天信息网络架构

空天信息网络中最关键的一部分是空天信息接入网络，它部署在相对安全稳定的邻近空间层，凭借超宽带、广覆盖、低延迟等特点，能够为海、陆、空、天的各用户提供便捷高效的通信服务。空天信息接入网络涉及的关键技术是接入认证和安全控制技术、无线资源管理与分配技术、用户信息管理技术。第一项技术主要进行网络的接入认证与安全控制、端口设置及分配；第二项技术主要用于基站资源、小区资源的管理，使小区空天基站、小区主控基站合理分工、有机统一；第三项技术主要进行用户管理，包括用户信息采集、用户权限管理、用户数据操作等，实现接入网的协调控制。

2.15.5 空天信息网络应用

1. 电网业务灵活感知

电网和用户的全面感知是电力物联网建设的基础和关键，在故障抢修、电力交易、配网运行等基础业务中发挥重要作用。随着智能电能表及采集终端的大量接入，电力物联网在信息感知的深度、广度和密度方面的要求更易满足。在电力物联网的发展建设中，通过向空天信息网络添加认知路由节点，并使节点智能感知网络资源使用情况、网络流量分布等信息，从而根据相应策略实现业务流的动态路由，使之动态地自适应环境变化，保证网络端到端服务的质量。

2. 恶劣环境巡线

我国输电线路覆盖范围广，需要定期巡检、维护以确保消除故障及故障隐患。传统人工巡检方式无法满足电网线路巡检全覆盖、故障智能识别并提供可行解决方案的需求，为保证输电线路的安全和稳定运行，恶劣环境下的多线路、广覆盖巡检显得尤为重要。空天信息网络采用卫星通信技术，具有宽覆盖范围、良好的广播能力、不受各种地域条件限制等优势，将空天信息网络作为输电线路巡检的支撑，可实现台风天气、高海拔环境等情况下的线路隐患排查，保证巡检及巡检管理质量。

3. 电力应急通信

在自然灾害发生的情况下，如冰雪、地震、洪涝、疫情等爆发时，电力系统指挥部需在应急通信支撑下，获取人员伤亡、电网受损等信息，及时进行救援以及灾后重建工作。空天信息网络可通过卫星或空中平台提供应急通信，能够全方位、无死角地为电网提供高传输速率和高可靠性的网络接入服务，并利用天基层的卫星网络、邻近空间层的飞行器等，为灾区提供大容量无缝覆盖的通信服务，确保通信网络的稳定可靠、覆盖范围广、长效灵活，保证灾后救援及重建工作及时进行。

2.16 低功耗、大连接关键技术

2.16.1 低功耗、大连接概述

随着信息通信等技术的进步，智能终端设备的使用越来越广泛，互联网和物联网产业一直呈现蓬勃发展的态势。5G 技术具备"超低延迟、超高可靠、高度安全和广泛连接"等优势，能够赋能电力物联网的建设。大规模机器类通信是 5G 定义的三大业务场景之一，诺基亚预测到 2025 年，网络中终端设备的数量将超过 500 亿。思科预测全球移动流量在 2017—2022 年的五年内会以 46% 的年复合增长率增加，呈现出爆发式增长的趋势。面向大规模终端通信场景，低功耗大连接技术可以为机器类通信（Machine Type Communication，MTC）提供无处不在的覆盖、全球范围的连接以及足够的可靠性与安全，延长终端设备的使用寿命，保障网络的连通性，其也是电力物联网建设的关键技术之一。

2.16.2 低功耗技术

1. 非连续接收

非连续接收技术（Discontinuous Reception，DRX）允许用户设备（User Equipment，UE）周期性地进入不监听信道的休眠状态，从而降低终端设备的功率消耗。DRX 分为空闲态（Idle DRX）和连接态（Connected DRX）两种模式。处于空闲态时，用户设备只需在每个周期内相应寻呼帧（Paging Frame，PF）上的寻呼时刻（Paging Occasion，PO）去监听下行物理控制信道（Physical Downlink Control Channel，PDCCH），若无寻呼消息，用户设备进入休眠状态；否则，将在下一周期切换为连接态。连接态模式包含激活期和非激活期两种状态。在激活期利用去激活定时器记录活跃时长，并对下行物理控制信道进行监听，若在去激活计时器计时溢出之前监听到数据传输请求则重置去激活定时器，并立即执行传输任务，否则进入非激活期；在非激活期，若用户设备在开启态监测到调度信息则重新进入激活态，否则，在开启态计时结束后进入休眠态。DRX 连接态的原理图如图 2-27 所示。

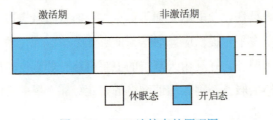

图 2-27 DRX 连接态的原理图

eDRX 是对原 DRX 技术的增强，主要应用于空闲状态下的不连续发射场景，其最多允

许 4 个 eDRX 寻呼周期合并,且每个寻呼周期最大可达 2621.44 s,即(2621.44×4/60 h)/60 h =2.91 h。如图 2-28 所示,相比 DRX 寻呼周期配置,eDRX 的周期间隔变长,可大幅降低耗电量。

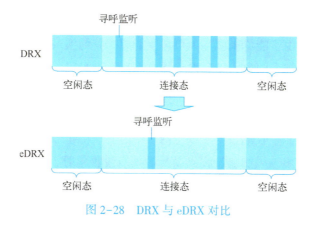

图 2-28 DRX 与 eDRX 对比

2. 功率节约模式

针对移动性较低、时延容忍型传输任务,3GPP 在 R12 技术标准中首次引入了功率节约模式(Power Saving Mode,PSM)以降低能量消耗。相比于存在空闲和连接两种状态的 DRX 方案,PSM 定义了一种新的终端状态,即 PSM 态。PSM 允许终端在进入空闲态一段时间后,进入 PSM 态,通过关闭信号的收发以及接入层的相关功能,减少待机状态天线、射频以及信令处理的功耗开销。处于 PSM 态的终端设备无法监听基站寻呼、不能执行数据收发功能,基本处于关机状态,但仍然与网络保持连接,再次启动时不需要重新进行附着申请。PSM 模式下的终端状态转换如图 2-29 所示。其中 T3412 和 T3324 分别为跟踪区更新(Tracking Area Update,TAU)周期定时器和活跃定时器,用于控制状态转换。当 TAU 周期定时器(T3412)溢出或存在数据发送需求时,终端退出 PSM 态并处理上下行业务。终端处理完数据之后释放无线资源控制(Radio Resource Control,RRC)连接,回到空闲模式的同时将启动 T3324 定时器,待计时溢出后终端再次进入 PSM 模式。

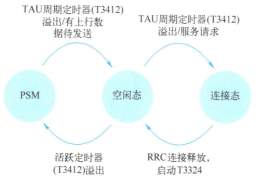

图 2-29 PSM 模式下的终端状态转换

3. 能量收集

能量收集（Energy Harvesting，EH）技术是一种将环境中分布式能量，如太阳能、振动、电磁波、射频等能量，进行收集并转化为可供无线通信网络使用能量的技术。能量收集技术可有效解决通信过程中的能量匮乏问题，目前主要应用于无线传感器、偏远地区天气站、蓝牙手持终端等，由于能量来源多为可再生能源，其为实现绿色通信也做出了极其重要的贡献。利用能量收集技术的电力物联网络具有能量自给自足、设备长期运行和不需要频繁更换电池等优势，因此可以部署到一些传统人工电力巡检无法完成检测的场景，例如，空气稀薄的高山，甚至是火山周边。

当前大规模应用的能量收集技术主要包括太阳能射频能量收集、振动能量收集、热电能能量收集、声能能量收集、风能能量收集以及射频能量收集等，图 2-30 展示了能量收集的一般模型。

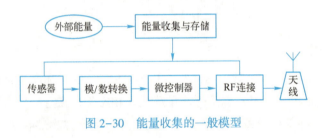

图 2-30 能量收集的一般模型

2.16.3 大连接技术

1. 随机接入资源分配

随机接入资源是指用于随机接入过程的随机接入前导码和物理随机接入信道（Physical Random Access Channel，PRACH）等资源。在 LTE/LTE-A 系统中，由 Zadoff-Chu 序列产生的前导码总数为 64 个，其中，用于竞争随机接入和非竞争随机接入的前导码数目分别为 54 个和 10 个，PRACH 是用于传输随机接入前导码的时频资源。随机接入资源分配方案可分为分离随机接入资源和动态随机接入资源分配两种。

分离随机接入资源是指将人与人（Human to Human，H2H）通信和物联网通信混用的网络，将随机接入资源划分为相互正交的两部分，分别用于支持 H2H 通信或物联网通信，以避免大量机器类设备终端接入网络时影响 H2H 通信的质量。除此之外，为进一步满足 H2H 的通信需求，H2H 通信或可共享物联网的随机接入资源。动态随机接入资源分配是一种应对不同网络负载情况的资源分配方法。在此机制下，演进型基站（evolved Node-B，eNB）能够对网络的访问负载情况进行预测，当检测到大规模设备终端同时发起随机接入请求时，可以动态地为其分配额外的 PRACH 资源。

2. 接入类别限制

接入类别限制（Access Class Barring，ACB）机制的基本思想是在网络过载时通过限制部分终端的接入请求，降低 PRACH 的负载和前导码的碰撞概率，其接入机制的流程图如图 2-31 所示。在 ACB 机制下，eNB 周期性地广播接入许可参数 p 和禁止时间。设备启动随机接入过程后，其内置的随机数生成器会生成一个 0~1 之间的随机数，并将此随机数与接入许可参数 p 进行比较，以确定是否可以发送接入请求，仅当该随机数小于 p 时，终端可发送随机接入请求。然而，ACB 中的接入许可参数 p 是固定的，灵活性较差，较大的 p 值会增加设备的访问延迟，而较小的 p 值又会导致重负载场景下的资源竞争。

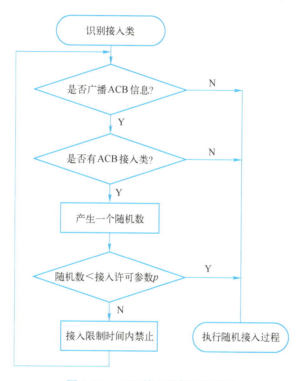

图 2-31 ACB 接入机制的流程图

扩展接入限制（Extended Access Barring，EAB）是 ACB 的增强方案，其允许针对不同类型的终端设置专用的控制参数，即更细粒度的接入控制策略。除此之外，EAB 允许 eNB 在任意时间修改广播消息中的 EAB 参数，加快终端获取 EAB 参数的速度，提高接入控制的灵活性。

3. 退避机制

退避机制与 ACB 有一定的相似性，本质均为延迟随机接入请求的发送，ACB 机制通过接入概率控制接入请求，而退避机制则通过设定退避时间将瞬时接入设备分散到多个时隙，从而避免冲突。均匀退避机制是最经典的退避机制，是其他复杂退避机制的基础。均匀退避机制下的退避时间窗是固定值，此方法的弊端是在面对不同的网络负载时灵活性较差，导致增加不必要的时延或冲突。

二进制指数退避（Binary Exponential Backoff，BEB）是在媒体访问控制（Media Access Control，MAC）协议中广泛采用的退避机制，它可以起到协调节点接入信道、规避碰撞和合理利用系统资源的重要作用。BEB 的基本思想是在节点接入请求之后，根据是否发生碰撞来设计各节点的退避时间，若发生碰撞，则将其退避时间窗口加倍直至最大值，否则使其退避时间窗口减小到最小值。BEB 机制的马尔可夫模型如图 2-32 所示，其中 p 为接入信道时碰撞发生的概率，W_0 为初始退避窗口值，$W_i = 2^i W_0$ 表示退避阶段为 i 时的最大退避窗口值，m 为最大的退避阶段。

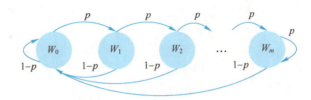

图 2-32　BEB 机制的马尔可夫模型

4. NOMA

非正交多址（Non-Orthogonal Multiple-Access，NOMA）技术主要分为码域 NOMA 和功率域 NOMA 两大类。最具代表性的码域 NOMA 技术包括低密度扩频 CDMA（Low-Density Spreading CDMA，LDS-CDMA）、低密度扩频 OFDM（Low-Density Spreading OFDM，LDS-OFDM）以及稀疏码分多址（Sparse Code Multiple Access，SCMA）等。本节提到的 NOMA 均指代功率域 NOMA 技术。

NOMA 是一种融合了 3G 串行干扰消除（Serial Interference Cancellation，SIC）和 4G 正交频分复用（Orthogonal Frequency Division Multiplexing，OFDM）的新技术，其基本思想是在发送端采用非正交发送，主动引入干扰信息，在接收端通过串行干扰消除技术检测接收机以实现正确解调。NOMA 的子信道传输仍采用正交频分复用或者离散傅里叶变换正交频分复用技术，其独特之处在于允许多个用户共享一个子信道，从而提高频谱效率和接入容量。

图 2-33 为 NOMA 示意图。发送端首先采用基于 Turbo 码或者低密度奇偶校验码（Low Density Parity-check Code，LDPC）的脏纸编码⊖技术实现信道编码，并根据信道状态进行调制；然后，根据用户信道条件、用户服务质量（Quality of Service，QoS）需求、用户间干扰等信息进行功率分配，实现功率域复用。接收端采用串行干扰消除技术，其基本思想是利用逐级消除干扰策略，从接收到的信号中对用户信号逐个进行判决和恢复。

⊖ 脏纸编码的基本思想是在存在干扰的情况下，对发射端采用合适的编码方法，以提高性能，适用于多用户的情况。

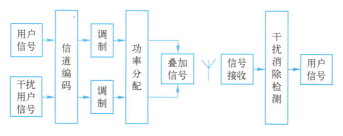

图 2-33 NOMA 示意图

5. 快速上行链路授权

根据调度请求是否由终端设备发送，传统的通信技术可以分为两类。第一类是协调传输，终端设备执行随机接入过程，并且由基站进行协调。由于电力物联网中通信业务数据的传输具有小数据包的特点，协调传输机制会导致严重的信令开销问题，使传输效率低下。第二类是不协调传输，为减少信令开销，终端设备在不发送任何调度请求的情况下随机选择上行链路资源并传输数据。然而，在电力物联网大规模终端接入的场景中，非协调传输机制会在数据传输期间造成严重的冲突，极大程度上降低资源效率。

区别于传统通信技术中终端设备与基站之间连接请求、连接响应和资源分配的调度过程，快速上行链路授权是一种基站主动为终端设备动态分配无线资源的方法。在没有发送任何调度请求的情况下，它允许获得上行链路许可的终端设备直接在基站预分配的信道上进行数据传输，降低了信令开销和接入时碰撞发生的概率。借助于强化学习和预测算法等概念，通过制定合理、高效的资源分配策略，快速上行链路授权可以有效缓解大规模终端设备并发接入时产生的网络压力，提高接入成功概率，增加接入容量。

2.16.4 电力物联网低功耗、大连接技术面临的挑战

目前，5G 公网技术已经趋于成熟，大量组织机构已经完成了公网建设的研究工作，然而针对电力物联网低功耗、大连接关键技术的研究尚处于起步阶段。

首先，电力物联网的业务需求和流量模型都与标准化公网存在较大差异。传统公网是解决人与人之间通信的网络，其流量是由下行链路主导的且取决于用户行为。而电力物联网低功耗、大连接场景下终端设备的传输则主要是上行链路占优，通常数据包较小、数据速率较低，但终端设备数量众多。此外，电网中不同种类的业务对信息通信在时延、安全性、可靠性、连接数量、覆盖范围等方面的性能需求各不相同，各种业务的流量特征也不相同，通常具备周期性、随机性或突发性。

其次，电力物联网场景（如大型配、变电站和电力物流中心等）中的传播环境与公网的传播环境存在较大差别。电网中存在大量的金属线圈、互感器、高压绝缘体等部件和设备，会对信号的传输特性造成影响，使得传统的无线信道模型无法描述真实电力物联网环境下的信道特征。另一方面，电站中机器设备工作时由于温度升高、机械振动、火花放电等物

理现象会辐射出大量的电磁噪声，所以与公网相比，电力物联网场景下的噪声模型更加复杂。此外，电磁噪声还会影响低功耗无线传感设备的功耗以及网络连通性。

最后，如何在满足网络连接需求的同时最大限度地降低功耗也是一大挑战。低功耗必然会降低接收端的信号质量，影响终端设备与网络连接的稳定性；大连接不可避免地增加了网络的信令开销以及冲突发生概率，导致不必要的能量消耗。因此，迫切需要结合电力物联网的业务需求和业务场景来实现功耗和连接性能的协同优化。

2.16.5 低功耗、大连接技术应用

1. 智能抄表

智能抄表是低功耗、大连接技术的主要应用场景之一。对于水、电、热、气等城市基础设施管理来说，传统的人工抄表方式由于仪表设备分布广泛、数量众多、安装位置特殊等因素导致抄表困难、成本较高。智能抄表利用低功耗、大连接技术可以自动采集水、电、热、气等数据，而且由于功耗低的智能仪表设备能够连续工作多年，降低了电池更换等人工作业带来的成本。智能抄表面向上亿规模的用户，涉及的智能仪表设备众多，因此低功耗、大连接技术在智能抄表中应用前景十分广阔。

2. 物流追踪

在物流方面，从仓库管理到物流配送均需要广覆盖、低功耗、低成本的连接技术。对于集装箱运输、冷链运输等一些大宗或贵重物品的运输来说，通过低功耗大连接技术，可以实现对人、货物在全国范围内的位置追踪和状态监测。当发现目标位置或状态发生异常变化时，能够及时通知或向管理人员告警，以便他们能够实时获取物品信息并进行应急处理。物流追踪的主要场景包括车辆防盗、车辆调度、旅行箱位置追踪、快递追踪等。此外，虚拟工厂的端到端整合跨越产品的整个生命周期，要连接分布广泛的已出售商品，也需要低功耗、低成本、广覆盖的网络。企业内部或企业之间的横向集成同样也需要低功耗、大连接技术。

3. 环境监测

环境污染来自生产生活的方方面面，种类繁多且多数污染对人体有害，导致人工检查困难。利用低功耗、大连接技术，长期工作在各种风险高发的恶劣环境中的智能传感设备，能够及时提供水质、土壤、空气以及各种污染的监测数据，以便及时发现环保问题并做出预防。除此之外，低功耗、大连接技术还可以用于智能道路设施监测、管道管廊安全监控、智能水浸以及塌方、泥石流、森林火灾等灾害的监测和预防。

4. 智慧城市

智慧城市能够为不同类型的应用和潜在的全新商业模式提供机会，其场景涵盖广泛，包括智慧路灯、智慧停车、智能交通、智能安防以及智能化基础设施监测等。以智慧停车为例，基于低功耗、大连接技术的智慧停车解决方案可以轻易实现停车行为的实时监控，准确

协调停车位的供求，还能够远程进行停车位的预订和转租，实现对交通的科学引导和停车资源的高效利用。

5. 智慧农业

智慧化是大规模农业、畜牧养殖业发展的方向。智慧农业需要采集大量的大气压力、湿度、温度等环境数值以及光照、土壤、水质等数据，畜牧业需要采集草场植被生长情况、气候情况等数据。低功耗、大连接技术能够促进在耕作和养殖中更广泛地使用物联网传感器技术，提高传感器在农业中的普及度，其益处包括优化灌溉与施肥日程，以及优化作物种植、生长和收割的排期等，有助于提高农场运营效率，降低体力劳动需求。此外，利用低功耗、大连接技术还可以改善"从农场到市场"的问责制度，提高消费透明度。

第3章 电力物联网可靠性保障与安全监测

电力自动化和控制系统被越来越多地用于诸如油气、交通、供水、有毒物品生产等关键领域。过去这些自动化系统散布于各个区域，彼此之间并没有网络联系。现在由于对准确实时信息需求的不断提高，自动化系统之间的互联与自动化系统和办公室网络之间的互联不断增加，在给管理和生产的组织带来便利的同时也带来了诸多风险。这些风险有人为的蓄意破坏，例如伊朗纳坦兹铀浓缩基地遭遇"震网"（Stuxnet）病毒的攻击，也有不可预期的意外故障，例如美国的Browns Ferry核电站仅仅因为控制网络上的"过量交通"就出现了"高功率，低流量"的危险状况，导致其停机两天，所有工作人员被迫暂时撤离。

正因为电力物联网网络管理监控的对象往往关系着国计民生的安危，而其自身遭遇的故障和事故又有着逐年增加的趋势，因此近些年工控网络的安全受到越来越多的关注。一系列关于其安全性的研究正逐渐展开，有些学者把注意力放在了安全漏洞的搜寻以及安全体系理论的建立，另一些学者则已经开始提出具有可行性的安全增强方案。

3.1 电力物联网的安全隐患

3.1.1 安全威胁概述

最早的工控网络处于物理隔离的天然保护中，因此人们并没有考虑工控网络的安全防护问题。随着市场竞争愈加激烈，生产商需要做出更加准确和有效的决定，因此获取生产状况的准确实时数据不再仅仅是车间主任的事情，企业的管理层甚至合作伙伴也需要能够快捷方便地获得这些信息。其结果是使工控网络的连接前所未有地增加，这些增加的连接不仅分布于工控网络的内部，更分布于工控网络和办公室网络之间。随着工控网络越来越多地暴露在互联网之中，无防护措施带来的危险也就愈加突出。

除此之外，工控网络的安全还需要应对多方面的挑战，包括设备普遍陈旧且数量巨大、网络中充斥着大量未更新无杀毒软件的装置、网络内部结构扁平、网络拓扑存在多种路径等。

尽管工业界、信息安全行业甚至是情报部门和国家安全部门都开始关注工业控制网络的漏洞和可能存在的风险，但是快速消除工控网络的风险和安全隐患并不容易。

3.1.2 典型的安全威胁

消除工控网络安全隐患首要的一个难点在于工控网络的安全目标和传统办公室信息技术（Information Technology，IT）网络完全不同：IT网络安全首要的目标是保护用户的隐私，即"保护数据"，而工业控制系统（Industrial Control System，ICS）安全首要的目标则是要"保护过程"，更为关注系统的实时性与业务连续性。这种实时性与业务连续性的高要求使得很多在办公室个人计算机（Personal Computer，PC）上可用的安保和保密策略不再奏效。例如，杀毒软件就不能够在ICS中任意使用，因为杀毒软件可能会使一部分系统被关闭或者进程被停止，反而会造成服务终止（Denial of Service，DoS）事故。另外由于ICS对于实时性有着很高的要求，而自身处理器的处理能力和网络流量有限，密码或者鉴权的使用受到限制，而可编程逻辑控制器（Programmable Logic Controller，PLC）等的处理能力有限，再进行这些安全性方面的处理很可能超出系统的负载。从另一个方面来说，如果能有效减少PLC完成自身职能所需的资源开销，那么原来一些不适用的安全防护和保密措施就可以被用到工控设备上，从而提高工控网的安全性。

除去因工控网自身特点带来的安全措施布置较难以及没有安全防护概念的先天不足之外，工控人员错误的操作也加剧了工控网的安全危机。这些错误操作包括对集中式补丁管理的过度依赖、在脆弱的工控网络上强行使用办公室网络的漏洞扫描系统等。

这些安全隐患使工控网变得十分脆弱，很容易受到来自内部和外部的攻击，这样的攻击主要有如下几类。

（1）DoS攻击

这是工控网络中最常见的一类攻击或者故障类型。这类攻击通常表现为一个与网络相连接的主机的服务被搁置或者被扰乱，从而使系统再也无力执行其目标。

（2）窃听

攻击者通过诸如偷看数据包或者截获通信等方式破坏通信的保密性。

（3）中间人攻击

攻击者在接收者面前伪装成合法的发送者，在发送者面前又伪装成合法的接收者。

（4）病毒攻击

病毒通过操控合法用户来使系统执行攻击者注入的蠕虫代码。病毒攻击往往会挤占大量的内存和带宽资源，使得系统的可用性下降。

3.2 电力物联网协议可靠性提升

3.2.1 无线协议可靠性提升

电力物联网存在的种种漏洞以及工控人员的错误观念和操作都给工业生产的安全带来了

极大隐患，因此引起了企业界和学术界的高度重视。企业和研究机构都在试图提出解决工控网络安全的解决方案。

例如，针对现有电力物联网普遍没有设置安全机制的弱点，考虑对无防护的远程通信使用虚拟私有网络（Virtual Private Network，VPN），在网络上构建一个私有信道，在VPN的端点处加入权限或者授权机制，从而赋予工控网络以私密性和保密性。此外，还可以通过一系列有技巧的通信协议设置方式，增强系统的安全性。例如，通信的两端通过一个有较好防护的中继服务器来进行数据的中转，这样即使其中的一端被攻破，入侵也会被有效限制在一个范围内而不是在整个网络上四处蔓延；再如，需要与远端客户端进行数据交换时，本地主机不再与客户端直接相连，而是让一个有防火墙保护的镜像服务器来完成远程通信，从而避免外部对本地主机直接提出非法申请。

有些学者的研究重点为非法入侵的探测，现在已知的最主要的一类入侵探测方法是依靠各类工控网络系统的一些易于掌握的属性，例如数据采集与监控系统（Supervisory Control and Data Acquisition，SCADA）相对固定的网络拓扑和流量的可预测性，又例如串行通信协议中ModBus协议的网络流量的周期性。入侵侦测系统（Intrusion Detection System，IDS）可以利用这样的一些性质生成一个类似有限状态机的虚拟系统图样。这可以极大地提高系统对于入侵者的侦测成功率：入侵者发布的一组命令可能每一条单独来看都是正确的，但是组合起来却是一个"非法"的状态，从而可以检验到之前查验单独命令时检测不到的入侵。此外，还可以利用"假目标"来侦测入侵，保护工控设备。这种方案下的防御者会干扰入侵者的目标选择，误导其攻击一个模拟的假目标。这样的攻击会导致网络交通的异常，从而使入侵被发现。

除此之外，把工控网络建立在一个公共的标准化体系上不仅会给彼此的通信带来便利，也有利于通用安全保密措施的布设。以智能电网领域为例，在2010年9月，国际电工委员会（International Electro-technical Commission，IEC）将WirelessHART接纳为第一个无线通信的国际化标准，该标准主要规范了无线传输的控制数据交换。基于有线网的控制数据传输标准则更加丰富，这些标准有基于现场总线通信的自动化技术PROFIBUS，有开放式的工业以太网标准PROFINET，有能够同时处理控制数据和信息数据的高速现场网络CC-Link，还有关于标准化以太网的实时协议Powerlink。这些通信协议本身就对工控网络的安全起到了一定的增强作用。例如，基于总线的协议支持周期性地检查网络组分以及所有参与进来的设备，在通信被干扰或者数据传输被干扰的情况下，机器或者电厂将被关闭。另外一些关于智能电网的标准则定义了常见的通信错误，例如错误序列、损失、无目的重复、未经允许的延时等。

统一、开放标准的发明和使用给布设通用的安全和保密措施铺平了道路。对于工控网络而言，其安全措施的侧重点主要有两个方面：一个是Security，另一个是Safety。前者针对的是有计划、有预谋的攻击行为造成的安全事故，其涵盖范围包括权限、保密和信息完整性检查；后者针对的则是随机发生的安全事故，和Safety相关的机制主要用来维护系统的可靠性。

以智能电网为例，在无线工控网络中，主要有两大类 Security 保护机制，一类是 WirelessHART，另一类则是 ISA100.11a。这两类机制负责的保护层级在图 3-1 中标出。从图中可以看出，这两类机制可以为两类信息提供加密和认证的保护：第一类是为数据链路层提供逐跳的保护，这可以用来防御系统外的攻击者；另一类是为传输层和网络层提供端到端的保护，这可以用来防御在信源和目标之间的攻击者，例如可以防御前面提到的中间人攻击。

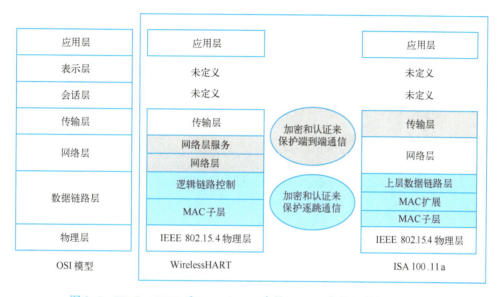

图 3-1 WirelessHART 和 ISA100.11a 中的 Security 保护机制的基本架构

无线安全协议支持的功能主要有以下几类。

1）设备准入：为一个新设备提供授权，允许其进入网络。

2）常用流量（Traffic）保护：当一个设备被允许进入网络后，保护机制便开始为正常的通信提供加密和隐私保护。例如，某些保密措施会为数据包提供保密头，保护数据编码以及数据完整性；时间戳（Time Stamp）保护会为信息生成一个和时间有关的随机数，确保过时的、已用的通信无法被用于重放攻击（Replay Attacks）。

3.2.2 有线协议可靠性

有线网络的保护机制体系如图 3-2 所示。有线通信标准本身就可以提供一定的 Security 防护，例如互联网安全协议（Internet Protocol Security，IPsec）、媒体接入控制安全（Media Access Control Security，MACsec）等。这些防护机制可以利用 VPN 和防火墙等措施来保护数据传输的安全。

相比于无线工控系统标准，有线工控系统标准的使用条件更宽松，资源更充足，因此也提供了 Safety 保护，Safety 保护可视为 Security 的 Safety 扩展。大多数 Safety 扩展的主要作用

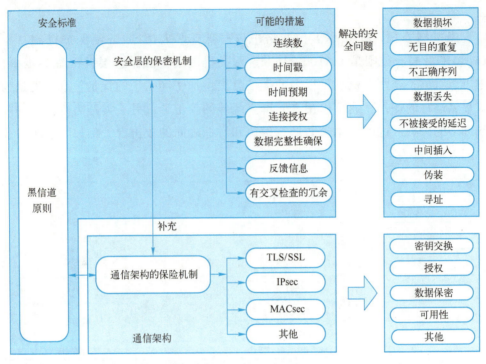

图 3-2 有线网络的保护机制体系

是发现系统中的错误和危险,确保通信的错误率在一个可接受的范围内。有线网的 Safety 扩展还可以利用循环冗余校验码(Cyclical Redundancy Check,CRC)来检验数据的完整性,利用连续数技术监督信息广播的延迟。

3.2.3 小结

有线网络的安全防护体系比无线网更完善。有线工控网不仅比无线工控网增加了一个 Safety 的扩展层,而且就 Security 层的保护而言,有线工控网的安全模块完整,而无线工控网的多个安全模块在标准中被定义为可选。因为安全保密措施需要占用一定量的系统资源,加重工控网络的负载,而无线工控装置在内存和能量等资源上均受到较多限制,所以在保证一定可靠性的情况下,以更少的内存资源和能量实现数据的收发,可以节省出更多的能量和内存资源来安装性能更完善的安全机制,将大大提高工控网络的容错安全性。

无线网络因移动性高、使用方便等特点而受到广泛欢迎,但相比于有线工控网络,无线工控网络的终端在能源和信道资源方面所受到的限制更大,信道环境的干扰也更强。因此,研究高容错性、资源使用率高的数据收发对无线工控网络有十分重要的意义。

3.3　电力物联网安全监测

3.3.1　网络流量特征抽取及异常分析

特征是描述和理解一条信息的重要内容。相对于分类，聚类算法属于非监督学习，这使得抽取特征进行学习的时候不需要特别准确地给出聚类的标准。但是，在网络流量中有很多的特征信息，并不是所有信息都是需要的特征，如果特征集中存在大量不相干数据，不但会降低分类的准确度，同时也会增加算法的搜索空间。因此，从中选取重要的特征，对于聚类的效果以及降低维数和提升运算效率具有重要意义。

因此，对于网络上的流量信息，首先需要提取某些重要特征，如提取某网络 24 h 内的访问记录进行分析。这里借鉴一些资料⊖中介绍的抽取特征的方法，主要研究地址（即访问行为的主体）的行为特征，对原始数据进行清洗后，提取特征组成特征向量。

（1）地址查询的数量

24 h 内，同一地址提交的查询 DNS 的总次数，显示了一天之内查询请求的总体情况，异常的流量同大部分正常的流量相比，会有明显的区别。

（2）总的查询域名数量

一天内，用户请求访问的不同域名的数量，反映了查询的域名的分布情况，当其为异常流量时，被请求的域名的分布空间会产生变化。

（3）对相同域名的查询总次数及其方差

此特征反映了重复查询次数的分布情况，同正常流量相比，异常流量的分布情况会有明显不同。

（4）时间间隔

每次查询之间的时间间隔，反映了查询的频率，最直接地反映了流量的变化情况，当其发生突变时，流量必定会出现异常，反之并不成立。异常流量出现时，在异常流量中同一地址查询频率相较于正常流量的地址查询频率会有很大的不同。

（5）被请求的域名熵值

同正常流量中的访问请求相比，异常流量中的访问请求的熵值会表现出不同的特点。

3.3.2　异常流量分析算法

选择 K-means 算法作为流量分析算法，主要是考虑到 K-means 算法相比于大数据集来说

⊖ 参见以下资料：
[1] 邵瑰玮,刘壮,付晶,等.架空输电线路无人机巡检技术研究进展[J].高电压技术,2020,46（01）:14-22.
[2] 腾云,陈双,邓洁清,等.智能巡检机器人系统在苏通 GIL 综合管廊工程中的应用[J].高电压技术,2019,45（02）:393-401.

具有可伸缩性和高效率。K-means 算法是一种应用最为广泛的聚类算法之一，也被称为 K-平均或者 K-均值算法，它是一种非监督学习的机器学习算法。根据特征的不同，K-means 算法将 n 个对象分为 k 个集合，使得位于相同集合中的数据相似度高，位于不同的集合中的数据相似度低。

（1）算法描述

在 K-means 算法中，给定 n 个数据，找到 k 个中心使得数据集中的数据点与它最近的中心点的距离二次方和最小，记为 W_n，其数学表达式为

$$W_n = \sum_{i=1}^{n} \min_{1 \leq j \leq k} |x_i - a_j|^2$$

式中，W_n 表示距离；x_i、a_j 分别代表第 i 个数据点和第 j 个中心。

具体算法描述如下。

1）从 n 个元素中人为选取 k 个元素，作为 k 个簇的各自的中心。

2）分别计算出剩下的元素到 k 个中心的欧几里得距离，并将这些元素加入和其距离最近的簇。公式为

$$D(x, c_i) = \sum_{i=1}^{} (x_i - c_{ki})^2$$

3）根据聚类结果，重新计算 k 个簇各自的中心，通过计算本簇中所有向量在各自维度的算术平均值来重新确定中心点。

4）将全部 n 个元素按照新的中心重新聚类。

5）重复步骤 4），直到聚类的结果不再发生变化。

以上过程如图 3-3 所示。

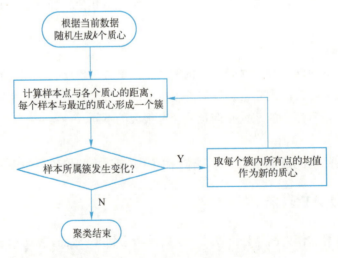

图 3-3 K-means 聚类算法流程图

K-means 算法通过不断的迭代，找到每一个簇的中心点，并且将点进行分类，使各个簇中的点到其自身中心点的距离之和最短。

（2）中心点计算

对于中心点的计算，通常可以采用对向量的每个元素求平均值的方式。除此之外，还有以下几种方式。

1）闵可夫斯基距离（Minkowski Distance）公式，其中 λ 为任意值，可以是负数，也可以是正数，或是无穷大：

$$d_{ij} = \sqrt[\lambda]{\sum_{k=1}^{n} |x_{ik} - x_{jk}|^{\lambda}}$$

2）欧几里得距离（Euclidean Distance）公式，也就是闵可夫斯基距离公式中 $\lambda=2$ 的情况：

$$d_{ij} = \sqrt{\sum_{k=1}^{n} |x_{ik} - x_{jk}|^{2}}$$

3）城市街区距离（CityBlock Distance，也称曼哈顿距离）公式，也就是闵可夫斯基距离公式中 $\lambda=1$ 的情况：

$$d_{ij} = \sum_{k=1}^{n} |x_{ik} - x_{jk}|$$

式中，d_{ij} 是点 i 和点 j 的距离；x_{ik} 代表点 i 的第 k 个属性。这三种算法在逼近中心点的方式上稍有不同，其特点如图3-4所示。

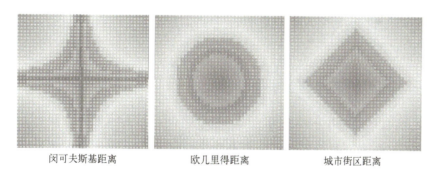

图3-4　不同距离计算方式逼近中心比较

（3）k 点的选取

对于这种算法来说，需要先确定 k 的值，然后执行相应的算法。k 的取值对算法性能会产生巨大的影响，所以 k 的选取是一项至关重要的工作，需要反复试验才能最终确定 k 的取值。

3.3.3　分析算法优化

k 的取值核心是设定初始点，而应用 K-means 方法可以很好地处理这个问题。在这种方法的基础上还发展了 K-means++ 方法，这种方法的工作过程如下。

1）随机选取聚类中心，聚类中心属于数据集。

2）对于数据中的每一个点，计算它与最近的聚类中心的距离。

3）从数据点中选择出一个点作为新的聚类中心，在选取的过程中较大的点被选为聚类中心的概率较大。

4）重复步骤2）、3），直到 k 个聚类中心被选出来。

5）执行 K-means 算法。

在上述过程中可以看到，关键的环节在于步骤3），即如何选择聚类中心。

可以用以下算法达到这个效果：

① 随机挑选一个点作为"种子"（seed）。

② 计算数据集中每一个点与它最近的一个 seed 的距离并保存到一个数组里，然后将这些距离求和。

③ 随机取一个能落在数据集的值，直到选取出距离最大的点，此时的点就是下一个 seed。

④ 重复步骤②、③，直到选出 k 个 seed 作为聚类中心。

⑤ 执行 K-means 算法。

由上述的算法可以得出，K-means++算法的原理是相互距离大的点作为聚类中心的可能性更大，这种方法在使用者不需要自行定义聚类中心的同时，能够更好地选取聚类中心。

在完成了对于数据的初步特征选择之后，就可以用所选用的聚类算法对来自网络的流量进行聚类分析。

3.3.4 基于 Spark 的并行流量聚类分析

将 K-means 算法并行化是一种有效的手段，算法包含两个迭代运算部分。首先，计算数据与聚类中心之间的距离，其时间复杂度为 $O(nkr)$，其中，数据数量用 n 表示，簇（即聚类集）数用 k 表示，数据对象维数用 r 来表示；其次，确定新的中心点，完成此操作的时间复杂度为 $O(nkr)$，其中，数据对象个数用 n 表示，数据对象的维数用 r 表示。所以，迭代算法的复杂度为 $2O(nkr)$。可以看到，随着数据对象、维度和聚类个数的不断增加，计算所需要的时间开销也大大增加，解决此问题需将 K-means 算法并行化，通过并行化提高算法计算效率，降低算法对机器内存和内核处理能力的要求，从而提高算法实用性。

第一部分为初步划分数据点所归属的聚类，第二部分为迭代计算部分，多次迭代计算聚类集和聚类中心点，直至结果收敛。基于 Spark 的 K-means 并行算法流程图如图 3-5 所示，过程（Ⅰ）表示数据集的数据处理过程，过程（Ⅱ）表示迭代计算部分。

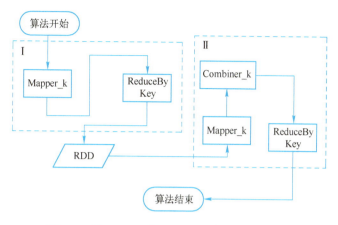

图 3-5 基于 Spark 的 K-means 并行算法流程图

3.3.5 基于马氏距离的异常流量分析

马哈拉诺比斯距离（Mahalanobis Distance，以下简称马式距离）由印度统计学家 P. C. Mahalanobis 提出，它利用数据间的协方差计算距离，得到两个未知数据集间的相似度。在聚类分析中，需要计算样本点与数据中心点间的距离，然后可以根据马氏距离的远近对不同样本进行分类。马氏距离具有独立于测量尺度、不受量纲影响等优点，因此可以选用马氏距离来对划分后的类进行异常流量的判别（见图 3-6）。

图 3-6 基于马氏距离的异常分析过程

马氏距离的定义为

$$D(X,Y) = \sqrt{(X-Y)^T \Sigma^{-1} (X-Y)}$$

式中，X、Y 分别为两个服从同一分布的随机变量；Σ 为协方差矩阵。马氏距离的计算不仅考虑了数据间的相关性，而且与计算尺度的关联也不大。这两个特性是马氏距离相对于其他距离计算方式的重要优势，可以利用马氏距离区分正常流量数据以及异常流量数据。

将第一次经过 K-means 算法聚类的结果作为输入，得到了由 n 个数据点组成的 K 个簇，利用马氏距离计算得到整个数据集的中心点 C，分别计算每一个簇到中心点的距离为

$$D_i = \sum_{j=1}^{n_i} dist(r_j, c)/n_i$$

式中，D_i 表示第 i 个簇到中心点的距离；$dist(r_j, c)$ 表示点 j 到中心点之间的距离；n_i 表示第 i 个簇中数据点的个数。比较各个簇到中心点的距离和阈值 ω 的大小，如果 $D_i > \omega$，则这个

簇中的类是异常的流量；反之，这个簇中的类是正常的流量，其流程如图3-7所示。

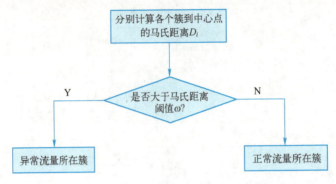

图3-7　基于马氏距离的异常分析流程图

阈值 ω 的大小与数据的来源以及特点有关，可以根据已有知识库进行设定。

第 4 章 5G 赋能电力物联网——通信技术应用与解决方案

4.1 电力物联网大规模天线系统方案

4.1.1 电力物联网大规模天线系统概述

为了实现能量生产、传输、转换、分配和存储的智能化管理，智能电网依靠先进的通信技术来提高传统电网的效率、可靠性和经济性，从而实时传输大量数据。随着电力物联网规模的逐步增大，所承载的信息量以及接入终端数量也在急剧增加，如何利用有限的通信资源满足爆发式增长的业务需求，是电力物联网应用面临的挑战之一。大规模天线技术可通过增加接收天线和发射天线的数目，在相同的时间和频率资源下建立多个传输通道，提升整个系统的频谱效率，保障智能电网通信的可靠性，是未来智能电网中的关键技术之一。然而，对于大规模多天线通信系统来说，每根天线都需配备一根单独的射频链进行信号处理，其成本和能耗远远大于天线本身，故大量的天线和射频链会导致通信系统的复杂度、能耗、经济成本变高。能量收集技术通过从外部环境中收集可再生能源，可以满足大规模天线系统的超大能量消耗需求，减少电网能源的使用，是实现绿色通信的关键技术之一。因此，基于能量收集的大规模天线系统不仅可以保障电力物联网的高可靠性、降低系统能耗，而且可减少对传统电网能源的消耗、保护环境。然而，二者的结合仍面临以下挑战。

首先，系统资源分配可分为功率控制以及天线选择，二者往往是相互耦合在一起的，需要联合优化。这就导致了优化问题一般是 NP（Non-deterministic Polynomial，非确定性多项式）难问题，无法在多项式时间复杂度下获得最优解。

其次，可再生能源的间歇性和波动性，以及电池容量受限的储能设备都给系统的可靠性保障带来了巨大的难题，且多维资源共存会进一步增加资源分配问题的复杂度。

最后，多维资源的联合优化需要准确了解动态能量收集以及信道状态等信息，然而这些信息通常在现实环境中无法准确获得。

4.1.2 电力物联网大规模天线系统架构

1. 系统模型

这里考虑一种智能电网中典型的大规模多天线通信系统场景,其中基站端配有容量受限的储能装备,用来储存从外部环境中收集的可再生能源。因此,基站的运行可由两种互补的能源供电,即具有波动性的可再生能源和可靠稳定的传统电网能源。传统电网能源可用来解决由可再生能源的间歇性以及波动性引起的能量供应短缺问题,保障用户服务质量(QoS)需求。下面具体介绍各种模型的构建过程。

(1) 动态能量到达模型

可再生能量到达具有间歇性,因此可将离散的能量到达时间定义为 $\{t_1^E, t_2^E, \cdots\}$,并将其建模为泊松离散过程。其中,两次连续的能量到达之间的时间间隔定义为"纪元",即 $T_i = t_i^E - t_{i-1}^E$。这里考虑在 $[0, T_{\text{total}}]$ 持续时间内有 L 次能量到达,因此纪元的数目也是 L,并用集合 $L = \{1, 2, \cdots, L\}$ 表示,用 $E_{\text{in}}[i]$ 来表示在纪元 i 内收集到的可再生能源。

(2) 数据传输模型

假设基站总共配备了 N 根天线($N \gg 1$),而由于空间和成本的限制,每个智能终端配备单根天线。则终端侧接收到的下行信号为

$$y = \boldsymbol{H}^{\mathrm{T}} \boldsymbol{X} + n_0$$

式中,$\boldsymbol{X}$ 为 N 维传输符号向量,即 $\boldsymbol{X} = (\boldsymbol{H}^* / \|\boldsymbol{H}\|)$;$n_0$ 是加性高斯白噪声(Additive White Gaussian Noise,AWGN)的单边功率谱密度,服从零均值和单位方差的正态分布。$\boldsymbol{H} = [h_1, h_2, \cdots, h_N]^{\mathrm{T}}$ 是 $N \times 1$ 信道增益向量,其中,元素 h_j 表示从发射天线 j 到智能终端的无线信道增益。基站从 N 根天线中选择信道增益最大的 M 根天线用于数据传输,即 $|h_1|^2 > |h_2|^2 > \cdots > |h_M|^2$,则下行链路频谱效率(bit/s/Hz)为

$$I_{\text{sel}} = \log_2\left(1 + P_{\text{Tx}} \sum_{j=1}^{M} |h_j|^2\right)$$

式中,P_{Tx} 表示传输功率。基于信道硬化现象,I_{sel} 服从折叠正态分布,即

$$I_{\text{sel}} \sim FN\left(\log_2\left[1 + \left(1 + \ln\frac{N}{M}\right)P_{\text{Tx}}M\right], \frac{(\log_2 e P_{\text{Tx}})^2 M\left(2 - \frac{M}{N}\right)}{\left[1 + \left(1 + \ln\frac{N}{M}\right)P_{\text{Tx}}M\right]^2}\right)$$

(3) 功耗模型

这里通过虚拟价格 w 来反映可再生能源的成本,并设定 $0 \leq w < 1$,以区分可再生能源与电网能源对系统能量效率的影响,鼓励可再生能源的使用。则总加权功耗可由三部分组成,即

$$P_{\text{total}}^{\text{W}} = P_{\text{C}}^{\text{W}} + P_{\text{Tx}}^{\text{W}} + P_{\text{RF}}^{\text{W}}$$

式中,P_{C}^{W}、P_{Tx}^{W} 和 P_{RF}^{W} 分别表示加权恒定电路功率、加权发射功率和加权射频链功率消耗,

可分别由下式表示：

$$P_C^W[i] = wP_C^E[i] + P_C^G[i]$$

$$P_{Tx}^W[i] = (wP_{Tx}^E[i] + P_{Tx}^G[i])/\eta$$

$$P_{RF}^W[i] = (wP_{RF}^E[i] + P_{RF}^G[i])M[i]$$

其中，$P_C^E[i]$ 和 $P_C^G[i]$ 分别表示系统的瞬时电路功率和由电网提供的瞬时电路功率；$P_{Tx}^E[i]$ 和 $P_{Tx}^G[i]$ 分别表示系统的发射功率和由电网提供的瞬时发射功率；$P_{RF}^E[i]$ 和 $P_{RF}^G[i]$ 分别表示系统的射频链路功率和由电网提供的射频链功率；η 是功率放大器效率，即 $0<\eta<1$；$M[i]$ 为天线选择策略。

2. 联合天线选择和功率分配问题建模

联合天线选择和功率分配问题由优化目标以及约束条件构成，包括加权能量效率目标、能量因果关系约束、电池容量约束、瞬时电路功率约束、单射频链电路功率约束、瞬时最大传输功率约束、最大电网功率约束、服务质量要求约束以及优化变量的边界条件约束等。

（1）加权能量效率目标

首先，介绍加权能量效率目标的表述。将天线选择和功率分配策略分别定义为 $S = \{M[i], \forall i \in L\}$ 和 $P = \{P_C^E[i], P_C^G[i], P_{Tx}^E[i], P_{Tx}^G[i], P_{RF}^E[i], P_{RF}^G[i], \forall i \in L\}$。频谱效率 U_{SE} 由下式给出：

$$\begin{aligned}U_{SE}(S,P) &= \sum_{i=1}^{L} E_h[I_{sel}[i]]T_i \\ &= \sum_{i=1}^{L}\left(\log_2\left[1 + \left(1 + \ln\frac{N}{M[i]}\right)P_{Tx}[i]M[i]\right]\right)T_i \\ &= \sum_{i=1}^{L}\log_2\left[1 + \left(1 + \ln\frac{N}{M[i]}\right)(P_{Tx}^E[i] + P_{Tx}^G[i])M[i]\right]T_i\end{aligned}$$

加权能量消耗 E_{total}^W 由下式给出：

$$\begin{aligned}E_{total}^W(S,P) &= \sum_{i=1}^{L} P_{total}^W[i]T_i \\ &= \sum_{i=1}^{L}\left(P_C^W[i] + \frac{1}{\eta}P_{Tx}^W[i] + M[i]P_{RF}^W[i]\right)T_i \\ &= \sum_{i=1}^{L}\left[w\left(P_C^E[i] + \frac{1}{\eta}P_{Tx}^E[i] + M[i]P_{RF}^E[i]\right) + P_C^G[i] + \frac{1}{\eta}P_{Tx}^G[i] + M[i]P_{RF}^G[i]\right]T_i\end{aligned}$$

因此，加权能量效率 U_{EE}（bit/Hz/J）被定义为频谱效率（bit/Hz）与能量消耗（J）之比，即

$$U_{EE}(S,P) = \frac{U_{SE}(S,P)}{E_{total}^W(S,P)}$$

（2）能量因果关系约束

$$\sum_{i=1}^{l}\left(\frac{1}{\eta}P_{Tx}^E[i] + P_C^E[i] + M[i]P_{RF}^E[i]\right)T_i \leq \sum_{i=1}^{l}E_{in}[i], \forall l \in L$$

表示 L 个纪元内系统消耗的可再生能源。

(3) 电池容量约束

$$\sum_{i=1}^{l} E_{\text{in}}[i] - \sum_{i=1}^{l-1} \left(\frac{1}{\eta} P_{\text{Tx}}^{\text{E}}[i] + P_{\text{C}}^{\text{E}}[i] + M[i] P_{\text{RF}}^{\text{E}}[i] \right) T_i \leqslant B_{\max}, \forall l \in L$$

式中，$B_{\max}$ 表示电池容量。该约束表示储存的可再生能源电量不能超过电池容量。

(4) 瞬时电路功率约束

$$P_{\text{C}}^{\text{E}}[i] + P_{\text{C}}^{\text{G}}[i] = P_{\text{C}}, \forall i \in L$$

式中，P_{C} 表示瞬时电路功率。

(5) 单射频链电路功率

$$P_{\text{RF}}^{\text{E}}[i] + P_{\text{RF}}^{\text{G}}[i] = P_{\text{RF}}, \forall i \in L$$

式中，P_{RF} 表示瞬时单射频链电路功率。

(6) 瞬时最大传输功率约束

$$P_{\text{Tx}}^{\text{E}}[i] + P_{\text{Tx}}^{\text{G}}[i] \leqslant P_{\text{Tx},\max}, \forall i \in L$$

式中，$P_{\text{Tx},\max}$ 表示系统可分配的瞬时最大传输功率。

(7) 最大电网功率约束

$$\frac{1}{\eta} P_{\text{Tx}}^{\text{G}}[i] + P_{\text{C}}^{\text{G}}[i] + M[i] P_{\text{RF}}^{\text{G}}[i] \leqslant P_{\max}^{\text{G}}, \forall i \in L$$

式中，$P_{\max}^{\text{G}}$ 表示电网最大功率出力。

(8) 服务质量要求约束

$$U_{\text{SE}}(S, P) \geqslant R_{\min}$$

式中，$R_{\min}$ 表示每个智能终端的平均服务质量要求。

(9) 优化变量的边界条件约束

天线选择变量以及功率优化变量需满足边界条件约束：

$$M[i] = [1, \cdots, N], \forall i \in L$$

$$P_{\text{C}}^{\text{E}}[i], P_{\text{C}}^{\text{G}}[i], P_{\text{Tx}}^{\text{E}}[i], P_{\text{Tx}}^{\text{G}}[i], P_{\text{RF}}^{\text{E}}[i], P_{\text{RF}}^{\text{G}}[i] \geqslant 0, \forall i \in L$$

4.1.3 在线算例分析

(1) 基于非线性分式规划的问题转化

令 q^* 表示上述联合天线选择和功率分配问题的最优目标值，即

$$q^* = \max_{(S,P)} U_{\text{EE}}(S, P) = \frac{U_{\text{SE}}(S^*, P^*)}{E_{\text{total}}^{\text{W}}(S^*, P^*)}$$

式中，S^* 和 P^* 分别表示最优天线选择策略和最优功率分配策略。

故上述优化目标可以转化为

$$\max_{(S,P)} U_{\text{SE}}(S, P) - q E_{\text{total}}^{\text{W}}(S, P)$$

上式是一个混合整数非线性规划问题，需要联合优化整数变量与连续变量。

（2）在线天线选择和功率分配联合优化算法

1）天线选择算法：令 $\lfloor x \rfloor$ 表示不大于 x 的最大整数，$\lceil x \rceil$ 表示不小于 x 的最小整数。在第 i 个纪元，首先确定最优天线选择数 $M^*[i]$ 所在的区间，即 $[M_{\text{low}}[i], M_{\text{high}}[i]]$。在每次迭代中，计算 $M_{\text{mid}}[i]$ 和 $M_{\text{mid}}[i]-1$，并通过功率分配算法获得相应的最优功率分配策略 $\hat{P}'$ 和 $\hat{P}''$。首先，定义 $F_1(M(t_e), P, q)$ 为

$$F_1(M(t_e), P, q) = U_{\text{EE}}(S, P) - qE_{\text{total}}^{\text{W}}(S, P)$$

然后，将 $F_1(M_{\text{mid}}[i], \hat{P}', \hat{q}')$ 与 $F_1(M_{\text{mid}}[i]-1, \hat{P}'', \hat{q}'')$ 进行比较，以确定 $M^*[i]$ 位于区间 $[M_{\text{low}}[i], M_{\text{mid}}[i]]$ 还是区间 $[M_{\text{mid}}[i], M_{\text{high}}[i]]$ 内，并更新迭代区间端点如下：

$$\begin{cases} M_{\text{low}}[i] = M_{\text{mid}}[i], & F_1(M_{\text{mid}}[i], \hat{P}', \hat{q}') \geq F_1(M_{\text{mid}}[i]-1, \hat{P}'', \hat{q}'') \\ M_{\text{high}}[i] = M_{\text{mid}}[i], & F_1(M_{\text{mid}}[i], \hat{P}', \hat{q}') < F_1(M_{\text{mid}}[i]-1, \hat{P}'', \hat{q}'') \end{cases}$$

如果 $F_1(M_{\text{mid}}[i], \hat{P}', \hat{q}') \geq F_1(M_{\text{mid}}[i]-1, \hat{P}'', \hat{q}'')$，则 $M^*[i]$ 位于区间 $[M_{\text{mid}}[i], M_{\text{high}}[i]]$ 内，并且 $M_{\text{low}}[i] = M_{\text{mid}}[i]$；否则，$M^*[i]$ 位于区间 $[M_{\text{low}}[i], M_{\text{mid}}[i]]$ 内，并且 $M_{\text{high}}[i] = M_{\text{mid}}[i]$。

2）功率分配算法：令 n 表示迭代索引次数，在第 n 次迭代中，通过利用从第 $(n-1)$ 次迭代中获得的 $q(n)$ 解决以下功率分配问题，获得与天线数量 $M[i]$ 对应的功率分配策略 $\hat{P}(n)$，即

$$\max_{(P)} U_{\text{SE}}(M[i], P(n)) - q(n)E_{\text{total}}^{\text{W}}(M[i], P(n))$$

上述问题可由传统凸优化算法求出最优解，如果满足停止迭代条件即输出最优值，否则重新迭代，直至满足迭代条件。

（3）仿真结果与分析

本小节对上述提出的天线选择和功率分配联合在线优化算法进行仿真实验，并设置两个基线算法进行对比验证，基线算法一为全局信息已知情况下的最优离线算法，基线算法二为贪婪离线算法。

图 4-1 展示了加权能量效率与天线数量的关系。结果表明，在理想情况下加权能量效率是所选天线数量的单调递增函数。在非理想情况下，加权能量效率首先随所选天线数量的增大而增大，随后减小，即对于每一个单射频链电路功率，都存在一个最优天线数量与之对应，且最优天线数量随着单射频链电路功率的增大而减小。

图 4-2 展示了加权能量效率与电池容量 B 的关系。由仿真结果可以得知，在电池容量受限的情况下（即 $0 \leq B_{\max} \leq 600$ J），对未来能量到达和电池状态的了解对资源分配的用处并不大。当 $B_{\max} = 600$ J 时，所提的在线算法能达到系统最优性能的 88%，比贪婪离线算法高出 200% 以上。

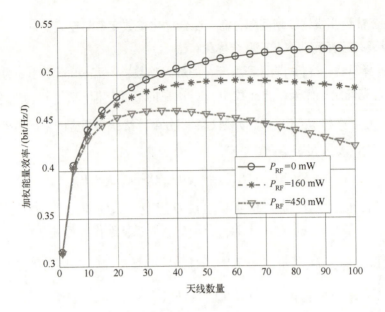

图 4-1 加权能量效率与天线数量的关系

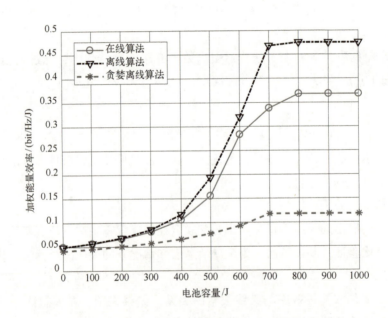

图 4-2 加权能量效率与电池容量的关系

图 4-3 展示了加权能量效率与可再生能源虚拟价格 w 的关系。仿真结果表明，随着 w 的减少，在线和离线算法之间的性能差距在逐渐增加。图 4-4 展示了迭代次数对加权能量效率的影响，仿真结果表明，仅需 3~4 次迭代就可收敛到最佳状态。

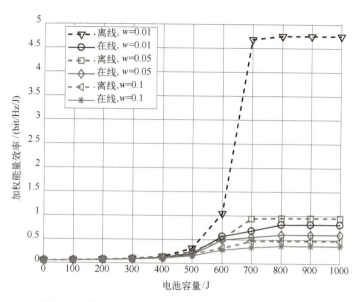

图 4-3 加权能量效率与可再生能源虚拟价格的关系

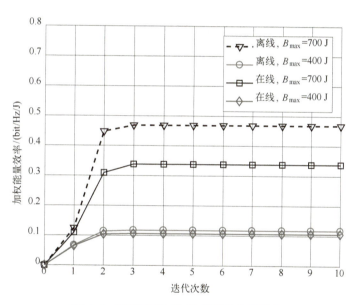

图 4-4 迭代次数对加权能量效率的影响

4.2 电力物联网智慧能源管理网络切片方案

4.2.1 电力物联网智慧能源管理网络切片概述

尽管能源产业得到了前所未有的发展,但集中发电、单向流动的传统能源系统已成为分布式、多样化可再生能源大规模渗透的阻碍。由于可再生能源的间歇性和波动性、电动汽车的随机充放电行为和负荷分布,可再生发电机和电动汽车与配电网的高度集成,系统的波动和干扰大大增加，停电、限电等故障时有发生，因此，迫切需要智慧能源管理，根据不同业务需求动态优化网络切片编排，挖掘可再生能源的巨大应用潜力。

智慧能源管理将能源系统的各个部分与新兴信息技术深度融合，通过数百万个传感器和控制器频繁更新负载供应情况和系统运行状况等实时信息，利用开放的通信接口增强异构系统之间的互操作性，实现可再生能源的灵活控制和自我部署。然而，智慧能源管理所需的机器对机器通信（Machine to Machine，M2M）网络还存在诸多问题。首先，传统的面向应用的方法需要针对特定的应用场景对 M2M 平台进行完整定制，无法适应快速变化的业务需求。随着系统的复杂性，硬件、互连和部署场景之间的异构性不断增加，庞大的 M2M 设备管理变得极其低效。其次，应用程序和面向任务的硬件紧密耦合，运营商需为新增应用程序部署不同硬件，导致过高的资金和维护成本。最后，电网应用程序在延迟、突发大小、吞吐量和包到达率等方面有不同的 QoS 要求。在同一通信网络中，保护、控制、监控和计费业务的共存，对 M2M 通信网络资源的有效分配提出了新的挑战。

部分学者和研究人员尝试将软件定义网络与 M2M 集成，分别基于软件定义网络对 M2M 的通信虚拟资源分配、接入云架构、动态服务器选择和流量重定向、核心网容量等问题进行了研究。然而，这些工作主要集中在常规 M2M 网络上，在利用软件定义的 M2M 网络进行智慧能源管理时往往忽视了具体的技术特点和应用场景。

4.2.2 电力物联网智慧能源管理网络切片架构

软件定义 M2M（Software-Defined M2M，SD-M2M）的四层架构模型如图 4-5 所示，包括数据层、控制层、应用层和管理与接入控制层。数据层由 M2M 通信涉及的所有可编程设备和网络元件组成，包括传感器、制动器、智能电子设备（Intelligent Electronic Devices，IEDs）、智能仪表、网关、基站、交换机、路由器等，它们对于支持智慧能源管理中的自主数据采集和传输至关重要。通过数据控制解耦，无需理解数百种通信协议，可以极大程度上简化数据层设备。

控制层由一个 SD-M2M 管理程序和多个异构或同构的 SD-M2M 控制器组成。通过在数据层设备和控制器之间插入一个管理程序，可以实现物理 M2M 网络的虚拟化。管理程序通过基于标准的南向接口查看数据平面设备并与之交互，并将抽象的物理基础架构切成多个隔离的虚拟 M2M 网络，每个网络由其各自的控制器控制。系统管理程序还可以通过南向接口将抽象信息发送到控制器。集中式 SD-M2M 控制器可以根据网络状态的最新全局视图做出决策，并通过单个逻辑点对相应的虚拟 M2M 网络进行独立于供应商的控制。这有助于具有提高网络资源利用效率和 QoS 供应能力的细粒度控制策略的实现。

应用层涵盖了一系列智慧能源管理应用，如家庭能源管理（Home Energy Management，HEM）、工厂能源管理（Factory Energy Management，FEM）、建筑能源管理（Building Energy Management，BEM）、微电网能源管理（Microgrid Energy Management，MEM）和电动汽车能源管理（Electric Vehicle Energy Management，EVEM）。借助控制层和应用层之间的标准化应

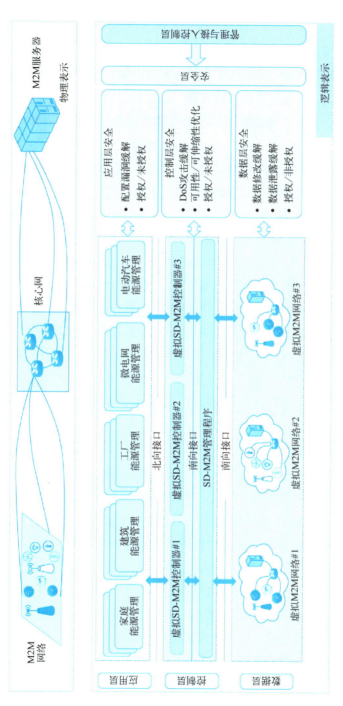

图4-5 SD-M2M架构模型

用程序编程接口（API），智慧能源管理应用程序可以通过北向接口将其要求以编程方式明确地传达给各自的控制器，因此可以在一个虚拟 M2M 网络上运行，而不必依赖物理基础设施。

管理与接入控制层为其他三层（即数据层、控制层和应用层）提供管理与接入控制功能。它包含了设备设置与管理、隐私和安全策略配置、固件和软件更新、性能监测等静态任务。安全层可以保护数据层免受各种安全威胁，如流量规则修改、未经授权的访问控制和侧信道攻击。在控制层，安全层为控制器访问授权和身份验证、拒绝服务（Denial of Service, DoS）或分布式 DoS（Distributed DoS, DDoS）攻击缓解、控制器可用性和可伸缩性优化等提供解决方案。此外，安全实施机制可以保护应用层，使其免受未经授权和未经身份验证的应用程序、欺诈规则、配置漏洞和其他特定于应用程序的安全威胁。

SD-M2M 的主要优点如下。

(1) 降低复杂度，加速创新

在 SD-M2M 通信框架中，底层物理基础结构由智慧能源管理应用程序抽象得到，而复杂的决策功能则留给了中央控制器。控制器旨在从服务编排和配置中隐藏硬件细节，并借助 API 自动智能地管理数据平面设备，通过利用现有的软件定义网络（Software-Defined Networking, SDN）控制器来实现 SDN 和 M2M 之间的无缝集成，以实现智慧能源管理。SD-M2M 为供应商和运营商提供了前所未有的灵活性、可编程性和可控性，以构建高度可扩展且可靠的 M2M 网络，从而可以迅速适应不断发展的智慧能源管理应用。通过定制网络行为和在不需要部署与配置单个硬件设备的情况下，实时提供新的应用程序和差异化的服务，可以实现快速创新。

(2) 异构网络中端到端 QoS 保证

实时监督控制和数据采集、发电调度和控制以及能源调度和计费等智慧能源管理功能具有不同的 QoS 要求和不同的操作域。因此，传统 M2M 通信面临的主要挑战是如何保证异构网络中不同应用的端到端 QoS。SD-M2M 通过将服务所提供的功能与物理基础设施域解耦，创建了一个统一的 QoS 交付平台。在此平台中，网络资源和控制功能被抽象并分割成不同的虚拟网络，这些虚拟网络通过标准 API 为各自的应用程序提供服务。为了保证可靠的服务交付，需要最合适的虚拟网络以满足端到端 QoS 要求。因此，在同一平台上可以构建多个虚拟网络，以满足不同系统功能的不同 QoS 要求。通过协调网络控制和精心编排不同域中的控制器之间的资源分配，域间服务交付的能力能够显著增强。

(3) 多租户环境中的细粒度资源分配

在 SD-M2M 中，物理基础结构是从三个维度的属性（拓扑、物理设备资源和物理链路资源）中抽象出来的。每个维度属性的抽象程度可以通过调整物理资源来灵活控制。第一，在网络拓扑的抽象中，抽象的程度取决于虚拟节点和链接。例如，代表连接设备布局的物理拓扑可以以最低抽象度抽象为相同的虚拟拓扑，也可以以最高抽象度抽象为单个虚拟节点或链接。第二，物理设备资源的抽象程度依赖于 CPU、内存、存储器和其他计算资源。第三，在物理链路资源的抽象中，选择不同抽象级别的能力取决于链路带宽、缓冲区、队列等的分配。因此，SD-M2M 以高度抽象和自动化的方式提供了精细颗粒度的资源分配，并允许在多个租户之间共享相同的物理基础设施。

4.2.3 电力物联网智慧能源管理网络切片仿真分析

本节以电动汽车能源管理为例，在场景中设置 1 台燃气发电机、4 台风力发电机和 100 辆电动汽车，由 SD-M2M 设备监控充电时间、位置、电池状态、负载等重要数据，并通过蜂窝链路发送回 M2M 服务器。通过此案例来评估 SD-M2M 传输时延敏感型数据的能力，展示 SD-M2M 渗透率与智慧能源管理性能增益之间的关系。

SD-M2M 通过精细颗粒度的资源分配，解决了电动汽车的随机访问冲突问题，实现从一个基站到另一个基站的无缝切换。在电动汽车能源管理中，管理程序切片基于服务质量要求将物理基础设施划分为 K 个不同的虚拟网络，在第 k 个虚拟网络中有 N_k 台 M2M 设备。假设由控制器分配资源块 M_k，资源块总数为 $\sum_{k=1}^{K} M_k$，给定 $K=20$，$M_h=10$，则需要的资源块总数为 200。每个 M2M 设备只需要知道分配给相应虚拟网络的资源块，不需要感知整个物理网络。如果达到的频谱效率不能满足规定的服务质量要求，则可以与其他虚拟网络协调资源分配，以提高网络性能，实现资源分配的按需定制和灵活适配。由于只有当资源块处于空闲状态且其他设备没有请求时随机访问才会成功，因此可实现的频谱效率是由可用资源块的数量、其他设备的策略和被请求资源块的信道质量共同决定的。每个 M2M 设备采用马尔可夫决策过程（Markov Decision Process，MDP）决定访问网络的时间，并进行相应资源块的选择。

在一个有 $N_k=100$ 台 M2M 设备的虚拟网络中，假设每台设备总是请求信道质量最好的资源块，将所提算法（SD-M2M+MDP）与贪婪算法（SD-M2M+greedy）进行比较，结果如图 4-6a、b 所示。其中，图 4-6a 显示了不同资源块数 M_k 下每台设备的平均传输速率，当 $M_k=10$ 时，由于充分利用了资源块的复用增益，所提算法的性能比贪婪算法高出 300% 以上。在图 4.6b 中，固定资源块总数 $M_k=6$，并将访问网络的最大概率从 12% 变为 20%。结果表明，随着最大访问概率的增加，平均传输速率会显著下降。这是由于更多设备试图同时访问网络，冲突的概率呈指数级增长。尽管如此，所提算法在所有情况下都优于贪婪算法。

在此案例中，使用鲁棒能源调度方法来评估智慧能源管理性能。鲁棒能量调度方法可在不确定性的无分布模型中使用，能够有效缓解不确定数据带来的负面影响。此方法的目标是在有功功率均衡、有功功率限制、充放电功率边界、充电需求均衡、旋转备用等约束条件下，使燃气发电机组的发电成本最小，优化变量为电动汽车充放电时间和燃气发生器的能量输出。此外，当 SD-M2M 设备未部署或由于冲突而无法达到服务质量要求时，关键数据不能按时交付，无法调度电动汽车。SD-M2M 渗透率定义为可调度的电动汽车与电动汽车总数的比率。

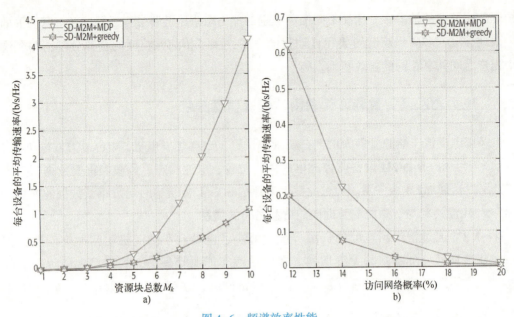

图 4-6 频谱效率性能

a) 不同资源块总数 b) 不同访问网络概率

图 4-7a 显示了 24h 内电动汽车、风力涡轮发电机和固定用户的能源供需状况。由图可知，峰值负荷出现在风电出力较低、电动汽车充电需求较高的第 6 小时。图 4-7b 显示了总发电成本的降低与渗透率成正比。例如，当 SD-M2M 渗透率从 20% 提高到 100% 时，成本降低了 65%。此外，SD-M2M 渗透率的增加将成本的指数增长模式转化为线性增长模式。基于 SD-M2M 提供的延迟敏感任务关键数据，通过在非高峰时段为电动汽车充电消纳可再生能源，在高峰时段放电产生能源，可以有效地转移峰值负荷。

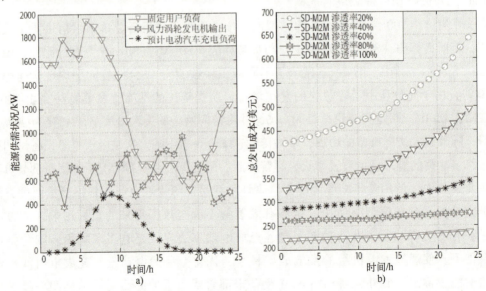

图 4-7 智慧能源管理性能

a) 能源供需状况 b) 总发电成本与 SD-M2M 渗透率的关系

4.3　电力物联网高可靠低时延通信方案

随着"三型两网"的推进,电力物联网终端设备呈现出爆发式增长的趋势。为实现设备间的实时通信,满足电力业务多样化的通信需求,5G 提供了增强型移动带宽(eMBB)、大规模机器类通信(mMTC)和高可靠低时延通信(URLLC)三大场景的应用,全面提升电网的客户服务水平,拓展新业务新模式,为电力物联网提供高可靠低时延的通信解决方案。

4.3.1　电力物联网高可靠低时延通信概述

当移动边缘计算(MEC)等 5G 新兴信息技术应用于变电站巡检等电力业务时,其高可靠低时延特性将为电力物联网通信带来全新改变。目前,变电站巡检通信业务需要做到空口时延 1 ms,端到端时延 10 ms,可靠性 99.999% 以上。

随着通信、图像识别和导航定位等技术的快速发展,变电站巡检逐渐由机器人取代传统人工,它能够在电压等级高、巡检环境恶劣等条件下实现全天候、高频次、24 h 不间断巡检,在保障电网稳定运行的同时,大幅度降低人工成本。装有红外测温仪、高清摄像头、音频信号接收器等先进设备的巡检机器人,在移动过程中会不断采集变电站设备及周边环境的红外高清视频,并将海量数据通过 5G 网络实时传输到云平台,进行数据处理和设备平台状态预判;工作人员可通过佩戴 VR 眼镜获取变电站实景的沉浸式体验,并支持同时对多个变电站设备状态的专家远程诊断。为保证大量数据的远程收发、处理情况下的高可靠和低时延,移动边缘计算将通信、计算和存储资源下沉到设备终端侧,从而减少大量电力巡检业务数据的传输时延。

由于变电站组网环境复杂、电磁干扰严重、频谱资源受限,电力物联网通信,如机器人巡检通信,在保障高可靠低时延方面仍面临诸多挑战。

(1) 需要全局信息

巡检机器人必须根据全局信息动态优化信道选择,但是,变电站的电磁环境复杂,获取时变信道状态信息的信令开销大,为实现数据的高可靠低时延传输,必须解决在信息不确定的情况下如何优化信道选择的问题。

(2) 能耗约束

在任务卸载时,队列长度的尾分布对总时延有不小影响,因此,需要在考虑平均排队时延的基础上进行队列长度尾分布的研究;同时,作为移动类终端的变电站巡检机器人采用电池供电,其续航能力也是决定可靠性的关键。

(3) 仿真和实际存在偏差

变电站的信道和干扰模型与传统公网的统计模型差异较大,基于公网模型的仿真实验结果与变电站场景之间存在较大偏差,难以真实验证任务卸载策略的有效性和可靠性。

4.3.2 电力物联网高可靠低时延通信架构

如图 4-8 所示,面向变电站巡检的高可靠低时延通信架构由配备边缘服务器的基站、巡检机器人及各类电气设备组成。在该系统中,提供无线接入服务的基站为各类电气设备建立 N 个正交子信道 $\{C_1,C_2,\cdots,C_n,\cdots,C_N\}$,将其计算任务卸载至边缘服务器,共同完成变电站巡检。

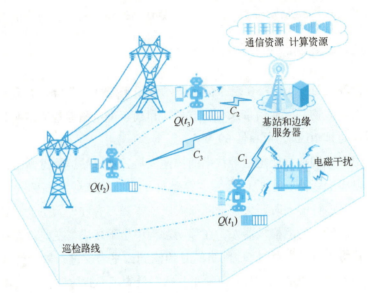

图 4-8 面向变电站巡检的高可靠低时延通信架构

整个系统模型可划分为四部分:网络模型、传输与能耗模型、时延模型、优化目标模型。

(1) 网络模型

通常,采用时隙模型对通信全过程进行描述,将优化时间划分为等长的 T 个时隙,每个时隙的长度是 τ,并假设信道状态信息与巡检机器人位置在每个时隙内均保持不变。其中,巡检机器人的信道选择策略用二值指示符 $x_{n,t}$ 表示,$x_{n,t}=1$ 表示第 t 个时隙选择服务器 n 进行任务卸载,否则,$x_{n,t}=0$;同时,巡检机器人可以选择休眠。

(2) 传输与能耗模型

巡检机器人采用任务划分模型,将在时隙 t 内产生的任务划分为大小为 ρ 的子任务 $A(t)$,并且数据暂存在巡检机器人的本地任务缓存区,并用队列积压 $Q(t)$ 表示,然后将数据 $U(t)$ 卸载到边缘计算服务器进行计算,当任务卸载失败时,即在时延要求 $\tau_{\max}$ 内未完成数据传输任务,则该任务数据 $Y(t+1)$ 会加入本地缓存队列进行下一时隙内的数据重传,则下一时隙的队列积压为

$$Q(t+1)=\max(Q(t)+\rho A(t)-U(t),0)+Y(t+1)$$

在巡检机器人选定子信道后,由香农公式可知信干噪比及上行传输速率分别为

$$\gamma_{n,t} = \frac{P^{TX}G_{n,t}}{\sigma^2 + I_{n,t}}$$

$$R_{n,t} = B_n \log_2(1+\gamma_{n,t})$$

式中，P^{TX} 为巡检机器人的发射功率；σ^2 为高斯白噪声功率；$I_{n,t}$ 为变电站电磁干扰功率。

将选中子信道内的卸载数据量累加，从而得出时隙内吞吐量为

$$U(t) = \sum_{n=1}^{N} x_{n,t} u_{n,t} = \sum_{n=1}^{N} x_{n,t} \min(Q(t)+\rho A(t), \tau R_{n,t})$$

相对应的传输时延等于各子信道内的传输数据量与传输速率之比；巡检机器人用于数据传输的能耗等于传输功率与传输时延的乘积。它们的计算公式分别为

$$\tau_{n,t}^{tra} = \frac{u_{n,t}}{R_{n,t}} = \min\left(\frac{Q(t)+\rho A(t)}{R_{n,t}}, \tau\right)$$

$$E_{n,t} = P^{TX} \tau_{n,t}^{tra}$$

(3) 时延模型

在任务卸载过程中，上行链路的数据量远大于下行链路的数据量，因此通信时延常忽略下行链路的传输时延。根据经典数据计算模型，数据的计算时延为

$$\tau_{n,t}^{com} = \frac{u_{n,t}\lambda}{\tilde{f}_t}$$

式中，λ 表示计算复杂度，即处理 1 bit 数据所需的 CPU 周期数；$u_{n,t}$ 表示巡检机器人在第 t 个时隙内，选择子信道 C_n 卸载的数据量；$\tilde{f}_t$ 表示分配给巡检机器人的 CPU 频率，即此时巡检机器人的可用计算资源。

因此，总时延为上行传输时延和边缘计算时延的总和：

$$\tau_{n,t}^{total} = \tau_{n,t}^{tra} + \tau_{n,t}^{com}$$

(4) 优化目标模型

将优化目标建模为与有效吞吐量相关的效用函数，在长期能耗和高可靠低时延的通信约束下，优化问题表示为

$$P1: \max_{\{x_{n,t}\}} \sum_{t=1}^{T} \sum_{n=1}^{N} x_{n,t} L_{n,t}$$

1) 信道选择约束。即在每个时隙内，每个信道最多只能接入一个终端，且每个设备只能选择一个信道进行任务卸载或等待下次卸载，用公式表示如下。

$$C_1: \sum_{n=1}^{N} x_{n,t} \leq 1, \forall t \in T$$

2) 能量约束。即通信全过程的能量消耗不大于节点电池的总储能，用公式表示如下。

$$C_2: \sum_{t=1}^{T} \sum_{n=1}^{N} x_{n,t} E_{n,t} \leq E_{max}$$

3) 服务可靠性约束。即在通信的全过程，单时隙满足可靠性的次数与总时隙之比大于规定值。

$$C_3: \lim_{T \to \infty} \sum_{t=1}^{T} P_r\left(\frac{Q(t)}{\widetilde{A}(t)} > \tau_{\max}^Q\right) \leq \varepsilon$$

式中，$P_r(\cdot)$ 表示事件发生概率；$\varepsilon = 1$ 表示极端事件发生的可容忍概率。

4.3.3 电力物联网高可靠低时延算例分析

1. 问题转化

由于短期信道选择、长期优化目标和约束条件相互耦合，问题 P1 难以直接求解，因此，借助李雅普诺夫优化中虚拟队列的概念将长期约束转化为队列稳定性约束，来实现问题的解耦。

（1）短期确定性优化目标

$$P2: \min_{\{x_{n,t}\}} \theta_{n,t}$$

式中，$\theta_{n,t}$ 是巡检机器人效用、能耗以及高可靠低时延通信要求偏差的加权值，表达式为

$$\theta_{n,t} = V_Q L_{n,t} - V_E F(t) E_{n,t} - V_C \left[V_Z^Q Z^Q(t) + V_Z^H Z^H(t) + V_Z^W Z^W(t) \right] \cdot I(Q(t+1) > \widetilde{A}(t+1)\tau_{\max}^Q)$$

其中，V_Q、V_E 和 V_C 分别是效用、能耗以及高可靠低时延通信要求偏差的权重；V_Z^Q、V_Z^H、V_Z^W 用于统一虚拟队列的数量级。

（2）队列稳定性约束

设能量赤字虚拟队列为 $F(t)$，其更新表达式如下：

$$F(t+1) = \max\left(F(t) + \sum_{n=1}^{N} x_{n,t} E_{n,t} - \frac{E_{\max}}{T}, 0\right)$$

式中，虚拟队列积压 $F(t)$ 表示能耗与能量预算在第 t 个时隙的偏差；$\sum_{n=1}^{N} x_{n,t} E_{n,t}$ 是第 t 个时隙巡检机器人的能耗；$E_{\max}/T$ 为平均能量预算。

虚拟队列积压为 $Z^Q(t)$，其更新表达式如下：

$$Z^Q(t+1) = \max(Z^Q(t) + I(Q(t+1) > \widetilde{A}(t+1)\tau_{\max}^Q) - \varepsilon, 0)$$

式中，$Z^Q(t)$ 表示极端事件发生概率与高可靠低时延通信要求在第 t 个时隙的偏差；$I(\cdot)$ 表示事件发生的概率，当事件发生时，$I(\cdot) = 1$，否则 $I(\cdot) = 0$。

虚拟超额队列积压为 $Z^H(t)$，其更新表达式如下：

$$Z^H(t+1) = \max\left(Z^H(t) + \left(H(t+1) - \frac{\sigma^{th}}{1-\xi^{th}}\right) \cdot I(Q(t+1) > \widetilde{A}(t+1)\tau_{\max}^Q), 0\right)$$

式中，$Z^H(t)$ 表示超额积压均值与高可靠低时延通信要求在第 t 个时隙的偏差。

虚拟超额队列积压平方值为 $Z^W(t)$，其更新表达式如下：

$$Z^W(t+1) = \max\left(Z^W(t) + \left(W(t+1) - \frac{2(\sigma^{th})^2}{(1-\xi^{th})(1-2\xi^{th})}\right) \cdot I(Q(t+1) > \widetilde{A}(t+1)\tau_{\max}^Q), 0\right)$$

式中，$Z^W(t)$ 分别表示超额积压二阶原点矩与高可靠低时延通信要求在第 t 个时隙的偏差。

2. EUP-UCB 算法

EUP-UCB（基于置信区间上界算法的能量、高可靠低时延通信、任务优先级感知信道选择）算法可实现能量感知（Energy Aware）、高可靠低时延通信感知（URLLC Aware）和任务优先级感知（Task-priority Aware），在尽可能延长设备工作时长的同时最大化巡检机器人的效用，保障高可靠低时延通信。其算法分为初始化、决策和学习三个阶段。

（1）初始化阶段

设置队列积压值为存储在巡检机器人本地缓冲区中的初始数据量。虚拟队列积压、决策结果 $x_{n,t}$ 和 $\theta_{n,t}$ 的经验估计值（样本均值）$\bar{\theta}_{n,t}$ 均初始化为 0。

（2）决策阶段

若存在从未被选择过的信道 C_n，则巡检机器人必须选择 1 次 C_n。在第 t 个时隙，巡检机器人对 C_n 的偏好定义为

$$\tilde{\theta}_{n,t} = \bar{\theta}_{n,t-1} + \omega \sqrt{\frac{(1-\partial_t)\ln t}{\hat{x}_{n,t-1}}}$$

式中，第一项 $\bar{\theta}_{n,t-1}$ 表示第 t 个时隙前巡检机器人的经验估计值；第二项表示置信区间；$\hat{x}_{n,t-1}$ 表示第 t 个时隙前信道被选择的总次数；ω 用于调整探索与利用之间的折中关系，其值越大则越倾向于探索，这里取 $\omega=10$。巡检机器人根据 $\tilde{\theta}_{n,t}$ 选择偏好值最高的信道 $\Psi(t)$ 为

$$\Psi(t) = \arg\max_{n=1,\cdots,N} \tilde{\theta}_{n,t}$$

（3）学习阶段

巡检机器人观察信道选择策略 $u_{n,t}$、效用权重 V_Q、数据传输能耗 $E_{n,t}$ 以及效用函数 $L_{n,t}$，分别更新 $\theta_{n,t}$、$F(t+1)$、$Q(t+1)$、$Z_Q(t+1)$ 等数据。为获得更大效用，巡检机器人倾向于把资源分配给任务优先级高的数据，实现任务优先级感知。当高可靠低时延要求偏差变大时，$\theta_{n,t}$ 大幅度减小，巡检机器人通过降低 $Z^Q(t)$、$Z^H(t)$ 和 $Z^W(t)$ 的值来实现高可靠低时延通信约束感知。当能耗远远超出当前能量预算时，较大的权重值 $F(t)$ 会使巡检机器人倾向于降低能耗，实现能量感知。当 $t>T$ 时，算法终止。

3. 仿真结果及分析

图 4-9a、b 分别展示了 EUP-UCB 算法、EP-UCB（基于置信区间上界算法的能量与任务优先级感知信道选择）算法和 UCB（置信区间上界）算法这三种算法的平均效用与累计能耗随时隙变化的情况。由于 EUP-UCB 算法在只有本地信息的情况下进行信道选择，最初性能并不理想，但随着学习时间的延长，其平均效用不断增加。如图 4-9a 所示，在第 500 个时隙时，与 EP-UCB 和 UCB 算法相比，EUP-UCB 算法的平均效用可分别提升 22.48% 和 8.47%。UCB 算法仅考虑优化效用，更倾向于利用能量传输更多的数据，初期可达到较高的效用。如图 4-9b 所示，在第 440 个时隙时，UCB 算法能量耗尽，停止数据传输。EP-UCB 算法考虑了长期能耗约束，总能耗比 EUP-UCB 算法低 11.32%。

图4-9c的盒须图展示了平均排队时延的统计信息。盒须图由"盒"和"须"组成，"盒"中的直线表示排队时延的中位数，其上、下边缘分别表示上分位数和下4分位数，上"须"为上4分位数与1.5倍4分位距之和，下"须"为下4分位数与1.5倍4分位距之差。图中的加号表示数据的离群点。数值结果表明，EUP-UCB算法可以实现较小的平均排队时延，相比UCB和EP-UCB算法其平均排队时延分别降低55.66%和92.79%。同时，由于具备高可靠低时延通信感知，EUP-UCB算法可实现最小的排队时延性能抖动。

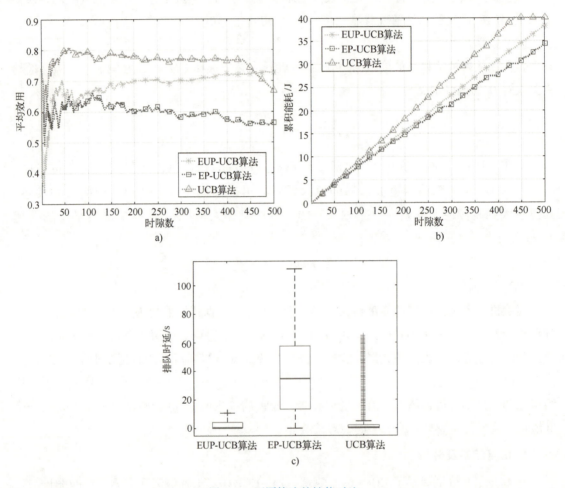

图4-9 不同算法的性能对比
a) 平均效用 b) 累积能耗 c) 排队时延

图4-10展示了与高可靠低时延通信约束相关的队列积压随时隙变化情况。结果表明，EUP-UCB算法可显著降低队列积压。UCB算法的队列积压在前期处于较低水平，但随着能量的耗尽，队列积压迅速增加。EP-UCB算法由于没有考虑高可靠低时延通信约束以及没有充分利用能量，其队列积压性能较差，无法满足高可靠低时延通信需求。

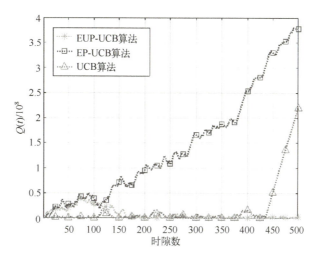

图4-10 与高可靠低时延相关的队列积压情况

4.4 电力物联网跨层资源分配优化方案

4.4.1 电力物联网跨层资源分配优化概述

随着物联网（Internet of Things，IoT）和人工智能技术的不断发展，通信系统中接入了大量的传感设备和终端设备，导致现有通信系统无法保障这些设备的正常运行。针对这一问题，机器对机器（Machine to Machine，M2M）通信技术应运而生。M2M通信技术作为物联网的核心技术，能够在大量设备之间建立起低功率、可靠、无处不在的通信。M2M通信的核心理念是将设备与设备之间进行通信互联，从而进一步使设备与人之间进行交互。M2M通信技术利用其特点可以在无人的环境下通过有线或无线的方式进行信息传输，使这些设备能够相互连接，并支持多种场景的应用。目前，M2M通信技术在电力物联网中应用广泛。M2M通信具有自动数据采集、交换数据以及远程访问等功能，在电力物联网中海量设备互联和应用程序控制等方面发挥了重要作用。此外，M2M通信还提供了一个灵活、可扩展且可靠的平台，支持电力物联网中的自动化服务。例如，利用M2M通信能够实现变电站等现场的数据采集和监视管理，有效减少不必要的安全事故发生。另外，家庭用电作为智能用电的重要组成部分，提出了很高的管理要求，M2M通信技术可以为居民用电提供新的管理方法，将家庭用电设备互连，并将采集到的用电数据实时传输到服务器，实现能量信息的双向交互，从而提高家庭用电效率和用电服务质量。

为满足电力物联网中各种应用的服务质量需求，需要对M2M通信中的多维资源进行动态分配与优化，以提高时延和能效等方面的性能。M2M中的资源分配技术已经被广泛研究，有学者提出了一种基于拉格朗日对偶分解的信道和功率联合分配方案，以最大化机器类设备的总吞吐量[1]。也有学者提出了 M2M 通信的两种单跳中继机制，并针对机器类设备与中继链路以及中继与基站链路给出了最优频谱资源分配方案[2]。然而，在通信技术不断发展的背景下，电力物联网对现有的 M2M 通信中的跨层资源分配提出了一些新的挑战。例如，现阶段大多数的资源分配主要集中在物理层的性能上，而忽略了上层的要求。另一方面，现有方案只是简单地假设设备一直有数据在进行传输，而没有考虑有限且动态的数据积压。因此，资源可能被错误地分配给那些几乎没有数据传输的设备，导致了巨大的资源浪费。此外，现有大部分工作只考虑了短期的资源分配优化，而没有考虑长期的网络运营目标和约束，这将导致严重的性能下降。

4.4.2 电力物联网跨层资源分配架构

如图 4-11 所示，考虑电力物联网 M2M 通信中应用层感知速率与物理层功率分配和信道选择的联合优化。在单蜂窝小区内有一个中心基站和若干个时延敏感型机器设备，设备集合表示为 $\mathcal{DS}_K = \{DS_1, \cdots, DS_k, \cdots, DS_K\}$。设备产生和收集任务数据，并上行传输至基站进行处理。采用时隙模型，即将整个优化过程划分为等长的时隙。在每个时隙中，位于应用层的设备以一定的感知速率感知外界数据并将其首先存储在设备的缓冲器中，同时在物理层，设备以一定的传输速率将缓冲器中的数据上行传输到基站。

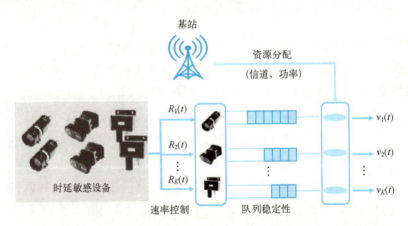

图 4-11　电力物联网 M2M 跨层资源分配

1. 系统模型

（1）数据队列模型

每个设备缓冲器中的数据积压可以建模为一个队列，队列更新为

---

[1] ZHOU Z, GUO Y, He Y, et al. Access Control and Resource Allocation for M2M Communications in Industrial Automation [J]. IEEE Transactions on Industrial Informatics, 2019, 15（05）：3093-3103.

[2] ZHANG Y, YU R, NEKOVEE M, et al. Cognitive Machine-to-Machine Communications：Visions and Potentials for the Smart Grid [J]. IEEE Network, 2012, 26（03）：6-13.

$$Q_k(t+1) = [Q_k(t) - v_k(t)]^+ + R_k(t)$$

式中，$v_k(t)$ 为传输速率；$R_k(t)$ 为感知速率。两者分别为队列的输出和输入。数据队列需要保证平均速率稳定。

(2) 传输时延模型

根据 Little 定理，平均传输时延可定义为长期平均队列长度与长期平均传输速率的比值。

(3) 应用层满意度模型

设备的应用层满意度与感知速率成正比，同时边际增益逐渐下降。例如，电力系统自动化中的监控和数据采集服务要求至少 2 s 的测量和更新速度。因此，应用层满意度可表示为

$$U_k[R_k(t)] = \alpha_k \log_2[R_k(t)]$$

式中，α_k 为服务权重参数，它表示对于设备来说传输速率的重要性或优先级。

(4) 传输速率模型

假设信道是正交的，信道集合表示为 $\mathcal{S}_N = \{S_1, \cdots, S_n, \cdots, S_N\}$，信道选择指示符表示为 $x_{k,n}(t)$，当 $x_{k,n}(t) = 1$ 时，表示设备 DS_k 选择了信道 S_n。由于设备间不存在干扰，则可以根据香农公式计算设备的传输速率。

2. 问题建模

针对 M2M 通信的跨层资源分配优化，提出了在短期传输功率约束、短期感知速率约束、信道选择约束、长期平均能耗约束、长期平均传输时延约束、队列稳定性约束下，所有设备的时间平均满意度优化问题。

(1) 时间平均满意度优化目标

优化目标为最大化系统中所有设备的时间平均满意度，即

$$\max_{\{R_k(t)\}, \{x_{k,n}(t)\}, \{p_k(t)\}} \overline{U}(T) = \lim_{T \to \infty} \frac{1}{T} \sum_{t=0}^{T-1} \mathbb{E}\left\{\sum_{k=1}^{K} U_k[R_k(t)]\right\}$$

其中，优化变量为感知速率 $\{R_k(t)\}$、信道选择 $\{x_{k,n}(t)\}$ 和传输功率 $p_k(t)$。

(2) 约束条件

1) 短期传输功率约束：

$$0 \leq \sum_{k=1}^{K} p_k(t) \leq P_{\max}$$

即所有设备在一个时隙内的总传输功率不超过阈值 $P_{\max}$。

2) 短期感知速率约束：

$$0 \leq \sum_{k=1}^{K} R_k(t) \leq R_{\max}$$

即所有设备在一个时隙内的总感知速率不超过阈值 $R_{\max}$。

3) 信道选择约束：

$$x_{k,n}(t) \in \{0, 1\}, \quad \forall k, n$$
$$\sum_{k=1}^{K} x_{k,n}(t) \leq 1, \quad \forall n$$

$$\sum_{k=1}^{N} x_{k,n}(t) \leq 1, \quad \forall k$$

即在一个时隙内，一个信道只能传输一个设备的数据，一个设备也只能选择一个信道进行传输。

4）长期平均能耗约束：

$$\lim_{T \to \infty} \sum_{t=0}^{T-1} \mathbb{E}\{E(t)\} \leq P_{\text{mean}}, \quad \forall k,n$$

式中，$E(t)$ 为第 t 个时隙所有设备的总能耗；P_{mean} 为时间平均能耗阈值。在实际中，M2M 网络的生命周期以及连通性高度依赖于底层设备的电池状态，而且这些设备一旦部署就很难更换电池。因此，为了保障 M2M 网络的可靠运行，需要约束设备的长期能耗。

5）长期平均传输时延约束：

$$D_k \leq D_{k,\max}^{Q}, \quad \forall k$$

式中，D_k 为利用 Little 定理求出的长期平均传输时延；$D_{k,\max}^{Q}$ 为可容忍的最大传输延迟。

6）队列稳定性约束，即要保证设备的数据队列是平均速率稳定的。

4.4.3 电力物联网跨层资源分配优化方法及性能评估

1. 问题转化

李雅普诺夫（Lyapunov）优化方法是一种解决长期优化问题的有效方法。与传统优化方法相比，Lyapunov 优化方法仅需要较少的先验信息，并且计算复杂度较低。采用 Lyapunov 优化方法可以将长期优化问题转化为一系列的短期子问题，并将长期优化约束转化为队列稳定性约束。

通过利用虚拟队列的概念，可以将长期平均能耗约束与传输时延约束转换为队列稳定性约束。与上述约束相对应的虚拟队列分别为

$$Z(t+1) = [Z(t) - P_{\text{mean}}]^{+} + E(t)$$

$$Y_k(t+1) = [Y_k(t) - v_k(t) D_{k,\max}^{Q}]^{+} + Q_k(t)$$

当 $Z(t)$ 和 $Y_k(t)$ 保持平均速率稳定时，长期平均能耗约束与传输速率约束自动满足。

根据 Lyapunov 优化方法，首先定义 Lyapunov 函数和 Lyapunov 漂移。Lyapunov 函数定义为所有设备的数据队列和虚拟队列二次方和的一半，Lyapunov 漂移定义为 Lyapunov 函数在两个连续时隙内的条件期望变化，减小 Lyapunov 漂移值对于保证队列稳定性至关重要。

为了在队列稳定性约束下最大化系统中所有设备的时间平均满意度，定义漂移减奖励函数，并得到其上界为

$$\Delta(G(t)) - V\mathbb{E}\{U_k(t) \mid G(t)\}$$
$$\leq \sum_{k=1}^{K} \mathbb{E}\{Q_k(t) R_k(t) - VU_k[R_k(t)] \mid G(t)\} + \sum_{k=1}^{K} Y_k(t) \mathbb{E}\{Q_k(t) - v_k(t) D_{k,\max}^{Q} \mid G(t)\} +$$
$$Z(t) \mathbb{E}\{E(t) - P_{\text{mean}} \mid G(t)\} - \sum_{k=1}^{K} Q_k(t) \mathbb{E}\{v_k(t) \mid G(t)\} + \Phi$$

式中，$U_k(t)$是第t个时隙内所有设备的总满意度；V是一个非负权重参数，代表漂移相对于奖励的重要性，即队列稳定性和奖励最大化之间的权衡；Φ是正常数。

2. 速率控制、功率分配和信道选择的联合优化

根据Lyapunov优化原理，在短期传输功率约束、短期感知速率约束以及信道选择约束下，可以通过在每个时隙优化中获得的漂移减奖励函数的上界来优化目标函数。

（1）速率控制子问题

根据观察可以得到，漂移减奖励函数上界表达式中只有第一项和速率控制变量（即感知速率）有关。因此，可以解耦出速率控制子问题，将上界表达式的第一项作为优化目标，将与速率控制有关的约束（即短期感知速率约束）作为子问题约束。

速率控制子问题为标准的凸优化问题，可以利用库恩-塔克（Karush-Kuhn-Tucker，KKT）条件进行求解。

（2）功率分配和信道选择

漂移减奖励函数上界表达式中的第二、三、四项与功率分配变量和信道选择变量有关，因此可解耦出功率分配和信道选择联合优化子问题。将上界表达式中的第二、三、四项作为优化目标，其中每个时隙中的数据队列与两个虚拟队列的值可以视为确定值；将短期传输功率约束与信道选择约束作为子问题约束。

由于整数变量与连续变量之间相互耦合，因此功率分配和信道选择联合优化子问题是NP难问题。通过将该子问题转变为设备与信道之间的二维匹配问题，给出了一个可行性解决方案。

假设对于一个设备来说其选择的信道已经确定，则功率分配和信道选择联合优化子问题可简化为信道选择已知条件下的功率分配问题，且该问题为一个凸优化问题，可以利用KKT条件进行求解，得到最优功率分配策略和最优目标值。

基于此，定义设备对某一信道的初始偏好值，为设备选择该信道可达到的最优目标值与信道初始接入价格的差值，其中信道接入价格用来解决之后可能出现的匹配冲突，初始值为零。将设备与所有信道暂时性匹配，可以获得设备对每个信道的偏好值，将信道按照偏好值降序排列以获得偏好列表。基于价格的匹配方法流程如下。

1）请求过程。首先，每个设备向排在其偏好列表首位的信道提出连接请求。如果某个信道只收到来自一个设备的请求，则将其与该设备匹配。将所有收到两个或两个以上连接请求的信道整合为一个集合Ω，并进入升价过程。

2）升价过程。以集合Ω中的一个信道为例，该信道升高其接入价格，向该信道提出请求的所有设备将重新计算偏好值并更新偏好列表，重复请求过程。在逐次升价的过程中，一些设备可能会由于偏好列表的变化而放弃向该信道提出连接请求，当只剩一个设备向该信道提出连接请求时，将两者匹配并结束升价过程。

在信道数量大于设备数量的前提下，匹配过程将会在所有设备都匹配到信道时结束。

3. 性能评估

本部分对提出的基于 Lyapunov 优化和匹配理论的速率控制、功率分配和信道选择联合优化方法进行性能评估，假设系统中有 4 个设备和 4 个信道。设置对比算法为基于快照的吞吐量优化算法，在不考虑长期约束和感知速率控制的情况下最大化物理层吞吐量。

图 4-12a、b 分别为 4 个设备的数据队列积压和感知速率随时隙的变化情况。仿真结果表明，数据队列积压与感知速率成正比，并且在短时间内趋于稳定，保证了队列的稳定性。

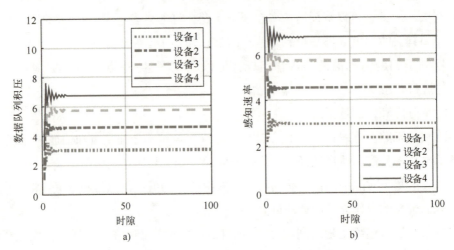

图 4-12　数据队列积压、感知速率随时隙的变化情况
a) 数据队列积压　b) 感知速率

图 4-13a、b 分别表示基于 Lyapunov 优化的算法和对比算法的传输速率随时隙的变化情况。仿真结果表明，基于 Lyapunov 优化的算法可以根据感知速率动态优化传输速率。而对

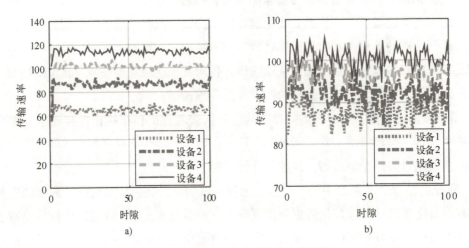

图 4-13　传输速率随时隙的变化情况
a) 基于 Lyapunov 优化的算法　b) 对比算法

比算法则无法根据感知速率优化传输速率。传输速率主要受物理层参数的影响，如子信道带宽、传输功率和信道条件。在仿真中，信道增益在每个时隙是随机变化的，这导致了传输速率的大幅波动。然而，在这种情况下，本节所介绍的基于 Lyapunov 优化的算法（以下简称所提算法）同时保证了最优性和队列稳定性。

图 4-14a 展示了每个设备的平均队列积压，仿真结果表明，所提算法的队列积压比对比算法的队列积压小得多，所提算法的最大值和中值都远低于对比算法，波动性较小。图 4-14b 展示了平均能效性能，所提算法可以使大多数设备实现更高的平均能效。对比算法仅考虑了物理层分配，可能将资源分配给传输量小的设备，导致传输需求较大的设备数据积压较大，其积压数据的波动性也较大，同时能效较低。

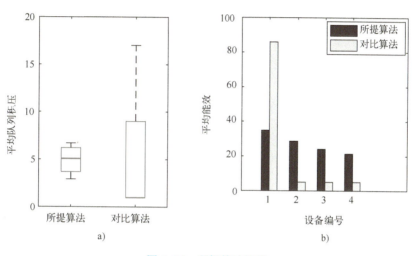

图 4-14 所提算法性能
a) 平均队列积压 b) 平均能效

4.5 电力物联网边缘协同方案

大量机器类设备（Machine Type Device，MTD）被部署在电力物联网中，以执行监视、计费和保护等任务。然而，资源有限的电力物联网终端和计算密集型任务之间的紧张关系已成为电力物联网可靠通信的瓶颈。因此，为满足快速增长的计算需求，电力物联网边缘协同方案应运而生，它通过将计算密集型任务从资源有限的终端卸载到边缘计算服务器，改变了终端数据传输至云服务器的计算方式，能够缓解网络拥堵，延长设备生命周期。

4.5.1 电力物联网边缘协同概述

在传统的云计算中，远程云服务器通常位于远离终端的地方，数据的长距离传输带来了许多问题，包括连接不稳定、网络拥塞和高延迟等。相比之下，边缘计算将计算能力从远程云端转移到无线接入网络边缘，是减少延迟、缓解拥塞和延长电池寿命的一种有效方法。采用电力物联网边缘协同方案，可实现设备侧数据的迁移，通过将计算量大的任务合理分配给计算资源充足的边缘服务器，在更靠近无线网络边缘的数据源头就近提供服务，进行数据处理、分析和存储，以实现计算及存储资源的弹性利用。

尽管边缘计算可以充分利用边缘服务器丰富的计算资源，但由于频谱资源有限、电池容量受限以及对上下文信息的不了解，其性能增益可能会受到严重影响。通常，为了实时地将大量任务从终端传输到边缘服务器，必须根据上下文参数（如信道状态信息、能量状态信息、服务器负载、服务可靠性要求等）对信道选择进行动态优化。传统的集中式优化方法依赖于一个共同的假设，即存在一个中心节点（例如基站），它能够全面掌握上下文信息。考虑到收集整个网络信息的高昂信令开销，这种假设在实际应用中不可取。同时，当终端的数目远远超过可用信道数时，如果多个终端竞争同一个信道，则会频繁发生选择冲突，从而使不同终端之间的信道选择策略耦合。此外，由于电池容量有限，当电池能量耗尽时，终端将停止工作。因此，短期信道选择策略需要与长期能量预算相匹配。最后，电力物联网应用通常要求保证一定的服务可靠性，对如何在有限资源和信息的情况下满足严格的可靠性需求也带来了另一个层面的困难。

4.5.2 电力物联网边缘协同架构

如图4-15所示，电力物联网边缘协同系统是指，在单蜂窝网络中，边缘计算服务器和基站相互协作，共同完成终端设备侧数据通信。其中，基站提供设备连接服务，边缘服务器提供计算服务。终端设备进行无线接入时，其信道选择分为选择正交子信道和选择休眠两种情况。多终端设备选择一个正交子信道接入，在全局信息未知的情况下，会因选择同一子信道而产生冲突。此时，可通过基站对无线接入进行合理调度，以满足电力物联网低时延要求。

1. 数据传输过程中包含的四个模型

为了对该系统的通信过程性能进行定量分析，常将通信全过程表示为若干时隙的累加；同时，整个数据传输过程包含任务传输模型、能量消耗模型、时延模型和服务可靠性模型。

（1）任务传输模型

假设每一时隙终端均产生大小相同的任务，并选择合适信道进行上传。由香农公式可得上行链路传输速率，并得出上行数据吞吐量及边缘服务器接收数据量。若任务产生误码，将添加至下一时隙任务队列进行重传，其中下一时隙任务队列为重传数据、新产生任务量以及剩余任务队列之和。

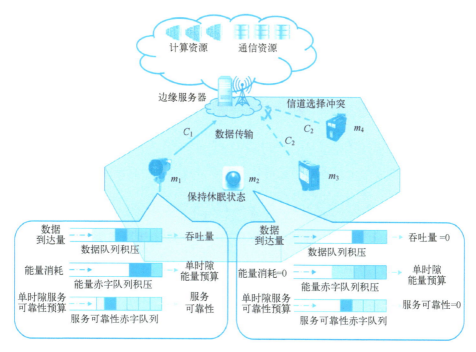

图 4-15 电力物联网边缘协同系统

(2) 能量消耗模型

每个时隙终端的能量消耗等于传输功率乘以上行传输时延。

(3) 时延模型

在电力物联网中，上行链路的数据量远大于下行链路的数据量，因此，通信时延常忽略下行链路的传输时延。在该边缘协同系统中，总时延为上行传输时延与边缘计算时延之和。其中，上行传输时延为数据吞吐量与上行速率之比；边缘计算时延为所需 CPU 处理能力与实际 CPU 计算资源之比。

(4) 服务可靠性模型

该系统的服务可靠性与时延是密切相关的，每个时隙的总时延应小于规定时延，且满足可靠性的时隙次数与总时隙之比应大于规定值。

2. 电力物联网边缘协同优先模型

在长期能量预算和服务可靠性的约束下，为最大化长期网络吞吐量，提出了电力物联网边缘协同优化模型。

(1) 长期吞吐量优化目标

$$\text{P1}: \max_{\{x_{k,j,t}\}} \sum_{t=1}^{T} \sum_{k=1}^{K} \sum_{j=1}^{J+1} x_{k,j,t} z_{k,j,t}$$

表示在信道选择约束下，长期优化目标是通信全过程所有子信道的网络吞吐量。

(2) 信道选择、能量及服务可靠性约束

1) 信道选择约束。C_1和C_2表示，在每个时隙内，每个信道最多只能接入一个终端，且每个设备只能选择一个信道进行任务卸载或等待下次卸载，用公式表示如下：

$$C_1: \sum_{k=1}^{K} x_{k,j,t} \leq 1, j = 1, 2, \cdots, J, \forall t \in \mathcal{T}$$

$$C_2: \sum_{j=1}^{J} x_{k,j,t} \leq 1, \forall m_k \in \mathcal{M}, \forall t \in \mathcal{T}$$

2) 能量约束。即通信全过程的能量消耗不大于节点电池的总储能，用公式表示如下：

$$C_3: \sum_{t=1}^{T} \sum_{j=1}^{J+1} x_{k,j,t} E_{k,j,t} \leq E_{K,\max}, \forall m_k \in \mathcal{M}$$

3) 服务可靠性约束。满足可靠性的时隙次数与总时隙之比应大于规定值，用公式表示如下：

$$C_4: \frac{X_{k,T}}{T} \geq \eta_k, \forall m_k \in \mathcal{M}$$

4.5.3 电力物联网边缘协同架构算例分析

1. 问题转化

由于长期的优化目标和约束条件相互耦合，问题P1无法直接求解。为了提供易于处理的解决方案，可以利用Lyapunov优化将一个耦合的长期随机优化问题转化为一系列短期确定性问题，这些问题可以在低复杂度的情况下得到解决，同时，数据积压、能耗和服务可靠性也会随着时间的推移而得到平衡。

基于虚拟队列的概念，可以将长期能量预算和服务可靠性约束转化为队列稳定性约束。定义虚拟能量赤字队列为$N_k(t)$，虚拟服务可靠性赤字队列为$F_k(t)$。下一时刻能量赤字队列$N_k(t+1)$为时隙t的虚拟能量赤字队列$N_k(t)$加上该时隙内的总能量消耗与平均能耗限制之差；下一时刻虚拟服务可靠性赤字队列$F_k(t+1)$为时隙t的虚拟赤字队列加上该时隙内任务卸载最小成功率η_k与满足服务可靠性的次数之差。同时，$N_k(t)$可表示当前能耗与能源预算的偏差，$F_k(t)$可表示服务可靠性与规定要求的偏差。其中，在随机优化的初始阶段，虚拟能量赤字队列和虚拟服务可靠性赤字队列均为零。

随后P1被转化为一系列短期优化子问题，在每个时隙，如果设备直到第t个时隙的能量消耗都没有超过能量预算，则定义一个在线多目标优化问题，使得吞吐量和服务可靠性最大化的同时，能耗也最小化。此时，优化目标转化为P2，即在信道选择约束下，最大化吞吐量、能耗和服务可靠性的加权和。

求解P2所需的信息可以分为本地信息和非本地信息两类。本地信息指终端设备无需额外的信息交换就可以获得的信息，而非本地信息是指需要通过额外的信息交换才能获得的信息。通常，队列积压、边缘计算强度等时变信息为非本地信息；终端发射功率、最大能耗约束等非时变信息为本地信息。

2. 单终端场景下基于机器学习的上下文感知信道选择

基于终端是否具有非本地信息，分别考虑理想情况和非理想情况。在理想情况下，设备可以获知全局状态信息（Global State Information，GSI），包括本地信息和非本地信息。而在非理想情况下，设备只了解本地信息。

对于 GSI 的理想情况，可采用基于上下文感知的 SEB-GSI 算法进行信道选择，该算法具有服务可靠性感知、能量感知和队列积压感知能力，能够在信道选择约束下，最大化吞吐量、能耗和服务可靠性的加权和；在非理想情况下，即当非本地信息不存在时，SEB-GSI 算法将不再适用。为了解决这个问题，提出一种基于最大置信区间（Upper Confidence Bounds，UCB）框架的上下文感知信道选择算法，即 SEB-UCB。该算法基于历史观测值，同时考虑了置信区间估计的不确定性，使设备能够仅基于本地信息来学习最优方案。

3. 多终端场景下基于机器学习的上下文感知信道选择

单一的 UCB 算法不适合多终端设备场景，因为其忽略了设备信道选择策略之间会存在冲突。为了解决这一问题，从理想的 GSI 情况出发，提出一种基于匹配的上下文感知信道选择算法，即 SEB-MGSI。在基于定价的匹配中，设备占用信道的代价与虚拟服务可靠性赤字队列成反比，从而使得服务可靠性赤字较大的终端有更高的概率与子信道匹配，进一步增强了服务可靠性。然而，在无法获得构建终端偏好列表所需的非局部信息的非理想情况下，基于匹配的 SEB-GSI 算法是不可行的。为了解决该问题，遵循 SEB-UCB 算法思想，提出一种基于匹配学习的上下文感知信道选择算法，即 SEBC-MUCB，使终端能够通过在线学习来估计其偏好列表。通过在学习过程中加入冲突意识，对单机器类通信设备基于机器学习的上下文感知信道选择算法进行扩充。在 SEBC-MUCB 算法中，终端可以通过持续观察其匹配偏好与实际匹配结果之间的差异来学习决策耦合和匹配冲突的影响。

4. 仿真结果及分析

图 4-16a、b 分别显示了单终端场景下总计 1000 个时隙的累积网络吞吐量和累积能耗性能。如图 4-16a 所示，与 UCB 算法和随机选择算法相比，仅考虑本地信息的 SEB-UCB 算法在满足能耗约束的前提下，吞吐量分别提高了 30% 和 36%。图 4-16b 显示两个启发式算法在开始时更积极地使用能量，然而，能量分别在 $t=700$ 和 $t=720$ 时耗尽，无法满足数据传输的需求。需要注意的是，所提出算法的能量消耗在 $t=1000$ 后不再增加，因为能量在 $t=1000$ 时正好耗尽。与其他启发式算法相比，所提出的算法在指定的优化时间内可以很好地利用可用的能量。此外，网络吞吐量和能耗性能的曲线趋势也与 SEB-GSI 的曲线趋势完全一致。

图 4-17a 显示了多终端场景下累积网络吞吐量与时隙的关系。SEBC-MUCB 算法的性能分别比 UCB 算法和随机选择算法高 13.7% 和 31.2%。与 SBC-MUCB（基于匹配学

习的服务可靠性、积压与冲突感知信道选择）算法和 EBC-MUCB（基于匹配学习的能量、积压与冲突感知信道选择）算法相比，由于额外考虑了能量感知和服务可靠性感知，SEBC-MUCB 算法的吞吐量分别提高了 3.46% 和 3.96%。以 SBC-MUCB 为例，虽然它在开始时获得了较高的吞吐量，但在 $t=981$ 处能量耗尽，并且在剩余的时隙中处于空闲状态，这显著降低了整体吞吐量性能。图 4-17b 显示了累计能耗与时隙的关系。仿真结果表明，SEBC-MUCB 和 EBC-MUCB 算法的能耗没有超过能量预算，与单一终端的场景不同，UCB 算法的能耗最低，频繁的选择冲突迫使终端保持空闲，从而降低了能耗。

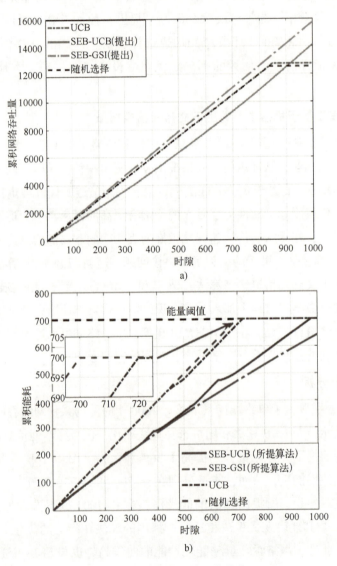

图 4-16 单终端场景下的性能

a) 累积网络吞吐量　b) 累积能耗

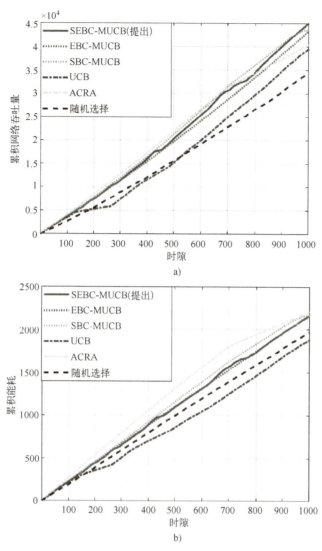

图4-17 多终端场景下的性能

a) 累积网络吞吐量　b) 累积能耗

注：ACRA为接入控制与资源分配算法。

4.6 电力空地信息网络

4.6.1 电力空地信息网络概述

1. 电力空地信息网络面临的背景

物联网（IoT）可以通过网络将智能手机、传感器、家用电器、车辆和可穿戴设备等物理设备进行互联，从而实现了无处不在的信息交换和通信。随着海量终端的接入，在电力信息网络中由电动汽车构成的地基通信网络，可以通过车内网、车载移动互联网和车际网，建立车与人、车与路、车与车、车与外部世界之间的连接，实现智能动态信息服务、车辆智能化控制和智能交通管理，改善出行效率、保障驾驶安全和促进低碳环保。但是由单一的电动汽车构建的地面无线网络存在诸多问题。首先，当前电动汽车使用的充电电池多为锂电池，巡航时间较短。其次，充电难和充电时间较长是电动汽车的另一个弱点。最后，传统的地面通信网络容灾应急能力差、组网结构较为单一、无法与现有网络融合等。然而，飞行在高空、提供大规模覆盖和视距（Light of Sight，LoS）连接的无人机却可以灵活地部署，显著地减少不必要的网络切换次数，并为高移动性用户提供不间断的计算服务。为此，迫切需要将由无人机组成的空基网络与电动汽车组成的地基通信网络相融合，构建广域覆盖、部署灵活、容灾应急能力强的电力空地一体化网络，实现电力系统配用电物联网中海量终端的泛在互联。为了进一步减少网络响应时间并减轻核心网络的流量拥塞，移动边缘计算（MEC）作为一种有效的解决方法应运而生，它可以将计算和存储资源放置在网络边缘。

2. 电力空地信息网络面临的挑战难题

由于电力物联网应用具有时延敏感和多媒体丰富的特性，其对大规模连接、超低时延和高可靠性的需求呈爆发性增长，对网络接入容量（即 MEC 节点同时可以容纳的连接数）提出了新的挑战。同时，由于 MEC 的物理基础结构通常以固定方式部署，缺乏移动性，无法适应时间、空间、频谱快速变化的计算和连接需求。在热点地区，大量电力物联网设备尝试同时连接到 MEC 节点，这种大量的连接请求和计算需求严重超过了 MEC 节点的网络接入和计算能力，最终导致网络性能的急剧下降。相反情况下，当覆盖范围内的负载从峰值转移至谷值时，会使 MEC 节点中的大量资源无法得到充分利用。因此，不规律的用户需求与僵化的网络容量之间的不匹配问题严重损害了网络用户的 QoS 和 QoE（Quality of Experience，体验质量），并降低了资源利用效率。

为了解决上述挑战，有学者提出了一种空地一体化 MEC 架构，该架构通过积极探索空基和地基两个网段的通信与计算和存储资源，从而实现按需部署边缘服务器。同时，该架构通过将无人机（Unmanned Aerial Vehicles，UAV）和地面车辆中的空闲资源作为辅助边缘服务器，可以实现资源的有效利用并提供可靠的 QoS。具体原因如下：一方面，无人机不仅可以在广阔的地理区域中提供大规模覆盖，而且还具有诸如快速部署、易于编程和高可扩展性的独特特征。例如，通过无人机的视距连接和大规模覆盖，可以有效降低小区边缘用户的连接中断概率。另一方面，车辆边缘计算不仅具有较高地理分布密度和接近用户的优势，而且还可以以补充方式与无人机一起进行部署，以提供差异化的服务或增强城市地区的计算能力和通信连通性。具体而言，热点地区中的大量车辆可以提供额外的计算资源和多跳数据传递。此外，对于由于无人机电池电量耗尽而发生的间歇性连接和服务中断，附近的车辆可以以无缝衔接的方式提供服务。因此，这种新范例综合了不同网段的优势，提高了 MEC 节点与 IoT 设备之间的连接质量和容量。

4.6.2 电力空地信息网络架构

本节介绍空地一体化 MEC 的架构,并介绍相应的技术优势。

1. 电力空地信息网络架构概述

空地一体化 MEC 架构的设想来源于软件定义网络,其通过将数据和控制功能相分离,并对底层基础设施进行提取,可以提供集中式的网络控制和灵活的资源管理。图 4-18 为所提出的空地一体化 MEC 架构图,该架构依赖于设备层、边缘计算层和云计算层的深度融合。

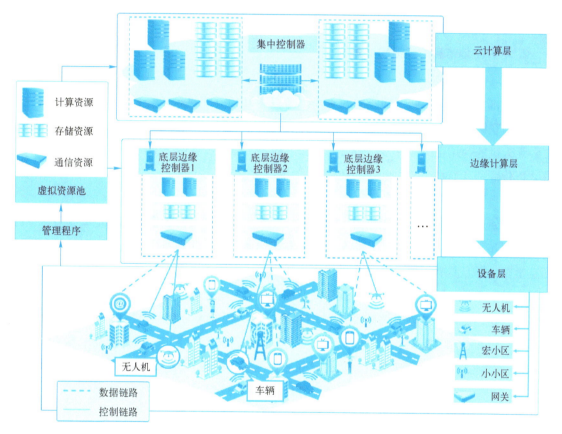

图 4-18 空地一体化 MEC 的体系结构

设备层主要由空基和地基两个网段的各种可编程和可重构的设备和元件组成,包括无人机、车辆、基站、路由器、网关和各种物联网设备。设备层资源及上层计算和存储资源由系统管理程序提取和虚拟化,并最终被整合到虚拟资源池中。系统管理程序接管底层基础设施的驱动,并为控制器提供抽象。通过物理基础设施和虚拟化网络资源之间的适当映射,可以在同一基础设施上建立和运行多个虚拟 MEC 节点。每个 MEC 节点仅占用整个虚拟化资源的一部分,并且由上层控制器独立控制。

云计算层和边缘计算层共同为电力物联网应用提供基本的计算功能。本架构采用分层计算架构来处理不同规模的计算任务分配和资源管理。边缘计算层作为云计算层的有益补充，更适用于处理分布式、小规模和时延敏感的本地计算任务。在边缘计算层中，通信、计算和存储资源被部署在靠近用户侧的位置，并分布在网络边缘。底层边缘控制器只能查看和管理自己的虚拟网络，并被上层云控制器控制。

与边缘计算层相比，云计算层的资源规模数量级较大，并由具有集中处理功能和全局网络信息的云控制器进行统一控制和管理。通过对数据与控制进行解耦以及对物理基础设施进行高度抽象，可以使虚拟化资源独立于供应商，并进行精细颗粒度控制。为了满足不同应用的 QoS 需求，上层控制器可对虚拟资源进行重组并将其分配给每个下层控制器，然后由下层控制器根据业务需求动态地调整资源分配。

2. 电力空地信息网络架构优势

（1）增强性连接

通过将空基和地基两个网段中的多余资源以互补的方式进行整合，可以增强 MEC 节点与电力物联网设备之间的连接能力。由于无人机覆盖范围广、部署速度快以及可提供视距连接，无人机的使用可以使连接能力按需增加。此外，靠近设备的车辆可以充当中继器提供多跳数据传输，从而扩大了 MEC 服务的有效覆盖范围。

（2）自适应资源分配

为了使资源供应与时空变化的计算需求相匹配，需要在不同级别上动态地调整资源虚拟化的规模和资源分配的颗粒度，如在无人机和车辆大量互连的网络中，包含多个地到地和地到空链路，并且具有带宽、电源、缓冲区、队列等多种资源，可以将其从较高的虚拟化级别映射到单个虚拟链路。虚拟化后的链路资源由控制器统一进行管理，从而实现负载平衡和改善连接性能。同时，这种分层控制体系结构还可以实现资源分配颗粒度的灵活调整。特别地，负载分布、功率控制、频谱分配和用户关联的微观调控由下层边缘控制器根据实时计算需求进行管理，而宏观管理方面，如边缘服务器位置的部署、无人机/车辆的调度和段内资源的协调则由上层云控制器根据长期观察和预测结果进行控制。

（3）差异化服务质量需求

电力物联网应用对吞吐量、时延、可靠性和连接性等有不同需求，为了满足不同应用的 QoS 需求并提供差异化的服务，需要实施精细颗粒度的资源分配。首先，需要将应用请求转换为显式指令，然后通过标准化的应用程序编程接口（API）传递给各个控制器。同时，通过将数据与控制进行有效分离和高度虚拟化，可以由分层控制器通过动态调整资源供应实现更高等级的 QoS 需求。除了自适应资源编排之外，空地一体化架构提供的增强性连接功能还可以显著降低远离 MEC 节点的用户发生连接中断的概率，同时，支持按需移动连接的无人机和车辆可以为重负载小区提供有效的数据卸载，从而显著增强网络接入能力并提供可靠的 QoS。

（4）有效的移动性管理

空地一体化 MEC 网络通过分离软件定义的空中接口可以实现有效的移动性管理。飞行在高空、提供大规模覆盖和视距连接的无人机可以显著减少不必要的网络切换次数，并为高移动性用户提供不间断的计算服务。此外，控制器通过利用从历史数据获得的知识，如计算需求的联合分布优化，可以实现对宏观的无人机/车辆调度问题和微观的资源分配问题的联合优化。同时，由于底层空中和地面基础设施的虚拟化是由虚拟机管理程序以透明的方式实现的，因此边缘控制器可以以高度抽象的方式管理相应的虚拟资源，而不需要直接与硬件/软件进行异质性交互，从而显著增强了段内资源管理和协调互连的效率。因此，为了应对动态变化的网络拓扑和计算需求，控制器可以通过严格的配置来重置网络结构和重组虚拟化资源。

4.6.3 电力空地信息网络架构的用例分析与性能评估

5G 时代的三个基本业务场景为增强型移动宽带（eMBB）、大规模机器类通信（mMTC）和高可靠低时延通信（URLLC）。本节通过四个用例来说明如何通过空地一体化 MEC 架构，支持具有高吞吐量、低时延和高移动性要求的大量 5G 应用。如图 4-19 所示，用例"支持超低时延"对应于 URLLC 场景，用例"分布式大数据处理和分析"与"内容缓存和移动交付"对应于 eMBB 场景，用例"可扩展的大规模移动性连接管理"对应于 mMTC 场景。

图 4-19 空地一体化 MEC 的四个典型用例

1. 用例分析

(1) 支持超低时延

电力空地信息一体化网络由于仅依赖于底层 MEC 设备，如车载网络或无人机，而不需要远程云计算服务器，从而显著地降低了时延，有效增强了用户的体验质量（QoE）。特别地，提供视距连接的无人机或车辆由于可以显著提高连接质量，对于支持时延敏感的应用程序至关重要。此外，通过实施空地一体化，可以在救灾和应急管理中实现及时反映和提供适应性解决方案。例如，在电力应急通信中，当发生地震、雨雪、洪水、故障抢修等灾害时，通过应急通信车搭载 5G 基站进行现场支援，可以为现场多种大带宽多媒体装备提供大带宽回传能力，支撑现场高清视频集群通信、指挥决策。实际上，谷歌的 SkyBender 项目已经证明，与现有 4G LTE 系统相比，其数据传输速度可以提高 40 倍。

(2) 分布式大数据处理和分析

与具有固定位置和计算能力的常规云计算或静态边缘计算不同，空地一体化 MEC 网络的计算能力可以根据流量需求动态增加。例如，一组通过视距空到空链路互连的无人机可以通过相互交换一些关键数据来共同处理大量数据，即机载数据处理能力可以通过空到空连接在无人机之间共享，其中空到空连接可以近似为自由空间通信。同时，利用这种分布式数据处理能力，并根据动态流量配置灵活地调整资源分配和重置网络结构，可以实现对涉及大量数据的复杂网络的实时分析。

(3) 可扩展的大规模移动性连接管理

通过综合空基和地基两个网段的技术优势，可以利用具有恒定供电、固定回程连接和大传输功率的静态基站来提供接入服务，而无人机和车辆则利用其移动性来按需提供内容交付和计算服务。因此，在一定程度上可以通过灵活调度和动态连接管理实现可扩展的大规模连接。例如，在电力应急通信的场景下，应用基于移动多跳连接的 MEC 机制，不仅可以直接从传感器中收集实时信息，还可以实现本地信息分析并将事故发生现场的信息实时传送到远程指挥中心。此外，无人机还可以为公共安全监控提供按需移动连接。例如，当发生火灾时，可以立即派遣一组无人机到达火灾现场提供现场录像和静态图像，以便在搜救行动中进行主动侦察和决策。

(4) 内容缓存和移动交付

空地一体化 MEC 架构可以通过内容缓存和移动交付来降低内容分发时延和消除网络过载，主要体现在以下三个方面。首先，频繁请求的数据可以选择性地缓存在空地一体化边缘服务器中，而无需在回程中进一步复制传输。其次，将靠近设备的无人机和车辆结合起来，使其具有灵活部署和可重构的特性，以优化网络接入和无线覆盖范围。同时，允许更多的用户获取先前缓存在移动边缘服务器中的内容，从而进一步减少了重复内容的传输。最后，由于无人机和车辆具有移动性，可以大大减少不同位置的重复内容缓存。

2. 性能评估

本小节将所提出的电力空地信息网络架构与基线、车辆辅助和无人机辅助三种启发式方案进行了比较。为了消除静态边缘服务器的影响,实验中将四种方案中的静态边缘服务器的数量设置为相同数目,并比较了四种方案中通过集成车辆或无人机获得的性能增益。同时,对于车辆辅助方案、无人机辅助方案和所提出的方案,车辆和无人机的总数保持相同。

图 4-20a 显示了用户数量与平均时延性能之间的关系。结果表明,四种方案的平均时延性能均随用户数的增加而增加。原因是更多用户尝试连接到相同的边缘节点并卸载计算任务,使得用于任务上传、排队和处理的时间都相应增加。然而,实验结果表明,通过有效利用空地综合资源,可以大大降低平均时延。当用户数达到 1400 时,由于具有视距通信链路的无人机和车辆可以有效缓解多径衰落带来的负面影响,所提出的方案的平均时延比基线方案低 48%,实验结果还表明,所提出的方案优于无人机辅助方案。其原因在于,车辆的灵活部署和可重构特性,有利于提高网络接入能力。例如,在热点区域,靠近设备的大量车辆由于传输距离较短而可以大大减少传输时延。

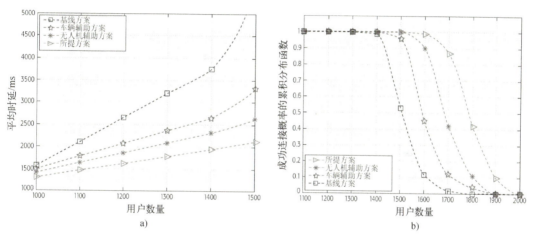

图 4-20 空地一体化 MEC 架构的性能
a) 平均时延性能 b) 累积分布函数

图 4-20b 显示了成功服务连接概率的累积分布函数(Cumulative Distribution Function,CDF)与用户数量的关系。其中成功服务连接表示其计算请求被 MEC 节点成功接受的用户比例。特别地,当用户数增加到 1600 时,由于与接入和回程相关的限制,在基线方案中只有 12% 的服务请求被成功连接。相比之下,由于具有视距连接和大规模覆盖的空地一体化资源,所提出的方案可以有效增强小区边缘用户的 QoS 性能,并提供比传统方式更为可靠的通信链路。同时,所提方案实现的成功服务连接比基线方案高 88%。此外,从图 4-20a 和图 4-20b 可以看出,无人机辅助方案的性能总是优于车辆辅助方案。原因是当关联车辆驶离并且附近没有备用车辆可以继续提供服务时,服务连接会发生中断,但这种情况对于具有更大覆盖范围的无人机而言是不太可能发生的。

4.7 电力物联网电动汽车充放电调度方案

4.7.1 电力物联网电动汽车充放电调度概述

电力物联网是以电网为枢纽，通过应用大数据、云计算、区块链等信息通信技术，为电网规划建设、生产运行以及综合能源服务等各方面提供有效数据支撑的共享型平台。作为电力物联网下智能交通领域的典型应用，电动汽车入网（Vehicle-to-Grid，V2G）技术能够有效集成分布式电源，在可再生能源出力强不确定性的电网调度过程中起到削峰填谷的作用，促进间歇性可再生能源整合与消纳的同时，还保证电力系统运行的可靠性与稳定性，并能够有效结合需求响应机制与虚拟发电厂概念，促进电力市场需求侧的自由化，在降低系统运行成本的基础上进一步提高电网收益。然而，由于电动汽车的充电时间、充电地点以及负载特性均取决于具有随机性与模糊性的用户响应行为，而不受控制、不协调的电动汽车大规模并网将导致高波动性与冲击性，不利于系统的稳定运行。此外，具有间歇性与波动性特点的可再生能源发电技术尚不具备完全可控、可预测能力，进一步增加了基于大规模电动汽车并网的电力系统电力供需平衡难度。因此，需要制定可靠的电动汽车充放电调度方案、适用的调度优化方法来充分激发 V2G 技术的应用潜力。

随机优化与鲁棒优化已广泛应用于优化调度领域以处理数据不确定性问题。当不确定数据遵循一个已知的概率分布时，随机优化是一种有效的解决方法。然而，考虑到电力物联网背景下的多种场景与实际约束条件的复杂性，很难精确地识别不确定因素的概率分布。因此，基于随机优化的能量调度方法往往不足以解决不确定性的影响。相比之下，鲁棒优化法并不需要不确定性的精确概率分布模型，其在建模过程中已考虑到大规模电动汽车并网的最坏运行情况，以确保生成的充放电调度方案不受所有潜在不确定性的影响。然而，在电力物联网背景下，实现可靠的电动汽车充放电调度仍然是一个难题。首先，计算复杂度随优化阶段与电动汽车数量的增加呈指数增长，问题求解难度的增加，导致不得不舍弃求解精度以保证求解速度与可靠性。其次，基于鲁棒优化法的能量调度问题的可解性往往受限于问题结构和不确定性集合的设计。最后，当同时考虑电动汽车和间歇性可再生能源等众多不确定因素的最坏情况时，再要确保鲁棒性将会付出不切实际的高昂代价。

4.7.2 电力物联网电动汽车充放电调度架构

1. V2G 网络概念化架构

如图 4-21 所示为具有大规模电动汽车和高比例可再生能源渗透的 V2G 网络概念化架构。电动汽车用户可以通过私人充电桩或在工作场所、停车场以及充电站通过公共充电桩进行充放电管理，上述充电场所的电动汽车聚合器能够执行实时状态监控、无缝数据收集以及协调充放电管理等功能。常规发电机组和可再生能源发电机组将其预定的发电计划（或预测的可再生能源输出时段）提交给控制中心，以便于进一步制定灵活、可靠的优化调度方案。

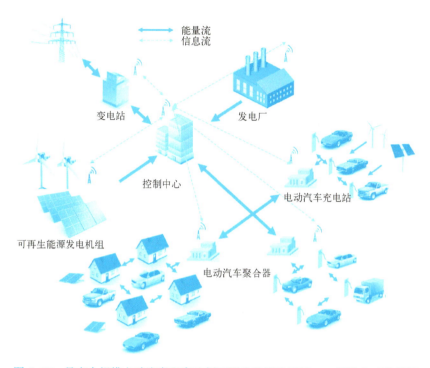

图 4-21　具有大规模电动汽车和高比例可再生能源渗透的 V2G 网络概念化结构

在集中式能量调度场景中，控制中心根据所收集的信息计算调度问题，向电动汽车聚合器发出调度信号。根据调度信号的不同，电动汽车聚合器可以充当一个明确的负载，也可以充当提供额外发电量的电源。相比之下，分布式能源调度场景不需要掌控全局信息，从而避免了较大的通信和计算成本，电动汽车用户也可以根据合理的电价或激励机制，积极调整充电和放电行为。然而，在实际的 V2G 能量调度问题中，系数数据的较小不确定性有时会使解决方案严重不可行，甚至从实际的角度来看，对原始问题的求解完全没有意义。这些数据不确定性可能是由于具体实施、测量和估计误差而引起的，例如，可再生能源和电动汽车带来的不确定性可能会导致发电量与负荷需求间的严重不匹配，从而导致功率不平衡、区域间振荡、电压不稳定、频率波动等诸多关键问题。

2. 基于 V2G 网络的鲁棒能量调度模型

鲁棒能量调度的目的是减轻数据不确定性对解决方案质量的负面影响，鲁棒能量调度范式可通过一个线性目标函数表示，该函数定义如下：

$$\{\min_{x}\{c^\mathrm{T}x:Ax\leqslant b\},(c,A,b)\}$$

式中，$x\in \mathbf{R}^k$ 为决策变量；$c\in \mathbf{R}^k$ 为决策变量系数；矩阵 A 与 $b\in \mathbf{R}^m$ 为指定约束的系数，本

节所提出的鲁棒能量调度范式是面向最坏情况下的,即对于不确定性集合 u 中 (c,A,b) 的所有可能实现,鲁棒可行解必将是可行且有意义的。最优的鲁棒可行解是最坏的情况下 $\sup\{c^Tx:Ax\leq b,\forall(c,A,b)\in u\}$ 的值,相应的优化问题为

$$\min_x\{\sup_{(c,A,b)\in u}c^Tx:Ax\leq b,\forall(c,A,b)\in u\}$$

并可等价于优化问题

$$\min_{x,\varepsilon}\{\varepsilon:c^Tx\leq\varepsilon,Ax\leq b,\forall(c,A,b)\in u\}$$

后一种优化问题也称为原始线性规划的鲁棒对偶项。式中,变量 ε 的最小值表示最坏情况下 $\sup\{c^Tx:Ax\leq b,\forall(c,A,b)\in u\}$ 的值。通常,当不确定性集合 u 是非负正整数或具有凸包的多面体时,鲁棒对偶项在计算上是易于处理的,并且可以通过诸如内点法和拉格朗日松弛法等传统规划方法有效地解决。

3. 基于 V2G 网络的可调鲁棒能量调度模型

基于 V2G 网络的鲁棒能量调度依旧面临着鲁棒优化法的过度保守问题。尽管考虑到每个不确定因素的最坏情况可以最大限度地防范不确定性,但是为了确保鲁棒性将会使经济性严重下降。然而,对于某些非紧急应用,鲁棒解决方案的概率保证更受青睐,从而可以根据实际需求选择保护级别。因此,本节提出可调鲁棒能量调度方案,为鲁棒解决方案的鲁棒性提供灵活性,以及为每个不确定的约束条件提供完备的保守度控制。

可调鲁棒能量调度方案能够根据约束违反的概率保证来调整鲁棒性水平。由于所有不确定性系数不可能同时在约束条件中发生变化,因此优化目标是在提高经济效益的同时,保证约束可行性不受高概率不确定因素的影响。

首先,构造不确定性集以实现所提出的可调鲁棒能量调度方案。可调鲁棒能量调度的一个优点是可以根据数据的部分随机信息来建立不确定性集,进而提高经济效益,为证明这一优势,假设通过使用中心极限定理可以将每个电动汽车(EV)聚合器的总充电负荷近似为正态分布,并将 L 表示为 EV 聚合器的总数,使用预测区间方法将第 l 个聚合器的充电负荷不确定性集设计为 $[\overline{P}_l-\hat{P}_l,\overline{P}_l+\hat{P}_l]$。$\overline{P}_l$ 和 $\hat{P}_l$ 分别是样本平均值和标准差,可以通过使用之前的 N 个观察样本来计算。$P_{l,N+1}$ 是第 $(N+1)$ 个观察值,δ 是 $P_{l,N+1}$ 落入预测区间 $[\overline{P}_l-\hat{P}_l,\overline{P}_l+\hat{P}_l]$ 的概率,落入该区间内的未来观测值 $P_{l,N+1}$ 具有一定的概率 δ,即 $P(\overline{P}_l-\hat{P}_l\leq P_{l,N+1}\leq\overline{P}_l+\hat{P}_l)=\delta$。值得注意的是,在完全不知道聚合器充电负荷分布的情况下,鲁棒能量调度算法仍然有效,这是由于总是可以根据历史数据构造一个松散的不确定性集来进行鲁棒能量调度,但其可能不如基于部分随机信息的不确定性集那样紧密。

其次,针对 L 个不确定充电负荷(即 $P_1,\cdots,P_L$)引入保护阈值 α,α 控制了约束违反概率与对最优目标值的影响间的权衡。α 可以从区间 $[0,L]$ 中取值(不一定是整数),如果允许 $\lfloor\alpha\rfloor$(不超过 α 的最大整数)个不确定的充电负荷随预测区间变化,并且最多允许一个负荷(如 P_l)在区间 $[\overline{P}_l-(\alpha-\lfloor\alpha\rfloor)\hat{P}_l,\hat{P}_l+(\alpha-\lfloor\alpha\rfloor)\hat{P}_l]$ 内变化,则该解决方案是鲁棒可行的。

此外，即使超过$\lfloor \alpha \rfloor$个不确定的系数变化，该解决方案也将具有较高的可行性。

4.7.3 电力物联网电动汽车充放电调度的性能评估

为验证可调鲁棒优化模型的有效性，对如图4-21所示的V2G网络结构进行仿真验证，该场景由1台燃气发电机、4台风力发电机、100台电动汽车和6台电动汽车聚合器组成。通过鲁棒能量调度规划，电力公司能够调度电动汽车在负荷低谷时段吸收多余风能，并在负荷高峰时段将电能送回电网，以提高经济效益。鲁棒优化的目标是在电动汽车到站时间、电池初始充电状态和风力发电机组输出具有不确定性的条件下，将燃气发电机的发电成本和风力发电机的维护成本降至最低，并且考虑了有功功率平衡、有功功率出力限制、电动汽车充放电功率限制、电动汽车能量平衡和旋转备用等实际约束条件，仿真结果如下。

图4-22为基于V2G的能源供需状况比较，比较了有无V2G参与下使用可调鲁棒能量调度的能源供需状况。由图中可以看出，从19:30开始出现高峰负荷时段，此时风力发电不足，无V2G鲁棒能量调度的燃气发电机必须大幅增加出力，以满足功率平衡约束；从23:00到凌晨3:00处于非高峰负荷时段，此时住宅和电动汽车负荷需求较低而风电出力较大，使得弃风现象较为严重，造成了不必要的能源浪费。由此可见，大规模电动汽车的不协调充电行为和风电出力的间歇性将显著增加总运营成本，而通过采用基于V2G的鲁棒能量调度可让电池在高峰时段放电并在非高峰时段消纳多余的可再生能源出力，从而有效地转移峰值负荷并降低发电成本。

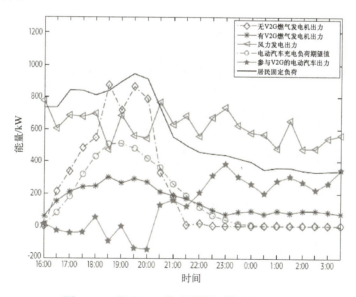

图4-22 基于V2G技术的能源供需状况比较

图4-23为约束违反概率与总运行成本之间的关系。当保护阈值α增加时，以增加的运行成本为代价提高了约束违反的概率保证。值得注意的是，当鲁棒性增加时，最小运行成本

只受到边际影响。例如，当 α 从 0 增加到 6 时，约束违反的概率减小了 95%，而最小运行成本仅增加了 15%（从 740 美元增加至 852 美元）。因此，可调鲁棒能量调度算法不会对目标值进行严厉的惩罚以减少约束违规的可能性，从而在可靠运行与经济调度之间提供了可调整的权衡。

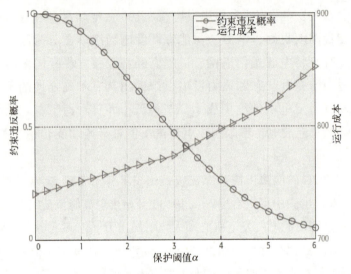

图 4-23　约束违反概率与总运行成本之间的关系

图 4-24 为保护阈值 α 对电动汽车充放电策略的影响。α=0、4、6 分别代表弱级别保护、中级别保护、强级别保护。随着 α 从 0 增加到 6，电动汽车用户会更加积极地为其电池充电，并在放电阶段采用更为保守的放电行为以减少约束违反概率。这再次证明，较大的 α 值会以牺牲经济性能为代价降低约束违反概率。

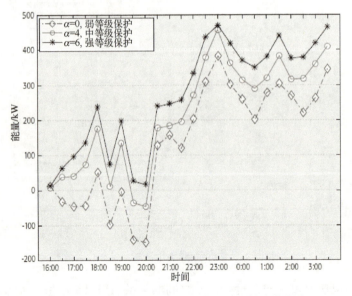

图 4-24　保护阈值 α 对电动汽车充放电策略的影响

第 5 章　电力物联网安全访问技术

在电力系统中，物联网监测的每一个设备都能通过无线或有线通信技术成为监控的对象。由于工业调度自动化系统的安全隐患主要存在于非法用户和合法用户的误操作、越权操作，而访问控制是解决该问题的关键，因此研究合适的访问控制安全策略十分必要。在许多工控系统中，各种物联网终端设备中涉及安全或隐私的数据只能被授权的用户访问，并且不同的电力设备数据应该具有不同的安全等级，也就是说，对特定数据的访问权必须遵循特定的访问策略。比如规划者（Planner）必须能访问所有的数据，但是工程师（Engineer）只能访问与本人业务有关的数据。所以，电力物联网需要细粒度的访问控制机制来降低由于误操作、越权操作而引起的危害。另一方面，在电力物联网中，很多物联网设备将工作在强电磁干扰环境下。强电磁干扰会导致无线传感器丢包，影响电力物联网设备的正常工作。与此同时，现有的大多数访问控制机制的设计都是基于加密技术的。实际上，在安全操作中很多数据处理过程对于计算过程中出现错误数据是非常敏感的。所以，如何在访问控制的过程中实现安全计算的容错，也是一项重要的研究内容。同时，当前的电力物联网通常处于社交网络服务的环境下，如何实现安全服务，也是实现安全访问的关键。

5.1　电力物联网安全访问国内外研究现状

5.1.1　访问控制概述

电力物联网相关监控系统的访问控制能够有效地防止非法的主体进入受保护的网络资源，并且允许合法用户访问受保护的网络资源，还能防止合法的用户对受保护的网络资源进行非授权的访问。访问控制是工业系统安全稳定运行的有效保障之一。当电力物联网的技术引入工控系统之后，访问控制也是其核心安全问题。

很多文献基于现有的访问控制模型来设计物联网及工业监控系统访问控制策略。大多数文献对常规的物联网访问控制进行了研究，分别从访问用户交互、物联网设备身份识别和设备接入等方面给出了解决方案，但是没有考虑工业环境的特殊因素。丁欢[1]在分析了分布式电力监

---

[1] 丁欢. 分布式电力监控系统访问控制的研究与实现 [D]. 上海：上海交通大学, 2008.

控系统的特点后，从电力监控系统安全问题产生的原因和特点出发，针对非法用户的访问、合法用户的误操作等安全性问题，重点分析了分布式电力监控系统的访问控制技术。在理论上分析了基于角色的访问控制（Role-Based Access Control，RBAC）的概念模型后，与传统的安全访问控制模型相比较，论证了分布式电力监控系统中采用RBAC模型的必要性。通过分析分布式电力监控系统的特点和安全需求，指出了RBAC概念模型的不足，提出了RBAC的改进模型，即扩展角色访问控制（Extended Role-Based Access Control，ERBAC）。该模型通过引入对象类型这一属性，提高了系统的鉴权效率。夏明超等人[一]针对电力监控系统对访问控制的要求，比较了几种常见的访问控制策略，提出了一种基于角色访问控制的电力监控系统访问控制策略。文中介绍了RBAC的基本概念及其特点和优势，分析了电力监控系统体系结构并为其建立了资源模型，在此基础上设计了电力监控系统中的资源管理与访问控制，形成了完整的访问控制策略。该策略细化了资源的粒度，提高了资源管理的效率，简化了用户权限管理，提高了电力监控系统的安全性和可靠性。Cheung等人[二]也提出了一种基于RBAC的访问控制机制，王保义等人[三]则指出了使用RBAC策略的不足之处。RBAC模型的授权仅仅基于用户身份，若非法用户冒充合法用户登录了系统，便可获得合法用户拥有的全部权限，而且只要用户获得了某个角色，便可以无限制地使用指派给角色的所有权限，这样容易造成权限滥用；另外，在电力调度自动化系统中，客体种类繁多且变化频繁，而RBAC模型是针对单个客体授权的，从而使权限与角色的分配变得复杂且不利于管理；在角色继承时，继承角色的用户也是被继承角色的用户，如果角色发生变更，则不便于用户权限的管理。针对电力调度自动化系统对访问控制的要求和RBAC模型存在的缺陷，有学者提出了一种基于可信度的角色访问控制模型。将用户身份可信与行为可信相结合，根据用户身份认证过程中捕获到的隐含信息，借助人工智能不确定性推理理论计算用户的可信度，并将可信度参与用户授权。对角色、权限分别设置可信度激活阈值，用户必须通过角色、权限的可信度激活约束才能获得相应的权限。该模型能实现灵活的系统授权，保证了用户对系统资源的安全访问，很好地适用于现有的电力调度自动化系统。但是这些已有的工作缺乏对细粒度访问控制的深入研究。

5.1.2 纠错与加密技术概述

针对干扰环境下的通信系统的纠错问题，很多工作对纠错码技术进行了研究，这些技术能够在一定程度上解决通信中的容错问题。但是，Li等人[四]指出，如果信道的噪声和干扰足

[一] 夏明超，吴俊勇，吴命利. 基于角色访问控制在电力监控系统中的应用 [J]. 电力系统及其自动化学报，2008，20（02）：46-50.

[二] CHEUNG H, HAMLYN A, MANDER T, et al. Role-based model security access control for smart power-grids computer networks [C]// Power & Energy Society General Meeting-conversion & Delivery of Electrical Energy in the Century. IEEE, 2008.

[三] 王保义，邱素改，张少敏. 电力调度自动化系统中基于可信度的访问控制模型 [J]. 电力系统自动化，2012，36（12）：76-81.

[四] LI H, REN J. A Syntax Aware Error-Tolerant Encryption for Secure Multimedia Communications [C]// IEEE Workshop on Signal Processing Applications for Public Security & Forensics. IEEE, 2007.

够强,即使在通信信道中使用纠错码技术,仍然会有误码存在。如何解决强电磁干扰下访问的控制数据容错问题,依然有待研究。

另一方面,Baru 等人[一]的相关工作,将对称或非对称加密体制与纠错码结合。但是,这些技术主要是解决了加密过程中明文或者密文的错误。在访问控制过程中,如果由于强电磁干扰而使加密密钥出现了错误,则单纯使用纠错码也不能解决问题。

高压变电站中,由开关操作、雷击和故障产生的瞬态电磁干扰信号,其上升沿极其陡峭,可达 ns 级,含有至 3 GHz 的高频成分,持续时间短,非周期、非同步、干扰源位置不确定。电磁兼容相关研究在电波暗室、开阔场及变电站现场进行的前期实验结果表明,瞬态电磁干扰会导致无线传感器丢包,甚至无法正常工作,并且在 2.4 GHz 的分频点(如 800 MHz 处)施加相对较小的干扰,就会对无线传感器造成严重影响。She 等人[二]讨论了在智能电网中存在的电力噪声、单粒子翻转(Single Event Upsets,SEU)等干扰因素,这些因素都可能引起存储器里面的数据发生错误或者丢失,从而提高存储器误码出现的概率。Yao 等人[三]对存储器纠错技术体制进行了一定研究,但是这些技术依然不能够解决智能电网中的容错访问控制问题。首先,大多数技术需要使用附加的电路,这将提高存储器的复杂度。其次,存储器的纠错技术只能够解决出现在存储器内部的差错,如果差错出现在密钥数据从密钥存储器传递到密码计算构件的过程中,这些纠错技术不能解决。

5.1.3 小结

综上所述,电力物联网的访问控制一直是国内外研究的重点,但是目前大多数研究针对的是传统的访问控制模型,无法应用于电力物联网的细粒度访问控制。另外,目前的研究也没有考虑到安全数据的容错计算问题。

因此,针对电力物联网的应用需求,本章提出一种具有容错功能的细粒度访问控制机制,主要开展以下几个方面研究:使用基于模糊身份的加密机制(模糊 IBE)来设计细粒度访问控制机制;设计符合电力系统噪声要求的纠错码并与模糊 IBE 的模糊特性结合,来解决访问控制过程密钥和明文及密文的误码问题。

5.2 基于模糊 IBE 加密的电力物联网安全访问机制

5.2.1 整体设计

基于模糊 IBE 加密的电力物联网安全访问机制的思路旨在使用属性晶格(Attribute Lat-

[一] BANU R. Fault-Tolerant Encryption for Space Applications [J]. IEEE Transactions Aerospace and Electronic Systems, 2009, 45 (01): 266-278.

[二] SHE X, LI N, JENSEN D W. SEU Tolerant Memory Using Error Correction Code [J]. IEEE Transactions on Nuclear Science, 2012, 59 (01): 205-210.

[三] YAO X, CLARK L T, PATTERSON D W, et al. Single Event Transient Mitigation in Cache Memory Using Transient Error Checking Circuits [C]. Proc. of IEEE Custom Integrated Circuits Conference (CICC 2010). San Jose, 2010.

tice)、模糊 IBE 加密技术和专用的纠错码技术来设计一种容错细粒度访问控制机制。每个工业设备节点将根据需要分配一定的属性,并且每个数据用户将分配到一个属性晶格,通过属性晶格来规定数据用户的访问策略。工业设备数据将基于这些属性来加密,这样只有符合访问策略的属性晶格才能够解密数据。因为属性晶格整合了访问规则和属性,能够精确地控制数据的访问。另一方面,为了解决工业干扰下的容错问题,专用的纠错码和模糊 IBE 将被使用来解决访问控制机制里密码计算过程中的密钥以及密文和明文的差错问题。基本思路如图 5-1 所示。

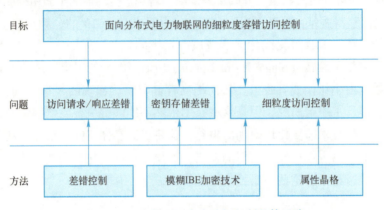

图 5-1 电力物联网安全访问机制整体思路

在电力物联网中,每个设备节点可以感知一定数量的数据类型,如电压、电流等。不同的设备节点也有负责管理和维护它们的设备或者人员。其中,某些节点将被几个管理单元联合起来负责。因为在电力物联网中,工业设备通常被特定的应用来使用,可以很容易地通过预先定义的属性(如传感器类别、位置、时间戳、所有人等)来指定和代表设备。这些属性和相应的规则能用来描述访问控制策略。为了执行这个属性晶格,首先,将为每个属性预先定义一个公钥构件,并用相应属性的公钥来加密设备数据。其次,把工控设备与属性集相关,每位用户被分配一个属性晶格,该属性晶格将被数据用户设备中的私钥加密。最后,为每位数据用户定义一个反映用户角色的属性集合,并为具有属性晶格的工控设备定义相应的逻辑组合规则。这样,工控设备数据能够被属性晶格加密,而且只有拥有符合属性晶格的用户才能解密数据,以此实现细粒度访问控制。数据访问控制包括访问策略设置、授权信任证书的安全化和容错细粒度访问控制设计。

5.2.2 工业设备容错访问控制建模

如图 5-2 所示,本节考虑出现在加密密钥以及访问控制数据报文中的差错,重点研究以下容错功能。

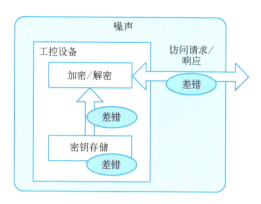

图 5-2 噪声环境中的数据访问模型

1）加密密钥的容错：在电力物联网中存在电力噪声、单粒子翻转等干扰因素，导致存储器里的数据发生错误或丢失，提高误码出现的概率，进而使存储器里的密钥发生误码，导致密钥无效。另一方面，误码也会存在于密钥由存储器传输到密码计算构件的过程中。因此，访问控制体系需要具备加密密钥的容错功能，在访问控制的过程中，如果密钥 Ψ 由于差错而变成 Ψ'，密码计算应该依然能够运行。

2）访问控制数据流的容错：在访问控制时，差错也可能出现在明文或密文的通信过程中。由于存在工业环境干扰和噪声，导致原始的报文 M 变成 M'，访问控制体系必须能够解决此类问题。

5.2.3 采用模糊 IBE 加密技术的细粒度访问控制

模糊 IBE 加密技术是一种新型的基于身份的加密技术，它包括四个步骤：建立（Setup）、提取（Extract）、加密（Encryption）和解密（Decryption）。在模糊 IBE 加密技术中，一个身份被视为一系列可描述的属性。只要身份 Ψ 和 Ψ' 在一定的范围内，身份 Ψ 的私钥就可用来解密对应身份 Ψ' 加密的信息。因此，模糊 IBE 加密技术能处理存储器中出现的密钥误码问题，且不用增加多余的电路。此外，该技术也能解决密钥由存储器传输到密码计算构件过程中出现的误码问题。

使用模糊 IBE 加密技术来实现细粒度访问控制时，主要内容包括以下方面。

1）访问策略设置：策略设置过程用来规定访问控制的规则。

2）授权信任根的安全化：授权信任根由设备节点 Ni 来产生，将在设备和数据用户之间传输，属性用来保障授权信任根的安全。

3）容错细粒度访问控制设计：利用模糊 IBE 加密技术的特点来设计细粒度访问控制。

5.2.4 电力设备工作干扰模型及其安全数据纠错技术

电力物联网中的工控设备一般都工作在复杂的工业干扰环境下。这些干扰将对工控系统中的数据传输造成很大的影响。访问控制过程中的安全数据对差错比一般的数据更为敏感，在通信或者计算过程中造成的任何差错都将导致访问控制的失效。因此，有必要对电力设备工作的干扰模型进行研究，并针对这些干扰模型提出特殊的容错机制。主要的内容包括以下几个方面。

1）针对一些典型工业环境的干扰或噪声，如高压变电站瞬态电磁干扰、工控设备脉冲干扰、电力线通信背景噪声等进行建模，研究这些因素对工控设备数据访问控制各个环节的影响。

2）解决访问控制过程中的密钥容错问题。

3）解决访问控制过程中明文和密文的容错问题。

5.3 面向电力物联网访问的安全服务度量与发现

5.3.1 电力物联网的服务安全性度量模型

当前的电力物联网通常处于社交网络服务的环境下，解决电力物联网服务安全性度量模型的基本技术途径如下：首先，针对社交网络环境的特点，对物联网服务的执行机理和网络传播机理进行建模。其次，综合考虑物联网服务安全性与社交网络属性的约束关系，兼顾社交网络中的物联网服务模型具有执行机理和网络传播机理的复杂性、动态性等特征，基于复杂网络传播动力学和随机模型来研究其服务安全性的动态指标和稳态指标；进而分析服务的可信、机密、可用、容侵等策略条件，对社交网络中的物联网建立形式化模型；输出的模型应该能够通过攻击验证、差错验证以及故障验证，并利用验证的结果对服务安全性度量模型进行修正。因此，需要深入研究多层次、多维度的服务安全性度量通用模型，多方面、多维度地刻画社交网络中物联网服务的安全特性，其基本方案如图5-3所示。

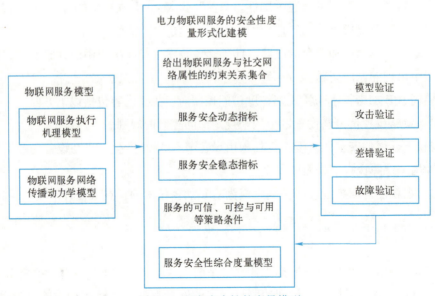

图5-3 服务安全性的度量模型

5.3.2 电力物联网的单个安全服务发现

社交网络环境下物联网的单个安全服务发现的基本技术途径如下：首先，从物联网服务层面获取服务、服务访问者以及服务提供者的安全性度量指标。其次，基于机会发现理论来解决安全服务发现问题，综合考虑安全服务与网络资源及状态的关系，在复杂和动态的环境下，找出对服务发现决策具有重要影响的因素或状态，对于有利于安全服务发现的机会加以利用，重点捕获出现概率小的重要机会，同时对不利的风险加以规避，通过这种方法可以更好地支持安全服务发现决策。最后，通过仿真实验验证其准确性和效率。

单个安全服务发现的基本思路是使用 KeyGraph 算法提取每种服务安全性度量指标的关键特征，依据 KeyGraph 算法生成的 KeyGraph 图，结合其统计模型发现达到安全要求的服务。具体的做法是，先把服务的安全性度量模型进行数据预处理，构建服务安全关联图，然后基于概率论和相关性提取关键安全维度。这里将对 KeyGraph 图各生成步骤中图的顶点与边的选定进行优化，以提高其效率。关键节点是重要基础边相交的顶点，每对顶点存储它们之间的关联值，最大的关联值表示为边。关键节点的关联紧密性可以为安全服务发现提供基础。关联紧密性的计算如下：

$$Key(N) = 1 - \prod_{a \subset G^*} \left(1 - \frac{\sum\limits_{S_m \in D} |N, N_a|_{G_m} \cdot Level(N_a)_{N_a \in a}}{\sum\limits_{S_m \in D} \sum\limits_{N_a \in G_m} |N, N_a|_{G_m} \cdot Level(N_a)_{N_a \in a}} \right)$$

式中，a 表示 KeyGraph 图中的一个关键簇；$Level(N_a)$ 表示顶点 N_a 在图中所处的层；D 表示一个服务的安全度量指标集；S_m 表示一个服务安全度量指标，每个 S_m 都可以表示为一个有向图 G_m；$|N, N_g|_{G_m}$ 表示在 G_m 中从 N 指向 N_a 的箭头数量。

上述内容为单个服务安全发现提供了有效的解决方案，基于单个安全服务，可以进一步深入社团性安全服务发现。

5.3.3 电力物联网的安全服务社团发现

与普通应用场景不同，在社交网络环境下，物联网服务安全性与社交属性相关联且存在约束。而在社交网络的复杂系统中，社团发现对于舆情分析、网络病毒的传播等具体的应用和服务具有重大意义。因此，社交网络环境下对物联网安全服务社团的有效挖掘，有助于全面提高物联网安全服务的效率。综合考虑社交网络的社团结构特性和动态性，本节拟基于动态谱聚类方法来实现社交网络中的物联网安全服务社团发现。相比传统聚类算法，谱聚类算法具有聚类准确度高、收敛速度快等特点，且能够识别未知分布数据集聚类。使用动态谱聚类方法需要解决以下问题：首先，谱聚类算法的思想来源于谱图划分理论，它将聚类问题看成是一个无向图的多路划分问题，但是安全服务的互动数据是有向的，所以必须将有向图转换为无向图。其次，在动态谱聚类中，把数据集中的各个节点的抽象距离和状态信息转化为分时隙的动态值进行分析,在此基础上运用谱聚类算法进行计算。其基本思路如图 5-4 所示。

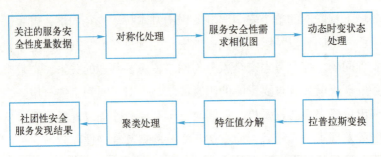

图 5-4　基于动态谱聚类的安全服务社团发现

首先,把安全服务的互动安全性度量数据作为输入,之后形成所有服务安全性需求相似图。然后,将这个相似性图经过动态时变状态处理,把各个节点的抽象距离和状态信息转化为分时隙的动态值进行分析。接着,将数据转换为拉普拉斯矩阵,再进行聚类处理,最终的聚类结果就是社团性安全服务发现的输出结果。

第6章 电力物联网工程应用实例

6.1 智能变电站二次设备在线监测技术

6.1.1 智能变电站二次设备状态数据告警分级

通过网络实现智能变电站全景数据采集和信息共享是智能变电站的重要特征,网络的安全和稳定与变电安全运行密切相关。智能变电站网络通信系统非常复杂,其运行维护的工作量很大。现有情况下,智能变电站配有网络分析仪,通信网络的异常告警和故障诊断主要依靠的是网络分析仪的回放和告警功能,且已实现部分网络的状态监测功能,但对二次设备的状态监测方案还不完善,无法实现对二次设备状态进行全景监测。

二次设备状态的全景监测应按二次设备的重要性和特点进行分层、分级,在提供二次设备健康状态数据和实现二次设备状态的智能告警同时,其状态数据为检修提供支撑。基于上述问题,提出一种二次设备状态数据告警分级方案,将告警信号严重等级分级展示,可让现场运行人员直观、准确地了解告警信息,按照告警的严重程度快速定位和处理故障,提高运行效率,缩短工程联调周期。

1. 告警分级方案

如图6-1所示,默认情况下,告警分为三级,包括一级告警、二级告警和三级告警。

1)一级告警包括 GOOSE⊖ 跳闸、GOOSE 告警、GOOSE 异常、MMS⊖ 通信工况、MMS 故障、MMS 告警等。

2)二级告警包括 MMS 的其他告警。

3)三级告警包括除一级与二级告警以外的其他 MMS 告警与 GOOSE 告警。

2. 告警分级的具体流程

为使告警分级的具体方法清晰明了,具体流程如下。

首先,解析变电站配置说明(Substation Configuration Description,SCD)文件,对

⊖ 通用面向对象变电站事件(Generic Object Oriented Substation Event,GOOSE)

⊖ 制造报文规范(Manufacturing Message Specification,MMS)。

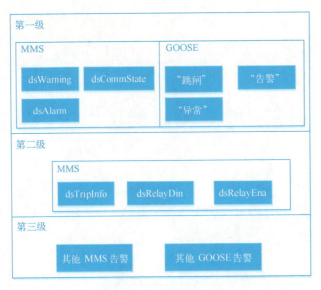

图 6-1 告警分级方案

GOOSE 控制块和 MMS 报告控制块进行过滤，提取虚端子和报文控制块等配置信息。将所有这些从 SCD 文件中提取的配置信息存入虚端子配置文件。

然后，报文过滤模块根据配置信息数据库中的状态配置信息，对 GOOSE 报文和 MMS 报文进行过滤。报文解析模块对报文进行逐位解码，将符合 IEC 61850 标准的报文进行 ASN.1 解码。

接下来，将提取的数据作为输入，送入告警分析判决模块，判断是否需要告警，并将告警信息按等级分级。

最后，当告警发生时，显示界面会持续闪烁，直到人工确认。

6.1.2 智能变电站二次设备可视化告警监控系统

由于智能变电站中的各种数据和控制信号都是按照以太网网络报文的形式在变电站网络中传输的，因而状态监测数据的可视化主要是指对网络报文以及报文中承载的各种信息的监测，如报文合法性校验、告警信号展示等。

变电站内网络报文繁多，一个 220 kV 智能变电站正常运行时的网络流量可达 60～70 Mbit/s。当某一间隔的保护动作或设备故障发生时，相应的断路器动作、断路器变位、事件通知、告警等报文会在极短的时间内产生，这通常会在网络分析仪的监控界面上引起数十条告警信息的刷新。当有多个间隔的保护动作或设备故障发生时，告警和通知的信息量将更大。如此大量的信息需要以一种友好的方式展示出来，以供运行维护人员快速找出故障点并排除故障，但在目前的智能变电站中，网络分析仪的故障告警大多采用滚动列表来完成。这种方式在网络分析仪接收到大量告警报文时会快速地大量刷屏。在变电站的调试阶段，由于二次设备还存在较多的配置错误、接线错误等，会导致网络分析仪持续告警和刷屏，使得关键的告警信息淹没在大量无用信息中，给调试工作带来了很大的困难。

为解决上述问题，有学者提出了一种基于可缩放矢量模型（Scalable Vector Graphic，SVG）技术的智能变电站二次设备可视化框架，实现二次设备及网络拓扑可视化、告警信息及上送链路可视化等功能。

1. SVG 技术

SVG 是基于可扩展标记语言（eXtensible Markup Language，XML），用于描述二维矢量图形的一种图形格式，由 W3C（World Wide Web Consortium，万维网联盟）于 1998 年完成其标准化。SVG 技术在电力系统内已有多种应用，主要集中在计算机辅助设计（Computer Aided Design，CAD），如电气主接线图设计软件和在线监测，以及配电网在线监测系统等。此外，由于 HTML5 与 SVG 均可视为 XML 语言的子集，两种技术具有诸多的技术点。这也使得在 HTML5 的 Web 应用中，可以十分方便地嵌入 SVG 图形。目前，已有一些研究将 SVG 和 HTML5 Canvas 技术结合起来，构建出了基于 Web 的电力系统可视化解决方案。

除了缩放不失真这一矢量图形都具备的优点，SVG 还具有以下优势，同时这些优势也是选用 SVG 作为智能变电站二次设备可视化框架支撑技术的原因。

1）以 XML 来描述，可读性高，易于编辑和修改。

2）可扩展性能强，可在 SVG 中引入自定义的 XML 标签和属性，而又不影响 SVG 图形浏览器对图形的渲染和显示。

3）支持层叠样式表（Cascading Style Sheets，CSS），可对 SVG 图形的样式（即图形的颜色、位置、线条粗细等）进行定义和切换，且样式的定义以及切换都可以方便、快速地完成。此外，SVG 还同时支持内联式和外联式 CSS，使得 SVG 图形的 XML 代码可以进一步精简，从而提高 SVG 的可读性和可复用性。

4）支持 JavaScript，可使 SVG 具有良好的交互性和可编程性。JavaScript 程序以及高性能的 JavaScript 解释引擎是现代强交互性 Web 应用的基础。支持 JavaScript 的 SVG 则可构建复杂且功能强大的数据可视化 Web 应用。

5）支持大多数网页浏览器，通过浏览器可直接显示 SVG 图形而不需要借助第三方插件。由于 HTML 和 SVG 都是 XML 的一个子集，它们在技术上有诸多相似之处。其相似的 XML 文档结构，使得 SVG 可以轻易地被嵌入 HTML 中。在 HTML5 应用中，SVG 的嵌入得到了进一步的简化，这使得浏览器/服务器（Browser/Server，B/S）架构成为构建 SVG 应用的首选架构。

2. WebSocket 技术

WebSocket 是 HTML5 的新特性之一，它提供了一种浏览器与服务器之间全双工通信的技术。2011 年，WebSocket 协议被国际互联网任务工程组（IETF）确定为 RFC6455 标准；2012 年，WebSocket API 由 W3C 完成标准化并发布。

在 WebSocket 协议出现之前，Web 应用的实时推送功能通常靠 AJAX 轮询、Comet 技术、

Flash 或 JavaApplet 插件来实现。AJAX 轮询和 Comet 仍然是基于 HTTP 的"请求/响应"模式，大量、频繁的客户端请求增加了服务器的负担，而 Flash 或 JavaApplet 插件则需要用户安装第三方提供的插件，因此其易用性不佳。而 WebSocket 只需浏览器和服务器进行握手，便可以形成连接，并能相互传送数据。它不依赖于第三方插件，并极大地简化了开发者的工作。开发者只需通过简单的 JavaScript 代码就能与服务器建立连接。由于 WebSocket 在通信过程中仍使用 HTTP（通常默认的端口号为 80）或 HTTPS（通常默认的端口号为 443）的端口。因此，WebSocket 不需要安装新的硬件，或开放新的端口，给 WebSocket 应用的开发、部署和使用都带来了极大的便利。

WebSocket 十分适合服务器向客户端推送大量数据，其原因在于通信时的额外开销小。研究人员对 WebSocket 与 AJAX 所需要的网络带宽开销进行了对比实验。对于 AJAX 轮询而言，每个客户端每秒进行一次轮询。由于 AJAX 轮询使用的是 HTTP 进行通信，一次请求/响应的 HTTP 报头长度可达 20～2000 B。在实验中，仅考虑应用层的前提下，客户端与服务器在一次轮询中产生的通信数据量按 873 B 计算，包含 692 B 的请求头、179 B 的响应头和 2 B 的实体数据；对于 WebSocket 而言，在 WebSocket 连接建立之后，客户端每次收到的消息都是一个 WebSocket 帧，开销只有 2 B（即 2 B 实体数据）。实验分为 3 组，分别测试不同并发量下的网络吞吐量。实验的用例及网络吞吐量见表 6-1。

表 6-1 用例及网络吞吐量

用 例	并 发 量	网络吞吐量	
		AJAX 轮询	WebSocket
用例 A	1000 客户端	6.6 Mbit/s	0.015 Mbit/s
用例 B	10000 客户端	66 Mbit/s	0.153 Mbit/s
用例 C	100000 客户端	665 Mbit/s	1.526 Mbit/s

3. 二次设备可视化框架

系统结构图如图 6-2 所示，该可视化框架采用 B/S 架构，在服务器端，利用 Web 服务器来处理 HTTP 请求并向客户端发送 HTML 网页、SVG 图形、CSS 样式表和 JavaScript 脚本程序。在服务器端，还使用了报文捕获/解析器，来捕获并解码变电站内的各种报文。解码后的报文将通过一个报文过滤器，包含告警信息的报文将被筛选出来，并送至 WebSocket 服务器。在 WebSocket 服务器中，这些包含告警信息的报文将被重新打包成适合应用层传输的格式并被推送至连接到 WebSocket 服务器的客户端。

在客户端则有三个构建于网页浏览器之上的主要组件。

1) AJAX 引擎：用于发送 HTTP 请求并接收服务器返回的 HTML 网页、SVG 图形、CSS 样式表和 JavaScript 脚本程序。

2) SVG 图形布局器：用于将 SVG 在网页中合适地布局。

3) WebSocket 客户端：用于接收来自服务器的告警信息。

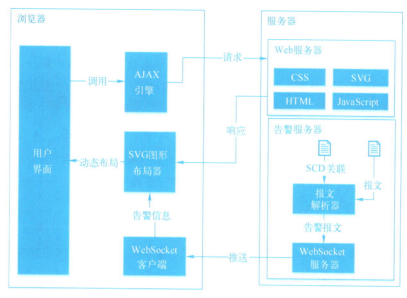

图 6-2　智能变电站二次设备状态监测系统结构图

4. 系统流程

图形化二次设备状态监测系统在告警信号展示和网络拓扑结构显示方面具有较好的交互性，在用户界面的设计上，使用了两个文件名分别为 outline.html 和 details.html 的 html 文件作为 SVG 图形的容器。从服务器返回的所有 SVG 图形都将嵌入这两个 html 文件中，并在网页浏览器中进行显示，客户端与服务器的通信过程如图 6-3 所示。其中 outline.html 文件用于显示全站的网络拓扑并在有告警信号产生时，将发送该告警信号的二次设备所对应的光字牌在图中点亮。details.html 文件则用于显示与某一告警信号相关的间隔的详细网络拓扑结构。

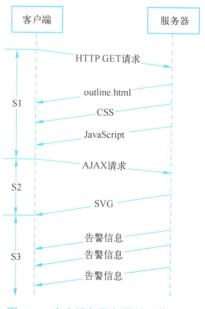

图 6-3　客户端与服务器的通信过程

在客户端与服务器的通信过程中，可将其分为三个阶段，即 S1、S2、S3。

(1) S1 阶段

客户端向服务器发送 HTTP GET 请求，要求服务器向自己发送 html 文件、CSS 样式表以及 JavaScript 程序代码，此时服务器返回的 html 文件中并不包含 SVG 的图形或代码。将 html 文件和 SVG 文件分开存放，在系统运行时通过程序动态地加载 SVG 文件。不直接将 SVG 嵌入 html 文件的原因是为了保持 SVG 文件的独立性，以便于文件的修改，从而使二次设备网络拓扑图的显示可以不依赖于本系统，在任意的 SVG 图形编辑器或浏览器中均可正常使用。当 S1 阶段服务器返回的 html 文件、CSS 样式表都在浏览器中加载并渲染完成，JavaScript 程序代码也都完成了初始化和其他必要准备工作后，即进入 S2 阶段。

(2) S2 阶段

由客户端的 AJAX 引擎向服务器发送请求，要求服务器发送全站网络拓扑的 SVG 图形。AJAX 引擎在收到服务器返回的 SVG 文件之后，将该文件的全部 XML 代码传递给 SVG 布局器，由 SVG 布局器在页面 DOM 树的预定位置上插入这段 XML 代码。后续的 SVG 图形渲染工作将由浏览器接管并完成。当 SVG 图形在页面上显示出来之后，即进入 S3 阶段。

(3) S3 阶段

由客户端的 WebSocket 客户端向服务器端的 WebSocket 服务器发起请求，并建立 WebSocket 连接。在 WebSocket 连接建立之后，若有告警报文产生，服务器即将告警报文解析后重新打包成适合应用层传输的格式，并推送至客户端。

5. 已解码报文的封装及推送

从告警报文中解析出的告警信息需要按照一定的格式打包后再推送至客户端。SVG 可视化框架基于 B/S 架构，与服务器有频繁的 AJAX 和 WebSocket 通信，故选择以 Web 应用中常用的 JSON 格式来封装告警信息。服务器端在解析出原始告警报文的告警信息后，将 IED（智能电子设备）名称、IED 描述、告警数据集封装为 JSON 格式并通 WebSocket 推送至客户端。其中，告警数据集具体包括原始告警报文类别、数据集名称、数据集描述、告警数据项引用、告警数据项描述、告警报文订阅者 IED 名称、订阅者外部引用及描述。如果原始告警报文是 GOOSE 报文，则告警数据集中还包括 GOOSE 控制块引用、GOOSE 控制块名称、VLAN 编号、MAC 地址和 APPID。

6. 告警信息的图形化显示

当 outline.html 中的 SVG 图形加载并布局完毕后，客户端即与 WebSocket 服务器建立 WebSocket 连接，接收来自服务器的告警信息。当一条告警信息被推送至客户端 outline.html 时，客户端根据告警信息中所包含的发送该信息的 IED 名称与告警严重等级，将 outline.html 中对应的 IED 图形以 2 Hz 的频率在页面上进行闪烁，提示运维人员该设备有告警信号产生。当运维人员将鼠标指针悬停在告警 IED 上时，即显示该设备详细的告警描述信息和告警次数。运维人员单击告警的 IED，与服务器进行通信，获取与该 IED 相关联的其他 IED 名称，并存入本地缓存（Local Storage）。随后，页面跳转至 details.html，读取缓存中的 IED 名称，加载这些 IED 所在间隔的 SVG 图形并罗列出详细的告警描述信息和告警次数。最后，根据该告警信号的上送路径，将相应的链路进行高亮显示处理。

6.1.3 智能变电站二次设备信息共享平台

各类针对智能变电站网络报文进行的高级分析、数据挖掘等在工程中鲜有实际应用。通过对多个智能变电站的实地调研发现，其原因在于站内缺少一种报文信息共享平台，进而导致信息孤岛并未完全消除。而智能变电站中的网络报文如果由各高级分析应用各自独立完成解析则势必会加大开发难度，同时由于重复的工作也会造成资源的浪费。

采用 WebSocket 技术向客户端的浏览器推送告警信息实质上构成了一种消息发布平台：对于已连接到 WebSocket 服务器的客户端，可以不依赖于 SVG 可视化框架独立地完成消息发布的功能。因此，这种消息推送服务还可以被站内其他应用所利用。智能变电站内的报文信息共享平台基于现有的报文分析仪，采用 WebSocket 进行报文信息的推送，各高级应用作为客户端，接收服务器推送的报文信息。考虑到报文信息共享平台与各高级应用之间的网络通信可能对原变电站网络造成影响，故将报文信息共享平台和各高级应用与原变电站网络隔离运行，其设计如图 6-4 所示。该平台将解码后的报文重新封装为 JSON 格式的数据，向连接至 WebSocket 服务器的客户端实时推送报文信息。由于这些报文信息已与 SCD 文件关联，具备完整的语义信息，且 JSON 格式的数据支持多种编程语言，简单地调用相应 API 即可将数据反序列化为内存对象，从而可以直接被各种分析软件和平台利用。

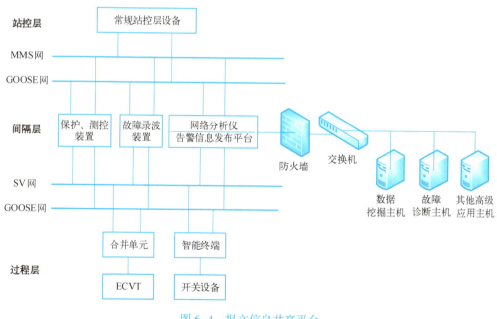

图 6-4 报文信息共享平台

6.2 智能变电站交换机测试方法及在线监测

6.2.1 智能变电站交换机测试方法

智能变电站交换机是一种具备智能变电站特殊应用功能的电力工业以太网交换机。在进行现场操作时，使用可支持网络传输特性的器件（如分光器等），在不影响现场接线方式的情况下，对智能变电站交换机数据进行监测，替代了传统单台交换机测试时，将接口拔除并接入测试设备的测试方法，既可以保持现场原有接线结构不被破坏，又可以在线监测交换机的实时数据，实现现场级、系统性测试。智能变电站交换机的主要测试包括接口测试、功能测试、性能测试和通信安全测试四个重要部分。

1. 接口测试

（1）电接口测试

电接口测试方法如下。

1）首先，按图6-5搭建测试环境，使用直通线进行连接。

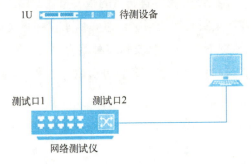

图6-5 电接口测试

注：1U 是指 1U 面板，1U=44.45mm。

2）然后，分别配置网络测试仪端口工作在 100/1000 Mbit/s 自动协商模式下。在此种模式下，网络设备可将本机可用的工作模式信息发送至对端，同时也能够接收对端发送的相应数据。端口可以依据对方设备的双工模式及连接速度，自动调速为公共水平最大值，从而解决了速率和双工的自协商问题。

3）测试口1向测试口2发送数据，持续时间60s。

4）使用交叉线代替直通线进行连接，重复再配置网络测试仪端口工作在 100/1000 Mbit/s 自动协商模式下，测试口1向测试口2发送数据，持续时间60s。

其中，直通线又叫正线或标准线，交叉线又叫反线，测试电接口在不同类型网线连接下均可以正常工作。若被测设备能够实现速率自协商、MDI/MDIX 自协商，且在各种模式下与网络测试仪通信正常，数据无丢失，则电接口测试完成。

（2）光接口测试

发送功率测试方法如下。

1）首先，按图6-6搭建测试环境，将光功率计接收端口和设备光纤发送端口用一根尾纤跳线（衰减<0.5dB）连接。

图6-6　光功率测试

2）然后，将光功率计设置至对应波长的档位，在被测设备光接口输出端测量并读取光功率计上的功率值。

3）重复步骤2）完成所有类型的光接口测试。

若设备光纤发送端口无法连接尾纤跳线，则将该设备光纤发送端口连接的施工光缆连接到光功率计的接收端口，读取光功率计上的功率值（该方法包含了施工光缆的衰耗测试）。本测试中，被测设备光接口的光功率应满足Q/GDW 10429—2017《智能变电站网络交换机技术规范》的规定。

光接口接收灵敏度测试方法如下。

1）首先，按图6-7搭建测试环境：使用尾纤跳线将光衰减器和网络测试仪的测试口1相连，将待测设备和测试口2相连，将待测设备对应光口和光衰减器相连。测试仪输出报文含有有效数据（GOOSE报文为开关位置，采样值报文数据为额定值）。

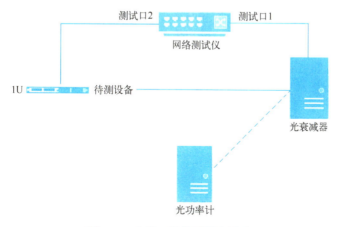

图6-7　光接口接收灵敏度测试

2）配置光功率计至对应波长的档位。

3）配置网络测试仪测试口1的发送数据，同时调整光衰减器，从0开始缓慢增大，在网络测试仪的测试口2监视接收到的数据，当被测设备处于丢帧和正常通信的临界状态时，停止调节光衰减器。

4) 将待测设备网口的尾纤接头拔下,断开光衰减器与待测设备的连接,将光衰减器接上光功率计测量光功率,记录当前光功率计读数,该读数即为待测设备网口的最小接收功率,即光接收灵敏度。

5) 重复步骤1) ~步骤4),完成所有类型的光接口测试。被测设备光接口的光接收灵敏度应满足 Q/GDW 10429—2017《智能变电站网络交换机技术规范》的规定。

光接口工作波长测试方法如下。

1) 首先,按图6-8搭建测试环境。

图6-8 光接口工作波长测试

2) 然后,设置光谱分析仪测量范围为适当波长档位,并与被测设备输出端口相连以测量光接口工作波长。

3) 重复步骤2)完成所有类型的光接口测试。被测设备光接口的工作波长应满足 Q/GDW 429—2017《智能变电站网络交换机技术规范》的规定。

2. 功能测试

(1) DL/T 860模型一致性测试

一致性测试通过比较实际输出与预期输出的异同来判定被测对象与协议描述的一致性,测试方法如下。

按图6-9搭建测试环境,测试被测设备 DL/T 860建模应满足 DL/T 1241—2013《电力工业以太网交换机技术规范》的要求,一致性测试方法参照 DL/T 860.10进行。

图6-9 DL/T 860模型一致性测试

(2) 数据帧过滤测试

交换机需要实现过滤某些错误数据帧的功能,包括小于64 B的帧、大于1523 B的数据帧及其他错误帧等;同时,使得端口的 MAC 绑定能够实现入站过滤,即不让交换机动态学习 MAC 地址,凡是不符合源 MAC 的数据帧直接丢弃。数据帧过滤测试方法如下。

1) 首先,参照图6-5搭建测试环境。

2) 网络测试仪的测试口1向测试口2线速发送数据帧,并记录测试口2的数据接收状况,若测试口2接收到数据且不丢失数据帧,则该项目通过。

3）网络测试仪的测试口 1 向测试口 2 线速发送数据流量，其中包括正常背景流量及非法数据流量（如 FCS 帧校验错误、超短帧、超长帧等），若测试口 2 无法收到非法数据流，则该项目通过。

4）配置被测设备端口 1 的 MAC 地址绑定功能，测试口 1 发送两条数据流到测试口 2，其中数据流 1 的 MAC 地址已经绑定，数据流 2 的 MAC 地址没有绑定，若测试口 2 能够收到数据流 1 且无法收到数据流 2，则该项目通过。

（3）组网测试（RSTP 测试）

STP，即生成树协议（Spanning Tree Protocol），由 IEEE 802.1d 定义。该协议可应用于环路网络，在交换机之间传递配置消息来确定网络的拓扑结构，通过一定的算法实现路径冗余，将环路网络修剪成无环路的树形网络，从而避免报文在环路网络中无限循环和增生。RSTP，即快速生成树协议（Rapid Spanning Tree Protocol），IEEE 802.1w 规定了 RSTP，在 IEEE 802.1d 的基础上增加了两种端口类型，实现了网络结构发生变化时更快地收敛，更进一步处理了网络临时失去连通性的问题，避免局域网中的网络环回，解决以太网的"广播风暴"问题。

RSTP 测试方法如下。

1）按图 6-10 搭建测试环境。

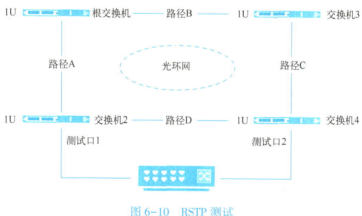

图 6-10　RSTP 测试

2）被测设备开启 IEEE 802.1w 规定的 RSTP 协议，网络测试仪的测试口 1 向测试口 2 发送测试数据，观察并验证只有一条链路可用。

3）分别对路径 A、B、C 进行拔插，测试环网通信是否恢复。

其中，环网恢复时间（ms）=（帧丢失数/总发送帧数）×测试时间（ms）。若只有一条链路可用，并且每次测试后环网通信都能恢复，则测试合格。

3. 性能测试

（1）吞吐量测试

吞吐量测试方法如下。

1)按照图6-11搭建测试环境。

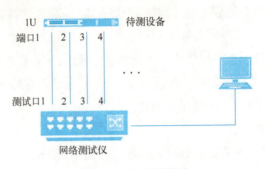

图6-11 吞吐量测试

2)配置网络测试仪吞吐量模式为全网模式,测试帧长度分别为64 B、128 B、256 B、512 B、1024 B、1280 B、1518 B,测试时间为60 s。

3)通过计算,记录不同帧长的吞吐量。其中,整机吞吐量为端口速率与端口数量之积。

(2)存储转发时延测试

存储转发时延测试方法如下。

1)按照图6-5搭建测试环境。

2)规定网络测试仪两个测试口同时以线速发送数据,测试帧长度分别为64 B、128 B、256 B、512 B、1024 B、1280 B、1518 B,测试时间为60 s。

3)记录不同帧长下的存储转发时延,包括平均时延、最小时延和最大时延,若测得被测设备在不同帧长下的平均时延≤10 μs,则本次测试合格。

(3)帧丢失率测试

帧丢失率指的是丢失的用户信息帧占所有发送帧的比率。

帧丢失率测试方法如下。

1)按照图6-5搭建测试环境。

2)网络测试仪的两个测试口同时以线速互相发送数据,测试帧长度分别为64 B、128 B、256 B、512 B、1024 B、1280 B、1518 B,测试时间为120 s。

3)记录不同帧长下的帧丢失率,若测得被测设备在不同帧长度下的帧丢失率均为0,则本次测试合格。

4. 通信安全测试

通信安全测试方法如下。

1)按照图6-12搭建测试环境。

2)在被测设备上分配管理员用户及普通用户,并设置密码。

3)通过PC分别以管理员用户及普通用户的身份登录被测设备,并分别对操作日志和安全日志进行查阅、修改及删除操作,若被测设备满足相关要求,则本测试合格。

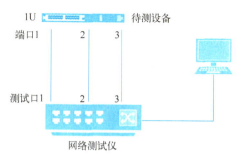

图 6-12 通信安全测试

4）网路测试仪的测试口 1 向测试口 2 线速发送数据流量，测试口 3 向被测设备管理地址分别以线速发送 ICMP 数据包、TCP SYN 数据包和 ICMP 回应请求数据包，若恶性攻击流量不影响正常数据流量，则本测试合格。

6.2.2 智能变电站交换机在线监测软件

为实现针对网络的在线监测和简单分析，检查网络正确性，确保站内配置的合理性和一致性，需设计变电站交换机状态在线监测软件。它在 IEC 61850 报文传输协议的基础上，导入变电站配置说明（Substation Configuration Description，SCD）文件，并从交换机端口获取实时状态信息数据，在线监测交换机流量是否均匀，确保交换机的合理配置。

1. 总体设计

借助交换机状态监测软件，可使站内测试人员及时发现流量异常问题，进行交换机配置方式的调整，实现虚拟局域网（Virtual Local Area Network，VLAN）的合理划分、交换机的合理配置及信息的合理接入。

变电站交换机在线监测软件主要包括三个功能模块：通信模块、数据处理模块和状态数据输出模块。

（1）通信模块

来自交换机端口的实时状态信息采用 IEC 61850 通信协议，通过 GOOSE 报文、采样值（Sampled Value，SV）报文、MMS 报文映射，可传输至状态在线监测系统，实现监测的实时性。

（2）数据处理模块

该模块可为交换机的状态、流量、系统配置等信息提供趋势统计、历史流量、对比分析等处理服务，实现对端口流量数据的统计分析，从而确定端口速度、状态、端口字节数、误差百分比等信息。同时，可分析处理采集到的 MAC 地址、IP 地址、硬件版本、装置型号等硬件或软件信息。

（3）状态数据输出模块

该模块主要进行状态数据的输出，它接收数据处理模块的信息，基于 IEC 61850 报文传输协议进行建模，确定与智能变电站现场应用相适应的数据，从而提供 IEC 61850 服务，并由多媒体消息业务（Multimedia Messaging Service，MMS）协议输出数据，在用户端实时显示交换机的各类状态信息值。

2. 功能实现

只有按正确的程序运行变电站实时监测软件，才能确保功能的实现。如图 6-13 所示，软件操作流程如下。

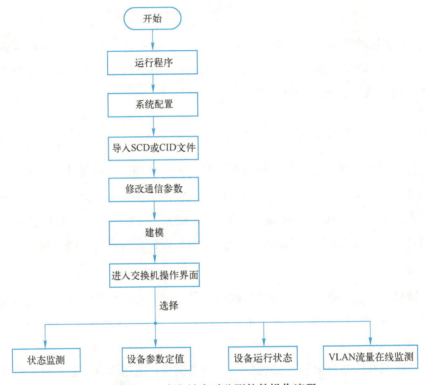

图 6-13 变电站实时监测软件操作流程

首先，运行主程序，此时后台会自动启动相关程序。然后，在软件主界面上进行系统配置，导入 SCD 文件，并在智能电子设备（IED）层上修改通信参数使能装置。接着回到主界面，使用建模工具，将交换机名称拖到主接线里并保存。完成建模后回到主界面，单击相应的交换机，进入相应的交换机操作界面，对交换机进行相应的在线监测操作。界面及参数项设置如下。

(1) "状态监测" 界面

设置参数项包括端口索引、端口描述、端口速率、输入端口字节数、输入端口单播帧数、输入端口多播帧数等。

(2) "设备参数定值" 界面

设备参数定值包括 MAC 地址、IP 地址、端口数量、生产厂商、固件版本、硬件版本、装置描述、装置型号。

(3)"设备运行状态"装置操作界面

设备运行状态包括 CPU 温度、CPU 使用率、板卡电压、板卡温度。

(4) VLAN 流量在线监测界面

与 VLAN 相关的量包括计算的 VLAN 流量、输入流量、输出流量、误差百分比。

6.3 基于 5G 的电力物联网信息采集装置

6.3.1 基于 5G 的电力物联网信息采集装置概述

电力物联网是围绕着电力系统各个环节,充分应用移动互联、人工智能等现代信息通信技术,实现电网万物互联、人机交互,且具有状态全面感知、信息高效处理、应用便捷灵活等特征的智慧服务系统。随着大数据、云计算等新技术在电力物联网中的应用,要求系统中的信息采集装置必须具备多元化的数据采集能力、强大的数据处理能力、快速的数据传输能力、友好的用户互动能力和大容量的数据存储能力。

目前,电力物联网中信息采集装置的通信主要分为远程通信和本地通信两种,其中远程通信主要通过 2G/4G 无线公网、光纤专网以及 230 MHz 无线专网等网络;本地通信则主要采取窄带载波、RS-485 总线等方式。在电力物联网的建设发展过程中,逐步凸显出一些不足,尤其是通信方面表现出来的本地通信数据传输速率过低,以致无法承载实时性业务需求、远程通信信号质量波动较大、覆盖不均匀且传输速率过低等问题的发生。

所以需要将 5G 通信技术应用到电力物联网的信息采集装置之中,利用 5G 提供的大带宽、大容量、高速率推动信息采集装置的远程通信和本地通信逐渐向高带宽、高实时性发展,从而改变现有信息采集装置只能采集基本的电能数据且采集频率低、存储容量小、传输速度慢等现状,并满足不断丰富和日益增长的业务需求。

基于 5G 的电力物联网信息采集装置在设计上要遵循以下四项原则。

(1)先进性原则

在遵循相关国际标准、国家标准以及行业标准的基础之上,采用当前主流的技术和设计理念,保证技术方案的先进性。

(2)继承性原则

保留现有采集装置中已被实践证明成熟且能够满足最新业务需求的技术,尽可能地降低方案风险和成本。

(3)可靠性原则

应遵循可靠性原则,对关键节点、部件备份设计,提高抗干扰能力,保证采集装置稳定可靠。

(4)模块化原则

坚持模块化设计,包括采集装置硬件和软件两部分,使采集装置成为一个平台,既可以独立扩展设计硬件,也可以独立升级软件,支持功能和业务的扩展。

6.3.2 硬件架构

电力物联网信息采集装置从物理上可以分为电源单元、处理交互单元、通信单元、功能单元(包含交采模块)四部分,各个组成部分在物理上进行隔离。图6-14便是电力物联网信息采集装置的物理架构示意图。

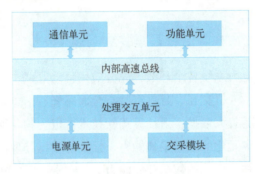

图6-14 电力物联网信息采集装置的物理架构示意图

1. 电源单元

电源单元是整个信息采集装置的供电系统。结合信息采集装置的使用环境,电源单元使用交流的三相或单相进行供电,当电源出现断相故障时,以及三相四线供电时任意一根或两根电源线断开的条件下,采集装置仍然可以正常工作,大大提高了采集装置工作的稳定性与可靠性。

2. 处理交互单元

处理交互单元是信息采集装置的核心处理单元和人机交互单元,装置采集到的所有数据只有经过处理单元的汇总与处理之后,才能回传给主站。处理单元主要具有以下功能。

1)提供统一的高速总线系统与其他各功能单元进行交互。

2)提供统一的功能接口设计,使功能模块可以进行任意插拔和选配,方便用户针对现场进行功能配置。

3)实现采集装置故障点的监测和隔离,在出现异常情况时,处理单元可以采取及时切断故障模块电源的方式隔离故障点,从而避免故障的扩散。

3. 通信单元

通信单元包括远程通信单元和本地通信单元两大类。远程通信单元是指实现采集装置与系统主站之间通信的单元;本地通信单元是指实现采集装置与监测点之间通信的单元。通信单元主要采用5G通信标准模块,基于该模块,可以大大提高采集数据的传输速率与传输容量,使得主站对电力系统的任何异常都可以迅速地做出反应,极大地提高了电力系统的运行稳定性。

4. 功能单元

功能单元是指采集装置的采集与输出单元，主要包括交流模拟量采集、直流模拟量采集、状态采集、控制输出等。基于功能单元，可以实现对环境中各种信息的采集以及完成控制命令的下发，从而实现控制功能。

6.3.3 软件架构

"文件"和"进程"是操作系统的两个最基本的实体和中心概念，操作系统的所有操作都是以这两者为基础的。整个操作系统的核心大体上可以分为以下五部分。

1. 内存管理

对于任何一台信息采集设备而言，它的内存资源以及其他的资源都十分有限。为了提高有限内存的利用率，让有限的物理内存能够满足应用程序对内存的大量需求，操作系统采用了"虚拟内存"的内存管理机制，借此可以用有限的内存尽可能地满足更多的需求。

2. 进程管理

进程是某个应用程序的一个运行实体。一台信息采集装置可能需要同时对多路的信号进行采集，所以在操作系统中，会同时运行多个业务的进程。为了保证多个进程可以有条不紊地运行，采集装置可以稳定可靠地进行多路信号采集，便需要操作系统对所有的进程进行管理，即通过在较短的时间内轮流运行这些进程，从而实现所谓的多任务、多进程。这样一个较短的时间间隔称为"时间片"，使得多个进程轮流运行的方法称为"进程调度"，完成进程之间调度的程序称为调度程序。进程调度本质上就是控制进程对 CPU 进行访问，从而控制进程有序地占用 CPU 的资源。

3. 文件管理

信息采集装置一般都需要将采集到的数据进行打包，并以文件的形式传送至大数据平台。统一操作系统将独立的文件系统组合成一个层次化的树形结构，并且由一个单独的实体来代表这一文件系统，再将新的文件系统通过一种称为"挂装"的操作挂装到某一个目录之上，从而达到让不同的文件系统结合成一个整体的目的。

4. 设备驱动程序

设备驱动程序是统一操作系统内核的主要部分。和操作系统的其他部分类似，设备驱动程序运行在高特权级的处理器环境中，从而可以直接对硬件进行操作，同时也正因为如此，任何一个设备驱动程序的错误都有可能导致系统的崩溃。设备驱动程序实际上是在操控操作系统和硬件设备之间的交互。设备驱动程序提供了一组操作系统可以理解的抽象接口以完成与操作系统之间的交互，而与硬件相关的具体操作细节则由设备驱动程序来完成。在信息采集装置的 5G 通信模块，便有很多的设备驱动需要安装，不论是通信接口还是软件升级接口都需要安装相应的驱动程序，只有这样，通信模块和采集装置才能正常运行。

5. 网络接口

网络接口提供了对各种网络标准的存取以及对各种网络硬件的支持。网络接口大体上可以分为网络协议和网络驱动程序。网络协议部分负责实现每一种可能的网络传输协议，其中包括信息采集装置内部各个模块之间的通信协议以及采集装置与大数据平台的通信协议。TCP/IP 是 Internet 的标准协议，同时也是事实上的工业标准。统一操作系统的网络实现支持 BSD 套接字，支持全部的 TCP/IP。统一操作系统内核的网络部分由 BSD 套接字、网络协议层和网络设备驱动程序组成。

6.3.4 5G 通信模组

1. 5G 芯片及模组简介

电力物联网中的业务可分为三类：采集类业务、控制类业务和移动类业务。其中采集类业务拥有海量的信息采集终端，需要超大的接入容量；控制类业务需要极低的传输时延，以保障电力物联网稳定可靠运行；移动类业务则需要超大移动带宽，以满足高清移动视频采集等业务的需求。面向增强型移动带宽（eMBB）、大规模机器类通信（mMTC）以及高可靠低时延（URLLC）三大业务场景的 5G 通信技术则可以很好地满足电力物联网三类业务的需求。5G 通信设备的核心是 5G 通信模组，而模组的核心则是 5G 芯片。表 6-2 展示的是全球主要的 5G 芯片生产厂商，其中，华为、联发科和紫光展锐为国内的主要 5G 芯片生产厂商，可见我国在 5G 的研发上已经走在了世界前列。从表中可以看出，目前生产的 5G 芯片主要是以 5G 基带芯片为主，且制造工艺大多为 7 nm。

表 6-2 全球主要 5G 芯片生产厂商一览表

生产厂商	芯片型号	芯片类型	制造工艺
华为	巴龙 5000	基带芯片	7 nm
	麒麟 990 5G	SoC 芯片	7 nm
	麒麟 820 5G	SoC 芯片	6 nm
高通	骁龙 X50	基带芯片	10 nm
	骁龙 X55	基带芯片	7 nm
	骁龙 X60	基带芯片	5 nm
	骁龙 855	SoC 芯片	7 nm
英特尔	XMM8160	基带芯片	7 nm
三星	Exynos 5100	基带芯片	10 nm
	Exynos 980	SoC 芯片	8 nm
联发科	Helio M70	基带芯片	7 nm
	天玑 1000	SoC 芯片	7 nm
紫光展锐	Makalu IVY510	基带芯片	12 nm
	虎贲 T7520	SoC 芯片	6 nm

随着 5G 芯片的研发与发布，国内众多的生产厂家也开始了 5G 通信模组的开发与生产。表 6-3 为国内 5G 通信模组的主要生产厂商，其中，华为推出的 MH5000 5G 工业模组使用了自己研制的巴龙 5000 芯片，而其他的模组则主要是使用了高通的骁龙 X55 芯片。

表 6-3 国内 5G 通信模组主要生产厂商

生产厂商	型号	所用芯片
华为	MH5000	巴龙 5000
上海移远通信	RG500Q	骁龙 X55
	RG510Q	骁龙 X55
	RG800H	海思 5G 模组中间件
四川爱联	AI-NR10	海思 5G 模组中间件
中国移动	CMCC M5	海思 5G 模组中间件
深圳广和通	FG150	骁龙 X55
深圳高新兴物联	GM800	骁龙 X55
	GM801	骁龙 X55
深圳美格智能	SRM815	骁龙 X55
	SRM825	骁龙 X55
上海龙尚科技	EX510	骁龙 X55
上海芯讯通	SIM8200EA	骁龙 X55
重庆中移物联	F02X	骁龙 X55
	F03X	骁龙 X55
闻泰科技	WM518	骁龙 X55

2. 5G 相关产品简介

（1）华为 MH5000-31 5G 工业模组

MH5000-31 是华为基于巴龙 5000 芯片开发出来的 5G 工业模组，其核心器件主要包括主芯片、PMU、射频模块等；该模组支持非独立/独立（NSA/SA）双模组网，可以广泛地应用于视频监控、工业路由、智慧农业、智能机器人和无人机等众多场景，帮助行业用户灵活地接入不同模式的 5G 网络；同时，该模组采用高可靠性器件以及独特的工艺设计，如图 6-15 所示，拥有丰富的硬件接口，可以很好地适应多样的工业环境并满足工业设备接口需求。

图 6-15 MH5000-31 5G 工业模组

MH5000-31 工业模组的具体参数性能见表 6-4。

表 6-4　MH5000-31 工业模组参数

各项参数	参数描述
基本物理特性	尺寸：52 mm×52 mm×3.75 mm 形态：LGA 封装 存储器：Flash 4 Gbit，RAM 4 Gbit 电源：3.8~4.2 V 工作温度：-40~+85℃ 存储温度：-40~+95℃
支持频段	5G NR：n78/n79/n41 4G LTE：B1/B3/ B5/ B8/ B34/ B38/ B39/ B40/ B41 3G UMTS/WCDMA：B1/B8 2G：1800 MHz/900 MHz
组网方式	支持 NSA 和 SA 两种组网方式
数据传输速率	5G NR：下行 2 Gbit/s，上行 230 Mbit/s LTE TDD：下行 1 Gbit/s，上行 30 Mbit/s LTE FDD：下行 600 Mbit/s，上行 75 Mbit/s 3G DC-HSPA+：下行 42 Mbit/s，上行 5.76 Mbit/s 3G HSPA+：下行 21 Mbit/s，上行 76 Mbit/s GSM EDGE：下行 236.8 kbit/s，上行 236.8 kbit/s GSM GPRS：下行 85.6 kbit/s，上行 85.6 kbit/s
天线	Ant1，TRX，824 MHz~5 GHz Ant2，TRX，824 MHz~5 GHz Ant3，RX，1805 MHz~5 GHz Ant4，RX，1805 MHz~5 GHz

(2) 紫光展锐虎贲 T7520

虎贲 T7520 是紫光展锐针对智能手机等智能终端推出的第二代 5G 智能终端平台，其采用 6 nm EUV 制造工艺，以及多种先进设计技术，在提高计算性能的同时进一步降低了功耗。虎贲 T7520 基于紫光展锐 5G 技术平台马卡鲁（Macalu）开发，集成了支持全场景覆盖增强技术的 5G 调制解调器，可以拓展大带宽 4G/5G 动态频谱共享技术，使得运营商可以在现有 4G 频段的基础上快速便捷地部署 5G 网络，在最大限度利用既有资源的同时也能够满足未来 5G 共建共享的需求，有效地降低了网络部署成本，加快了 5G 网络的部署。

图 6-16 为紫光展锐推出的虎贲 T7520 5G 智能终端平台，它与其他的 5G 模组相比有着以下几项技术特性。

1）先进的 6 nm 制造工艺：从表 6-2 可以得知，目前推出的 5G 芯片大都采用了 7 nm 的制造工艺，与此相比，6 nm 制造工艺可以将芯片中的晶体管密度提高 18%，这样芯片在单位面积上便可以集成更多的晶体管，同时也可以使芯片功耗降低 8%，从而可以实现更长的续航时间。制造工艺的提升意味着单芯片的多重输出能力增强、5G 终端的性能更高而成本更低、承载的功能更多而耗电更少。

2）功耗再创新低：紫光展锐采用了新一代的低功耗设计架构，以及基于 AI 的智能调节技术，与分离式 5G 方案相比，虎贲 T7520 无论是在轻载还是重载场景下，功耗优势全面领先，在部分数据业务场景下功耗可以降低 35%。

图 6-16 虎贲 T7520 5G 智能终端平台

3) 采用全场景覆盖增强 5G 调制解调器：支持 5G NR TDD+FDD 载波聚合，以及上下行解耦技术，可提升超过 100% 的覆盖范围。基于紫光展锐创新的 5G 超级发射技术，可为小区近点提升 60% 的上传速率，满足了增强 VR、4K/8K 超高清视频等业务的需求。虎贲 T7520 支持 Sub-6GHz 频段和 NSA/SA 双模组网，支持 2G 至 5G 七模全网通通信，在 SA 模式下，下行峰值速率超过 3.25 Gbit/s。虎贲 T7520 还支持领先的双卡双 5G 高清语音视频通话。

4) 强大的 AI 能力和广阔的开发空间：虎贲 T7520 集成新一代网络处理器，相比上一代平台，计算能力大幅度提升，同时通过创新的架构设计，虎贲 T7520 在提升计算能力的同时，也实现了优异的功耗控制，能效相对上一代产品提升超过 50%。

5) 全面增强的多媒体处理能力：虎贲 T7520 搭载紫光展锐自主研发的第六代影像引擎 Vivimagic 解决方案和第二代 FDR（Full Dynamic Range）技术，采用专用 AI 加速处理器，提供高达一亿像素的超高分辨率和多摄处理能力。同时，采用全新一代多核显示架构，最高支持 120 Hz 的刷新率，全通路、全格式的渲染能力将极大提升用户在 5G 超高清视频观影、AR/VR 等视觉沉浸式场景中的体验。

6) 全内置金融级安全：虎贲 T7520 采用了展锐第二代集成安全方案。该方案将金融级安全单元集成在模组内部，相较于外置的安全方案，更难攻击定位，安全性更高；运算能力提升 100%，支持视频加密通话等高算力安全需求；支持国际主流算法，扩展能力更为出色，并提升了存储容量，可同时支持数百个应用。

(3) 上海芯讯通 SIM8200EA-M2

SIM8200EA-M2 工业模组是上海芯讯通推出的多频段 5G 工业模组（见图 6-17），能够为 5G NR、LTE-FDD、LTE-TDD 以及 HSPA+ 等提供解决方案。该模组支持 R15 5G 非独立组网和独立组网，数据传输速率高达 4 Gbit/s，其具有强大的扩展能力和丰富的接口，为客户的应用程序提供了很大的灵活性。该模组是为了实现各种无线电传播条件下高通量数据通信的应用而设计的。由于性能、安全性和灵活性的独特组合，此模块非常适合于许多应用程序。

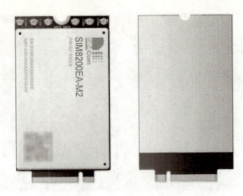

图 6-17　SIM8200EA-M2 5G 工业模组

SIM8200EA-M2 工业模组的具体参数性能见表 6-5。

表 6-5　SIM8200EA-M2 工业模组参数

各项参数	参数描述
基本物理特性	尺寸：41 mm×43.6 mm×2.8 mm 形态：M.2 封装 存储器：Flash 4 Gbit，RAM 4 Gbit 电源：3.3～4.3 V，经典值 3.8 V 工作温度：-30～+70℃
支持频段	5G NR：n1/n2/n3/n5/n7/n8/n12/n20/n25/n28/n40/n41/n66/n71/n77/n78/n79 4G LTE-TDD： B1/B3/B5/B8/B34/B38/B39/B40/B41 4G LTE-FDD： B1/B2/B3/B4/B5/B7/B8/B12/B13/B14/B17/B18/B19/B20/B25/B26/B28/ B29/B30/B32/B66/B71
组网方式	支持 NSA 和 SA 两种组网方式
数据传输速率	5G NR：下行可达 4 Gbit/s，上行可达 300 Mbit/s LTE CAT22：下行可达 2.4 Gbit/s，上行可达 200 Mbit/s HSPA+：下行可达 42 Mbit/s，上行可达 5.76 Mbit/s
接口	USB2.0，数据速率高达 480 Mbit/s USB3.1 与 SS Gen2 UART 总线 I^2C 总线 SIM 卡（1.8 V/3 V） PCM 数字音频 GPIO
天线	共 6 根射频天线，支持多个频段 GNSS 定位支持：GPS / GLONASS / 北斗 / Galileo / QZSS
其他	适用于微软 Win7/Win8/Win10 的 USB 驱动程序 适用于 Linux /Android 的 USB 驱动程序 固件通过 USB 更新 DTMF（发送和接收） TCP / IP / IPv4 / IPv6 /多人 PDP / FTP / HTTPS / MQTT / DNS SSL3.0 / TLS1.0 / TLS1.2

（4）华为 CPE

华为基于自己研发的巴龙 5000 芯片，推出了首款双模 5G 商用终端——华为 5G CPE

Pro（见图6-18）。其5G理论峰值下载速率高达3.6 Gbit/s，搭载华为的5G超级上行技术，大幅度提升了上行传输速率，支持高达11个5G频段，为各个行业带来了极速的新体验。

图6-18　华为5G CPE终端

华为5G CPE终端还支持5G网络切片，能够满足定制化的网络服务，有望在电力、娱乐、银行、医疗以及自动驾驶等领域得到广泛的应用，具体参数性能见表6-6。

表6-6　华为5G CPE参数

基本物理特性	尺寸：99 mm×107 mm×215 mm 电源：AC 100~240 V，50~60 Hz；DC 12 V/2 A 功耗：小于24 W
通信规格	通信标准：3GPP Release 15 使用网络：5G/4G 组网方式：NSA/SA 5G传输速率：下行可达1.65 Gbit/s，上行可达250 Mbit/s 4G传输速率：下行可达1.6 Gbit/s，上行可达150 Mbit/s 支持频段：5G全网通（n41/n77/n78/n79） 4G全网通（B1/3/4/7/8/18/19/20/28/32/34/38/39/40/41/42/43）
WLAN规格	传输标准：IEEE 802.11ac/a/n 2×2 和 IEEE 802.11b/g/n 2×2，MIMO 无线速率：双频双发，可达1167 Mbit/s 无线频段：2.4 GHz和5 GHz，支持5 GHz优选
天线	外接天线：两个5G天线扩展接口，用户可自行选购天线适配 5G/4G天线类型：内置5G/4G主集、分集天线 WLAN天线类型：内置双频Wi-Fi天线，配备4颗信号放大器
处理器	巴龙5000多模芯片、凌霄双频Wi-Fi芯片
网口	1个WAN/LAN自适应千兆网口、1个千兆LAN口、1个SIM卡安装槽（Nano-SIM）
软件功能	App：华为智能家居App HUAWEI HiLink智能家居：支持HiLink设备免密码接入，修改Wi-Fi名称/密码自动同步 更多功能：移动网络（5G/4G）接入、以太网接入、5 GHz优选、短信业务、防火墙、PIN保护、MAC地址过滤、Wi-Fi加密认证、VPN隧道/VPN穿透、仅IPv6和IPv6/IPv4双栈、多APN、WebUI、HOTA升级等

（5）中国移动"先行者一号"

"先行者一号"是中国移动发布的首款自主品牌5G试验终端产品（见图6-19），它是一款融合创新形态的产品，定义为 5G Smart Hub。在传统的 5G CPE 基础上，它支持 WiGig[⊖]，可以将 5G 通信能力无损耗地转接到更多设备。"先行者一号"搭载高通新一代骁龙 855 移动平台以及全球首款 5G 调制解调器 X50，能够支持 5G 多种频段，可以实现高达 2 Gbit/s 的下行峰值速率和 1 Gbit/s 的上行峰值速率，时延可以降低至 20 ms 以内。

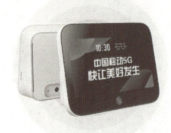

图 6-19　中国移动"先行者一号"

"先行者一号"可供 20 个设备同时无线接入，能够满足用户各类业务的扩展需求。对多用户的支持，大大满足了现在家庭、小型办公场所等小规模场景对于多设备接入的需求，为智能家居、智慧办公等提供了一种可行的解决方案。"先行者一号"的具体参数性能见表 6-7。

表 6-7　中国移动"先行者一号"参数

基本物理特性	尺寸：129 mm×100 mm×43 mm 重量：350 g 电源：12 V/2.5 A，QC3.0 快速充电 电池：7600 mAh 超大容量电池 存储：RAM 4GB，ROM32GB，TF 卡拓展 2TB
接口	千兆网口，WiGig USB Type C，Wi-Fi，蓝牙 5.0
支持频段	5G NSA：n41/n79 4G TDD：n38/n39/n40/n41 4G FDD：n1/n3/n7/n8
其他	5in 高清触控屏幕 对流式涡轮散热系统 灵犀 AI 语音助手

"先行者一号"具有以下三个优点。

1) 终端轻巧便携："先行者一号"拥有 5 in（1 in＝0.0254 m）高清触控显示屏，配备了 7600 mAh 的超大容量电池和 QC3.0 极速快充，可为 5G 高速工作持久续航。同时，其体积小、重量轻，不仅可以固定在家庭和办公场所，还可以作为一个移动终端，随时携带，在需要时，可以随时组成一个小型的网络，提供 5G 的网络支持。

⊖　WiGig（Wireless Gigabit，无线千兆比特）是一种更快的短距离无线技术。

2）人性化灵动设计:"先行者一号"正面使用2.5D玻璃,温润精美。为了提升产品的手握舒适感,采用流线型曲线边缘、渐消式倾斜造型,符合人体工程学的弧度设计。触控屏幕可以方便用户对接入5G网络的终端进行管理。灵犀语音助手助力智慧化家庭,极大地提高了用户的舒适度。

3）拓展智慧生活:"先行者一号"提供有丰富的软硬件接口,支持千兆网口、USB Type-C、Wi-Fi、蓝牙、WiGig等,通过丰富的接口可以为用户提供各种5G接入服务,用户可以通过这些接口将计算机、电视、手机、平板等设备接入5G网络。此外,"先行者一号"还适配多种硬件支持,其本身就是一个整合了智慧家庭服务的终端,AI语音助手让生活更加智能化。而且,"先行者一号"还可以进行5G信号的转换,让用户在没有5G手机的情况下,也可以使用5G网络,真正地实现"5G改变生活"。

参 考 文 献

[1] 中国电力企业联合会. 中国电力行业年度发展报告 2020 [R]. 2020.

[2] 国家电网有限公司. 泛在电力物联网白皮书 2019 [R]. 2019.

[3] 中国南方电网, 中国移动, 华为. 5G 助力智能电网应用白皮书 [R]. 2018.

[4] 李钦豪, 张勇军, 陈佳琦, 等. 泛在电力物联网发展形态与挑战 [J]. 电力系统自动化, 2020, 44 (01): 13-22.

[5] 赵文会. 电力物联网技术基础与应用场景 [M]. 北京: 中国电力出版社, 2019.

[6] 江秀臣, 刘亚东, 傅晓飞, 等. 输配电设备泛在电力物联网建设思路与发展趋势 [J]. 高电压技术, 2019, 45 (05): 1345-1351.

[7] 肖振锋, 辛培哲, 刘志刚, 等. 泛在电力物联网形势下的主动配电网规划技术综述 [J]. 电力系统保护与控制, 2020, 8 (03): 43-48.

[8] 尤毅, 刘东, 于文鹏, 等. 主动配电网技术及其进展 [J]. 电力系统自动化, 2012, 36 (18): 10-16.

[9] 陶志强, 王劲, 汪梦云. 5G 在智能电网中的应用 [M]. 北京: 人民邮电出版社, 2019.

[10] 徐湛. 基于不同场景的低压集抄通信技术应用研究 [J]. 机电信息, 2019 (36): 16-17, 19.

[11] 赵慧玲, 解云鹏, 胡晓娟. 网络功能虚拟化标准及技术探讨 [J]. 中兴通讯技术, 2015, 21 (04): 45-50.

[12] 渠毅, 毕庆刚, 卜宪德. 电力 IMS 核心网网络功能虚拟化部署策略及应用 [J]. 电力信息与通信技术, 2018, 16 (09): 26-32.

[13] 靳梦莉, 吕勇, 高强. NFV 在智能变电站通信网络管理系统中的应用 [J]. 中国新通信, 2018, 20 (09): 45-46.

[14] 刘文贵, 卞宇翔, 冯宝, 等. SDN 关键技术及其在电力通信网的应用 [J]. 信息通信技术与政策, 2019 (12): 35-40.

[15] 邓伟, 周桂平, 范军丽, 等. 基于软件定义网络 (SDN) 的电力光纤到户带宽分配技术 [J]. 电力建设, 2017, 38 (11): 81-86.

[16] 3GPP TSG SA1 TR 22. 864. Feasibility Study on New Services and Markets Technology Enablers-Network Operation [S]. 2016.

[17] 3GPP TSG SA2 TR 23. 799. Study on Architecture for Next Generation System [S]. 2016.

[18] 3GPP TSG SA2 TS 23. 501. System Architecture for the 5G System [S]. 2018.

[19] 丁欢. 分布式电力监控系统访问控制的研究与实现 [D]. 上海: 上海交通大学, 2008.

[20] 梁雪梅. 5G 网络切片技术在国家电网中的应用探讨 [J]. 移动通信, 2019, 43 (06): 47-51.

[21] 张建敏, 谢伟良, 杨峰义, 等. 5G MEC 融合架构及部署策略 [J]. 电信科学, 2018, 34 (4): 109-

117.

[22] 蔡鄂. 关于电网视频监控系统的智能分析与应用相关探讨[J]. 信息系统工程, 2018（08）：108.

[23] 扶奉超, 王鹏, 毛宇, 等. 5G前传方案研究进展与发展趋势[J]. 移动通信, 2019, 43（06）：26-30.

[24] 王冬冰, 薛建立. 5G承载网前传、中传和回传技术探讨[C]//5G网络创新研讨会（2018）论文集. 北京：2018：178-182.

[25] 赵文玉, 汤瑞, 吴冰冰. 5G前传多种方案并存聚焦共性、协同发展至关重要[J]. 通信世界, 2020（16）：27-28.

[26] 中国移动通信研究院. 迈向5G-C-RAN：需求、架构与挑战白皮书[Z]. 2016.

[27] 中国移动通信研究院. 下一代前传网络接口（NGFI）白皮书[Z]. 2015.

[28] 赵经纬. 中国移动C-RAN试点成果渐显 珠海、吉林各有偏重[J]. 通信世界, 2010（47）：32.

[29] 武超, 郭艳艳. 基于NOMA的云无线接入网资源分配研究[J]. 测试技术学报, 2020, 34（02）：179-184.

[30] 桑亚楼, 韩志勇. 软件无线电技术在5G移动通信系统中的应用[J]. 广东通信技术, 2018, 38（05）：25-27.

[31] 黄山, 吴振升, 任志刚, 等. 电力智能巡检机器人研究综述[J]. 电测与仪表, 2018, 57（2）：31-43.

[32] 崔巍. 认知无线电中传输阶段频谱感知研究[J]. 中国新通信, 2018, 20（23）：16-17.

[33] 徐宏飞, 杨健. IEEE 802.22：第一个基于认知无线电的国际标准[J]. 中国无线电, 2015（01）：45-48.

[34] 李建东, 盛敏, 刘俊宇, 等. 5G超密集无线网络自组织技术[J]. 物联网学报, 2018, 2（01）：24-34.

[35] LEE H Y, JIN B P, KIM K S. UL e-ICIC scheme using SLP-ABS for self-organized heterogeneous cellular networks[J]. IEEE Communications Letters, 2015, 19（01）：86-89.

[36] 3GPP TS 136.300. Evolved Universal Terrestrial Radio Access (E-UTRA) and Evolved Universal Terrestrial Radio Access Network (E-UTRAN): Stage 2 (Release 10)[S]. 2011.

[37] ITU-R Report M.2320. Future Technology Trends of Terrestrial IMT Systems[R]. 2014.

[38] 张建敏, 谢伟良, 杨峰义. 5G超密集组网网络架构及实现[J]. 电信科学, 2016, 32（06）：36-43.

[39] 刘宁, 袁宏伟. 5G大规模天线系统研究现状及发展趋势[J]. 电子科技, 2015, 28（04）：182-185.

[40] 赵艳薇. 日本软银：Massive MIMO助运营商完成扩容使命[J]. 通信世界, 2016（32）：22.

[41] Global TD-LTE Initiative. Massive MIMO White Paper V2.0[R]. 2018.

[42] 郑琪. 基于大规模天线阵列的3D波束赋形技术的研究[D]. 北京：北京邮电大学, 2018.

[43] 牛明亮. 基于5G网络的无人机通信方案研究[D]. 北京：北京邮电大学, 2019.

[44] 张宁, 杨经纬, 王毅, 等. 面向泛在电力物联网的5G通信：技术原理与典型应用[J]. 中国电机工程学报, 2019, 39（14）：4015-4025.

[45] 3GPP TR 36.913. Requirements for further advancements for Evolved Universal Terrestrial Radio Access (E-UTRA)[S]. 2013.

[46] BHAMRI A, HOOLI K, LUNTTILA T. Massive carrier aggregation in LTE-advanced pro: impact on uplink control information and corresponding enhancements[J]. IEEE Communications Magazine, 2016, 54（05）：

92-97.

[47] 3GPP TS 36.300 V15.3.0. 3rd Generation Partnership Project; Technical Specification Group Radio Access Network; Evolved Universal Terrestrial Radio Access (E-UTRA) and Evolved Universal Terrestrial Radio Access Network (E-UTRAN): Stage 2 (Release 15) [S]. 2018.

[48] 庄卫. LTE-Advanced 系统载波聚合关键技术研究 [D]. 南京：南京邮电大学，2017.

[49] 金余概. HETNET 网络中移动微基站场景下载波聚合和 COMP 联合设计方法研究 [D]. 南京：东南大学，2018.

[50] 徐光年，王奇，褚建新，等. 载波聚合技术在电力无线通信系统中的应用 [J]. 电气应用，2015，34 (S2)：718-721.

[51] 宫也江. 面向智能电网的载波聚合技术研究 [D]. 成都：电子科技大学，2017.

[52] 邱曙光，庞成鑫，贾佳. LPWAN 与边缘计算融合在电力物联网中的应用研究 [J]. 物联网技术，2019，9 (07)：63-66.

[53] 陶莉，王善红. 低功耗广域网在电网的物联应用 [J]. 自动化技术与应用，2019，38 (11)：99-103，119.

[54] 黄宗伟. 3GPP 窄带物联网（NB-IoT）技术在 R14 版本中的增强 [J]. 广东通信技术，2019，39 (01)：14-17.

[55] 赵文举. 低功耗广覆盖 LoRa 系统的研究与应用 [D]. 北京：北京邮电大学，2019.

[56] 工业和信息化部办公厅. 关于全面推进移动物联网（NB-IoT）建设发展的通知 [EB/OL]. (2017-06-16) [2020-11-19]. https://www.miit.gov.cn/zwgk/zcwj/wjfb/txy/art/2020/art_2c5c3a0ce69c466eb-00bebb3e4f620cf.html.

[57] 展豪. LoRa 联盟在 2018 年实现爆发式增长，覆盖全球 100 多个国家 [EB/OL]. (2019-01-23) [2020-11-19]. https://www.xianjichina.com/special/detail_382648.html.

[58] 韦盈释，皮昊书，陈子涵，等. 基于低功耗广域网无线通讯技术的配电网监测通信终端的设计与实现 [J]. 物联网技术，2019，9 (06)：30-32，36.

[59] 陈永波，汤奕，艾鑫伟，等. 基于 LPWAN 技术的能源电力物联专网 [C]//2016 电力行业信息化年会论文集. 北京：人民邮电出版社，2016.

[60] 侯春雷. 空天信息网络 MAC 层设计与实现 [D]. 北京：北京邮电大学，2010.

[61] 李大成. 空天信息网络接入与切换控制策略研究 [D]. 南京：南京邮电大学，2013.

[62] 陈娅婷. 空天地一体化网络无线资源管理与传输协议优化研究 [D]. 北京：北京交通大学，2019.

[63] 尹光辉，尼俊红，岳顺民，等. eMBB 与 URLLC 混合业务场景下的用户调度和资源分配 [J]. 电力信息与通信技术，2019，17 (12)：1-8.

[64] 刘婉妮，段永红. TD-LTE 系统随机接入过程碰撞问题研究 [J]. 信息通信，2019 (08)：191-193.

[65] 柏瑾. 适用于 M2M 通信的高效随机接入和资源分配方案 [D]. 西安：西安电子科技大学，2019.

[66] 3GPP TR 37.868. Study on RAN Improvements for Machine-type Communications [S]. 2011.

[67] LIEN S Y, LIAU T H, KAO C Y, et al. Cooperative Access Class Barring for Machine-to-Machine Communications [J]. IEEE Transactions on Wireless Communications, 2012, 11 (01)：27-32.

[68] 王钢，许尧，周若飞，等. 无线网络中的功率域非正交多址接入技术 [J]. 无线电通信技术，2019，45 (04)：329-336.

[69] BOCKELMANN C, PRATAS N, NIKOPOUR H, et al. Massive Machine-type Communications in 5G: physical and MAC-layer solutions [J]. IEEE Communications Magazine, 2016, 54 (09): 59-65.

[70] HOYMANN C, ASTELY D, STATTIN M, et al. LTE release 14 outlook [J]. IEEE Communications Magazine, 2016, 54 (06): 44-49.

[71] WU J, GUAN Z, ZHAN M, et al. Analysis and Extension of Safety Mechanisms for Standardized Control Networks in Smart Grid [J]. International Journal of Distributed Sensor Networks, 2014, 10 (05): 975-978.

[72] 季成, 李晓东, 袁坚, 等. 基于K-means算法的DNS查询模式分析 [J]. 清华大学学报（自然科学版）, 2010 (04): 601-604.

[73] 林成虎, 李晓东, 金键, 等. 基于W-Kmeans算法的DNS流量异常检测 [J]. 计算机工程与设计, 2013, 34 (06): 2104-2108.

[74] 邵瑰玮, 刘壮, 付晶, 等. 架空输电线路无人机巡检技术研究进展 [J]. 高电压技术, 2020, 46 (01): 14-22.

[75] 腾云, 陈双, 邓洁清, 等. 智能巡检机器人系统在苏通GIL综合管廊工程中的应用 [J]. 高电压技术, 2019, 45 (02): 393-401.

[76] GONG J, et al. Policy Optimization for Content Push Via Energy Harvesting Small Cells in Heterogeneous Networks [J]. IEEE Transactions on Wireless Communications, 2016, 16 (02): 717-729.

[77] ZHOU Z, et al. Robust Energy Scheduling in Vehicle-to-Grid Networks [J]. IEEE Network, 2017, 31 (02): 30-37.

[78] 周雪婷. 智能用电管理中的M2M技术研究与应用 [D]. 西安: 西安建筑科技大学, 2019.

[79] TEFEK U LIM T J. Relaying and Radio Resource Partitioning for Machine-Type Communications in Cellular Networks [J]. IEEE Transactions on Wireless Communications, 2017, 16 (02): 1344-1356.

[80] ISLAM M T, TAHA A-E M, AKL S. A survey of access management techniques in machine type communications [J]. IEEE Communications Magazine, 2014, 52 (04): 74-81.

[81] MAO Y, ZHANG J, LETAIEF K. Dynamic computation offloading for mobile-edge computing with energy harvesting devices [J]. IEEE Journal on Selected Areas Communications, 2016, 34 (12): 3590-3605.

[82] ZHOU Z, GUO Y, HE Y, et al. Access Control and Resource Allocation for M2M Communications in Industrial Automation [J]. IEEE Transactions on Industrial Informatics, 2019, 15 (05): 3093-3103.

[83] NEELY M J. Stochastic Network Optimization With Application to Communication and Queueing Systems [M]. San Rafael: Morgan & Claypool, 2010.

[84] LAKSHMINARAYANA S, ASSAAD M, DEBBAH M. Transmit power minimization in small cell networks under time average QoS constraints [J]. IEEE Journal on Selected Areas Communications, 2015, 33 (10): 2087-2103.

[85] CLOSE G F, FREY U, BREITWISCH M, et al. Device, Circuit and System-Level Analysis of Noise in Multi-Bit Phase-Change Memory [C]//Proc. of IEEE International Electron Devices Meeting (IEDM 2010). San Francisco, 2010.